中华人民共和国
新法规汇编

2017
第5辑

国务院法制办公室 编

中国法制出版社

编辑说明

一、《中华人民共和国新法规汇编》是国家出版的法律、行政法规汇编正式版本，是刊登报国务院备案并予以登记的部门规章的指定出版物。

二、本汇编收集的内容包括：上一个月内由全国人民代表大会及其常务委员会通过的法律和有关法律问题的决定，国务院公布的行政法规和国务院文件，报国务院备案并予以登记的部门规章，最高人民法院和最高人民检察院公布的司法解释。另外，还收入了上一个月内报国务院备案并予以登记的地方性法规和地方政府规章目录。

三、本汇编所收的内容，按下列分类顺序编排：法律，行政法规，国务院文件，国务院部门规章，司法解释。每类中按公布的时间顺序排列。报国务院备案并予以登记的地方性法规和地方政府规章目录按 1987 年国务院批准的行政区划顺序排列；同一行政区域报备两件以上者，按公布时间顺序排列。

四、本汇编每年出版 12 辑，每月出版 1 辑。本辑为 2017 年度第 5 辑，收入 2017 年 4 月份内公布的法律 1 件，有关法律问题的决定 4 件，行政法规 1 件，选收国务院文件 9 件，报国务院备案并经审查予以登记编号的部门规章 17 件，司法解释 2 件，补收 2017 年 3 月份内公布的行政法规 1 件，国务院文件 11 件，补收司法解释 1 件，共计 47 件。

五、本汇编在编辑出版过程中，得到了国务院有关部门和有关方面以及广大读者的大力支持和协助，在此谨致谢意。

国务院法制办公室

2017 年 5 月

目 录

法 律

有关法律问题的决定

行政法规

法规性文件

国务院部门规章

司法解释

附：

法　律

中华人民共和国测绘法

（1992 年 12 月 28 日第七届全国人民代表大会常务委员会第二十九次会议通过　2002 年 8 月 29 日第九届全国人民代表大会常务委员会第二十九次会议第一次修订　2017 年 4 月 27 日第十二届全国人民代表大会常务委员会第二十七次会议第二次修订　2017 年 4 月 27 日中华人民共和国主席令第 67 号公布　自 2017 年 7 月 1 日起施行）

目　录

第一章　总　　则

第一条　为了加强测绘管理，促进测绘事业发展，保障测绘事业为经济建设、国防建设、社会发展和生态保护服务，维护国家地理信息安全，制定本法。

第二条　在中华人民共和国领域和中华人民共和国管辖的其他海域从事

测绘活动，应当遵守本法。

本法所称测绘，是指对自然地理要素或者地表人工设施的形状、大小、空间位置及其属性等进行测定、采集、表述，以及对获取的数据、信息、成果进行处理和提供的活动。

第三条 测绘事业是经济建设、国防建设、社会发展的基础性事业。各级人民政府应当加强对测绘工作的领导。

第四条 国务院测绘地理信息主管部门负责全国测绘工作的统一监督管理。国务院其他有关部门按照国务院规定的职责分工，负责本部门有关的测绘工作。

县级以上地方人民政府测绘地理信息主管部门负责本行政区域测绘工作的统一监督管理。县级以上地方人民政府其他有关部门按照本级人民政府规定的职责分工，负责本部门有关的测绘工作。

军队测绘部门负责管理军事部门的测绘工作，并按照国务院、中央军事委员会规定的职责分工负责管理海洋基础测绘工作。

第五条 从事测绘活动，应当使用国家规定的测绘基准和测绘系统，执行国家规定的测绘技术规范和标准。

第六条 国家鼓励测绘科学技术的创新和进步，采用先进的技术和设备，提高测绘水平，推动军民融合，促进测绘成果的应用。国家加强测绘科学技术的国际交流与合作。

对在测绘科学技术的创新和进步中做出重要贡献的单位和个人，按照国家有关规定给予奖励。

第七条 各级人民政府和有关部门应当加强对国家版图意识的宣传教育，增强公民的国家版图意识。新闻媒体应当开展国家版图意识的宣传。教育行政部门、学校应当将国家版图意识教育纳入中小学教学内容，加强爱国主义教育。

第八条 外国的组织或者个人在中华人民共和国领域和中华人民共和国管辖的其他海域从事测绘活动，应当经国务院测绘地理信息主管部门会同军队测绘部门批准，并遵守中华人民共和国有关法律、行政法规的规定。

外国的组织或者个人在中华人民共和国领域从事测绘活动，应当与中华人民共和国有关部门或者单位合作进行，并不得涉及国家秘密和危害国家安全。

第二章 测绘基准和测绘系统

第九条 国家设立和采用全国统一的大地基准、高程基准、深度基准和重力基准，其数据由国务院测绘地理信息主管部门审核，并与国务院其他有关部门、军队测绘部门会商后，报国务院批准。

第十条 国家建立全国统一的大地坐标系统、平面坐标系统、高程系统、地心坐标系统和重力测量系统，确定国家大地测量等级和精度以及国家基本比例尺地图的系列和基本精度。具体规范和要求由国务院测绘地理信息主管部门会同国务院其他有关部门、军队测绘部门制定。

第十一条 因建设、城市规划和科学研究的需要，国家重大工程项目和国务院确定的大城市确需建立相对独立的平面坐标系统的，由国务院测绘地理信息主管部门批准；其他确需建立相对独立的平面坐标系统的，由省、自治区、直辖市人民政府测绘地理信息主管部门批准。

建立相对独立的平面坐标系统，应当与国家坐标系统相联系。

第十二条 国务院测绘地理信息主管部门和省、自治区、直辖市人民政府测绘地理信息主管部门应当会同本级人民政府其他有关部门，按照统筹建设、资源共享的原则，建立统一的卫星导航定位基准服务系统，提供导航定位基准信息公共服务。

第十三条 建设卫星导航定位基准站的，建设单位应当按照国家有关规定报国务院测绘地理信息主管部门或者省、自治区、直辖市人民政府测绘地理信息主管部门备案。国务院测绘地理信息主管部门应当汇总全国卫星导航定位基准站建设备案情况，并定期向军队测绘部门通报。

本法所称卫星导航定位基准站，是指对卫星导航信号进行长期连续观测，并通过通信设施将观测数据实时或者定时传送至数据中心的地面固定观测站。

第十四条 卫星导航定位基准站的建设和运行维护应当符合国家标准和要求，不得危害国家安全。

卫星导航定位基准站的建设和运行维护单位应当建立数据安全保障制度，并遵守保密法律、行政法规的规定。

县级以上人民政府测绘地理信息主管部门应当会同本级人民政府其他有关部门，加强对卫星导航定位基准站建设和运行维护的规范和指导。

第三章 基础测绘

第十五条 基础测绘是公益性事业。国家对基础测绘实行分级管理。

本法所称基础测绘，是指建立全国统一的测绘基准和测绘系统，进行基础航空摄影，获取基础地理信息的遥感资料，测制和更新国家基本比例尺地图、影像图和数字化产品，建立、更新基础地理信息系统。

第十六条　国务院测绘地理信息主管部门会同国务院其他有关部门、军队测绘部门组织编制全国基础测绘规划，报国务院批准后组织实施。

县级以上地方人民政府测绘地理信息主管部门会同本级人民政府其他有关部门，根据国家和上一级人民政府的基础测绘规划及本行政区域的实际情况，组织编制本行政区域的基础测绘规划，报本级人民政府批准后组织实施。

第十七条　军队测绘部门负责编制军事测绘规划，按照国务院、中央军事委员会规定的职责分工负责编制海洋基础测绘规划，并组织实施。

第十八条　县级以上人民政府应当将基础测绘纳入本级国民经济和社会发展年度计划，将基础测绘工作所需经费列入本级政府预算。

国务院发展改革部门会同国务院测绘地理信息主管部门，根据全国基础测绘规划编制全国基础测绘年度计划。

县级以上地方人民政府发展改革部门会同本级人民政府测绘地理信息主管部门，根据本行政区域的基础测绘规划编制本行政区域的基础测绘年度计划，并分别报上一级部门备案。

第十九条　基础测绘成果应当定期更新，经济建设、国防建设、社会发展和生态保护急需的基础测绘成果应当及时更新。

基础测绘成果的更新周期根据不同地区国民经济和社会发展的需要确定。

第四章　界线测绘和其他测绘

第二十条　中华人民共和国国界线的测绘，按照中华人民共和国与相邻国家缔结的边界条约或者协定执行，由外交部组织实施。中华人民共和国地图的国界线标准样图，由外交部和国务院测绘地理信息主管部门拟定，报国务院批准后公布。

第二十一条　行政区域界线的测绘，按照国务院有关规定执行。省、自治区、直辖市和自治州、县、自治县、市行政区域界线的标准画法图，由国务院民政部门和国务院测绘地理信息主管部门拟定，报国务院批准后公布。

第二十二条　县级以上人民政府测绘地理信息主管部门应当会同本级人民政府不动产登记主管部门，加强对不动产测绘的管理。

测量土地、建筑物、构筑物和地面其他附着物的权属界址线，应当按照县级以上人民政府确定的权属界线的界址点、界址线或者提供的有关登记资料和附图进行。权属界址线发生变化的，有关当事人应当及时进行变更测绘。

第二十三条 城乡建设领域的工程测量活动，与房屋产权、产籍相关的房屋面积的测量，应当执行由国务院住房城乡建设主管部门、国务院测绘地理信息主管部门组织编制的测量技术规范。

水利、能源、交通、通信、资源开发和其他领域的工程测量活动，应当执行国家有关的工程测量技术规范。

第二十四条 建立地理信息系统，应当采用符合国家标准的基础地理信息数据。

第二十五条 县级以上人民政府测绘地理信息主管部门应当根据突发事件应对工作需要，及时提供地图、基础地理信息数据等测绘成果，做好遥感监测、导航定位等应急测绘保障工作。

第二十六条 县级以上人民政府测绘地理信息主管部门应当会同本级人民政府其他有关部门依法开展地理国情监测，并按照国家有关规定严格管理、规范使用地理国情监测成果。

各级人民政府应当采取有效措施，发挥地理国情监测成果在政府决策、经济社会发展和社会公众服务中的作用。

第五章 测绘资质资格

第二十七条 国家对从事测绘活动的单位实行测绘资质管理制度。

从事测绘活动的单位应当具备下列条件，并依法取得相应等级的测绘资质证书，方可从事测绘活动：

（一）有法人资格；

（二）有与从事的测绘活动相适应的专业技术人员；

（三）有与从事的测绘活动相适应的技术装备和设施；

（四）有健全的技术和质量保证体系、安全保障措施、信息安全保密管理制度以及测绘成果和资料档案管理制度。

第二十八条 国务院测绘地理信息主管部门和省、自治区、直辖市人民政府测绘地理信息主管部门按照各自的职责负责测绘资质审查、发放测绘资质证书。具体办法由国务院测绘地理信息主管部门商国务院其他有关部门规定。

军队测绘部门负责军事测绘单位的测绘资质审查。

第二十九条 测绘单位不得超越资质等级许可的范围从事测绘活动，不得以其他测绘单位的名义从事测绘活动，不得允许其他单位以本单位的名义从事测绘活动。

测绘项目实行招投标的，测绘项目的招标单位应当依法在招标公告或者投标邀请书中对测绘单位资质等级作出要求，不得让不具有相应测绘资质等级的单位中标，不得让测绘单位低于测绘成本中标。

中标的测绘单位不得向他人转让测绘项目。

第三十条 从事测绘活动的专业技术人员应当具备相应的执业资格条件。具体办法由国务院测绘地理信息主管部门会同国务院人力资源社会保障主管部门规定。

第三十一条 测绘人员进行测绘活动时，应当持有测绘作业证件。

任何单位和个人不得阻碍测绘人员依法进行测绘活动。

第三十二条 测绘单位的测绘资质证书、测绘专业技术人员的执业证书和测绘人员的测绘作业证件的式样，由国务院测绘地理信息主管部门统一规定。

第六章 测绘成果

第三十三条 国家实行测绘成果汇交制度。国家依法保护测绘成果的知识产权。

测绘项目完成后，测绘项目出资人或者承担国家投资的测绘项目的单位，应当向国务院测绘地理信息主管部门或者省、自治区、直辖市人民政府测绘地理信息主管部门汇交测绘成果资料。属于基础测绘项目的，应当汇交测绘成果副本；属于非基础测绘项目的，应当汇交测绘成果目录。负责接收测绘成果副本和目录的测绘地理信息主管部门应当出具测绘成果汇交凭证，并及时将测绘成果副本和目录移交给保管单位。测绘成果汇交的具体办法由国务院规定。

国务院测绘地理信息主管部门和省、自治区、直辖市人民政府测绘地理信息主管部门应当及时编制测绘成果目录，并向社会公布。

第三十四条 县级以上人民政府测绘地理信息主管部门应当积极推进公众版测绘成果的加工和编制工作，通过提供公众版测绘成果、保密技术处理等方式，促进测绘成果的社会化应用。

测绘成果保管单位应当采取措施保障测绘成果的完整和安全，并按照国家有关规定向社会公开和提供利用。

测绘成果属于国家秘密的，适用保密法律、行政法规的规定；需要对外提供的，按照国务院和中央军事委员会规定的审批程序执行。

测绘成果的秘密范围和秘密等级，应当依照保密法律、行政法规的规定，按照保障国家秘密安全、促进地理信息共享和应用的原则确定并及时调整、公布。

第三十五条 使用财政资金的测绘项目和涉及测绘的其他使用财政资金的项目，有关部门在批准立项前应当征求本级人民政府测绘地理信息主管部门的意见；有适宜测绘成果的，应当充分利用已有的测绘成果，避免重复测绘。

第三十六条 基础测绘成果和国家投资完成的其他测绘成果，用于政府决策、国防建设和公共服务的，应当无偿提供。

除前款规定情形外，测绘成果依法实行有偿使用制度。但是，各级人民政府及有关部门和军队因防灾减灾、应对突发事件、维护国家安全等公共利益的需要，可以无偿使用。

测绘成果使用的具体办法由国务院规定。

第三十七条 中华人民共和国领域和中华人民共和国管辖的其他海域的位置、高程、深度、面积、长度等重要地理信息数据，由国务院测绘地理信息主管部门审核，并与国务院其他有关部门、军队测绘部门会商后，报国务院批准，由国务院或者国务院授权的部门公布。

第三十八条 地图的编制、出版、展示、登载及更新应当遵守国家有关地图编制标准、地图内容表示、地图审核的规定。

互联网地图服务提供者应当使用经依法审核批准的地图，建立地图数据安全管理制度，采取安全保障措施，加强对互联网地图新增内容的核校，提高服务质量。

县级以上人民政府和测绘地理信息主管部门、网信部门等有关部门应当加强对地图编制、出版、展示、登载和互联网地图服务的监督管理，保证地图质量，维护国家主权、安全和利益。

地图管理的具体办法由国务院规定。

第三十九条 测绘单位应当对完成的测绘成果质量负责。县级以上人民政府测绘地理信息主管部门应当加强对测绘成果质量的监督管理。

第四十条 国家鼓励发展地理信息产业，推动地理信息产业结构调整和优化升级，支持开发各类地理信息产品，提高产品质量，推广使用安全可信的地理信息技术和设备。

县级以上人民政府应当建立健全政府部门间地理信息资源共建共享机制，引导和支持企业提供地理信息社会化服务，促进地理信息广泛应用。

县级以上人民政府测绘地理信息主管部门应当及时获取、处理、更新基础地理信息数据，通过地理信息公共服务平台向社会提供地理信息公共服务，实现地理信息数据开放共享。

第七章　测量标志保护

第四十一条　任何单位和个人不得损毁或者擅自移动永久性测量标志和正在使用中的临时性测量标志，不得侵占永久性测量标志用地，不得在永久性测量标志安全控制范围内从事危害测量标志安全和使用效能的活动。

本法所称永久性测量标志，是指各等级的三角点、基线点、导线点、军用控制点、重力点、天文点、水准点和卫星定位点的觇标和标石标志，以及用于地形测图、工程测量和形变测量的固定标志和海底大地点设施。

第四十二条　永久性测量标志的建设单位应当对永久性测量标志设立明显标记，并委托当地有关单位指派专人负责保管。

第四十三条　进行工程建设，应当避开永久性测量标志；确实无法避开，需要拆迁永久性测量标志或者使永久性测量标志失去使用效能的，应当经省、自治区、直辖市人民政府测绘地理信息主管部门批准；涉及军用控制点的，应当征得军队测绘部门的同意。所需迁建费用由工程建设单位承担。

第四十四条　测绘人员使用永久性测量标志，应当持有测绘作业证件，并保证测量标志的完好。

保管测量标志的人员应当查验测量标志使用后的完好状况。

第四十五条　县级以上人民政府应当采取有效措施加强测量标志的保护工作。

县级以上人民政府测绘地理信息主管部门应当按照规定检查、维护永久性测量标志。

乡级人民政府应当做好本行政区域内的测量标志保护工作。

第八章　监督管理

第四十六条　县级以上人民政府测绘地理信息主管部门应当会同本级人民政府其他有关部门建立地理信息安全管理制度和技术防控体系，并加强对地理信息安全的监督管理。

第四十七条　地理信息生产、保管、利用单位应当对属于国家秘密的地理信息的获取、持有、提供、利用情况进行登记并长期保存，实行可追溯管理。

从事测绘活动涉及获取、持有、提供、利用属于国家秘密的地理信息，应当遵守保密法律、行政法规和国家有关规定。

地理信息生产、利用单位和互联网地图服务提供者收集、使用用户个人信息的，应当遵守法律、行政法规关于个人信息保护的规定。

第四十八条 县级以上人民政府测绘地理信息主管部门应当对测绘单位实行信用管理，并依法将其信用信息予以公示。

第四十九条 县级以上人民政府测绘地理信息主管部门应当建立健全随机抽查机制，依法履行监督检查职责，发现涉嫌违反本法规定行为的，可以依法采取下列措施：

（一）查阅、复制有关合同、票据、账簿、登记台账以及其他有关文件、资料；

（二）查封、扣押与涉嫌违法测绘行为直接相关的设备、工具、原材料、测绘成果资料等。

被检查的单位和个人应当配合，如实提供有关文件、资料，不得隐瞒、拒绝和阻碍。

任何单位和个人对违反本法规定的行为，有权向县级以上人民政府测绘地理信息主管部门举报。接到举报的测绘地理信息主管部门应当及时依法处理。

第九章 法律责任

第五十条 违反本法规定，县级以上人民政府测绘地理信息主管部门或者其他有关部门工作人员利用职务上的便利收受他人财物、其他好处或者玩忽职守，对不符合法定条件的单位核发测绘资质证书，不依法履行监督管理职责，或者发现违法行为不予查处的，对负有责任的领导人员和直接责任人员，依法给予处分；构成犯罪的，依法追究刑事责任。

第五十一条 违反本法规定，外国的组织或者个人未经批准，或者未与中华人民共和国有关部门、单位合作，擅自从事测绘活动的，责令停止违法行为，没收违法所得、测绘成果和测绘工具，并处十万元以上五十万元以下的罚款；情节严重的，并处五十万元以上一百万元以下的罚款，限期出境或者驱逐出境；构成犯罪的，依法追究刑事责任。

第五十二条 违反本法规定，未经批准擅自建立相对独立的平面坐标系统，或者采用不符合国家标准的基础地理信息数据建立地理信息系统的，给予警告，责令改正，可以并处五十万元以下的罚款；对直接负责的主管人员和其他直接责任人员，依法给予处分。

第五十三条 违反本法规定，卫星导航定位基准站建设单位未报备案的，给予警告，责令限期改正；逾期不改正的，处十万元以上三十万元以下的罚款；对直接负责的主管人员和其他直接责任人员，依法给予处分。

第五十四条 违反本法规定，卫星导航定位基准站的建设和运行维护不符合国家标准、要求的，给予警告，责令限期改正，没收违法所得和测绘成果，并处三十万元以上五十万元以下的罚款；逾期不改正的，没收相关设备；对直接负责的主管人员和其他直接责任人员，依法给予处分；构成犯罪的，依法追究刑事责任。

第五十五条 违反本法规定，未取得测绘资质证书，擅自从事测绘活动的，责令停止违法行为，没收违法所得和测绘成果，并处测绘约定报酬一倍以上二倍以下的罚款；情节严重的，没收测绘工具。

以欺骗手段取得测绘资质证书从事测绘活动的，吊销测绘资质证书，没收违法所得和测绘成果，并处测绘约定报酬一倍以上二倍以下的罚款；情节严重的，没收测绘工具。

第五十六条 违反本法规定，测绘单位有下列行为之一的，责令停止违法行为，没收违法所得和测绘成果，处测绘约定报酬一倍以上二倍以下的罚款，并可以责令停业整顿或者降低测绘资质等级；情节严重的，吊销测绘资质证书：

（一）超越资质等级许可的范围从事测绘活动；

（二）以其他测绘单位的名义从事测绘活动；

（三）允许其他单位以本单位的名义从事测绘活动。

第五十七条 违反本法规定，测绘项目的招标单位让不具有相应资质等级的测绘单位中标，或者让测绘单位低于测绘成本中标的，责令改正，可以处测绘约定报酬二倍以下的罚款。招标单位的工作人员利用职务上的便利，索取他人财物，或者非法收受他人财物为他人谋取利益的，依法给予处分；构成犯罪的，依法追究刑事责任。

第五十八条 违反本法规定，中标的测绘单位向他人转让测绘项目的，责令改正，没收违法所得，处测绘约定报酬一倍以上二倍以下的罚款，并可以责令停业整顿或者降低测绘资质等级；情节严重的，吊销测绘资质证书。

第五十九条 违反本法规定，未取得测绘执业资格，擅自从事测绘活动的，责令停止违法行为，没收违法所得和测绘成果，对其所在单位可以处违法所得二倍以下的罚款；情节严重的，没收测绘工具；造成损失的，依法承担赔偿责任。

第六十条 违反本法规定，不汇交测绘成果资料的，责令限期汇交；测绘项目出资人逾期不汇交的，处重测所需费用一倍以上二倍以下的罚款；承担国家投资的测绘项目的单位逾期不汇交的，处五万元以上二十万元以下的罚款，并处暂扣测绘资质证书，自暂扣测绘资质证书之日起六个月内仍不汇交的，吊销测绘资质证书；对直接负责的主管人员和其他直接责任人员，依法给予处分。

第六十一条 违反本法规定，擅自发布中华人民共和国领域和中华人民共和国管辖的其他海域的重要地理信息数据的，给予警告，责令改正，可以并处五十万元以下的罚款；对直接负责的主管人员和其他直接责任人员，依法给予处分；构成犯罪的，依法追究刑事责任。

第六十二条 违反本法规定，编制、出版、展示、登载、更新的地图或者互联网地图服务不符合国家有关地图管理规定的，依法给予行政处罚、处分；构成犯罪的，依法追究刑事责任。

第六十三条 违反本法规定，测绘成果质量不合格的，责令测绘单位补测或者重测；情节严重的，责令停业整顿，并处降低测绘资质等级或者吊销测绘资质证书；造成损失的，依法承担赔偿责任。

第六十四条 违反本法规定，有下列行为之一的，给予警告，责令改正，可以并处二十万元以下的罚款；对直接负责的主管人员和其他直接责任人员，依法给予处分；造成损失的，依法承担赔偿责任；构成犯罪的，依法追究刑事责任：

（一）损毁、擅自移动永久性测量标志或者正在使用中的临时性测量标志；

（二）侵占永久性测量标志用地；

（三）在永久性测量标志安全控制范围内从事危害测量标志安全和使用效能的活动；

（四）擅自拆迁永久性测量标志或者使永久性测量标志失去使用效能，或者拒绝支付迁建费用；

（五）违反操作规程使用永久性测量标志，造成永久性测量标志毁损。

第六十五条 违反本法规定，地理信息生产、保管、利用单位未对属于国家秘密的地理信息的获取、持有、提供、利用情况进行登记、长期保存的，给予警告，责令改正，可以并处二十万元以下的罚款；泄露国家秘密的，责令停业整顿，并处降低测绘资质等级或者吊销测绘资质证书；构成犯罪的，依法追究刑事责任。

违反本法规定，获取、持有、提供、利用属于国家秘密的地理信息的，给予警告，责令停止违法行为，没收违法所得，可以并处违法所得二倍以下的罚款；对直接负责的主管人员和其他直接责任人员，依法给予处分；造成损失的，依法承担赔偿责任；构成犯罪的，依法追究刑事责任。

第六十六条 本法规定的降低测绘资质等级、暂扣测绘资质证书、吊销测绘资质证书的行政处罚，由颁发测绘资质证书的部门决定；其他行政处罚，由县级以上人民政府测绘地理信息主管部门决定。

本法第五十一条规定的限期出境和驱逐出境由公安机关依法决定并执行。

第十章 附 则

第六十七条 军事测绘管理办法由中央军事委员会根据本法规定。

第六十八条 本法自2017年7月1日起施行。

有关法律问题的决定

第十三届全国人民代表大会代表名额分配方案

（2017 年 4 月 27 日第十二届全国人民代表大会常务委员会第二十七次会议通过）

根据《第十二届全国人民代表大会第五次会议关于第十三届全国人民代表大会代表名额和选举问题的决定》，第十三届全国人民代表大会的代表名额不超过 3000 人，名额分配与十二届相同。具体分配方案如下：

北京市 42 名，天津市 33 名，河北省 116 名，山西省 61 名，内蒙古自治区 53 名，辽宁省 94 名，吉林省 58 名，黑龙江省 84 名，上海市 50 名，江苏省 138 名，浙江省 84 名，安徽省 104 名，福建省 62 名，江西省 76 名，山东省 162 名，河南省 159 名，湖北省 108 名，湖南省 110 名，广东省 151 名，广西壮族自治区 85 名，海南省 21 名，重庆市 55 名，四川省 137 名，贵州省 66 名，云南省 87 名，西藏自治区 17 名，陕西省 65 名，甘肃省 49 名，青海省 18 名，宁夏回族自治区 18 名，新疆维吾尔自治区 56 名，香港特别行政区 36 名，澳门特别行政区 12 名，台湾省暂时选举 13 名，中国人民解放军 265 名，其余 255 名由全国人民代表大会常务委员会依据法律另行分配。

第十三届全国人民代表大会少数民族代表名额分配方案

（2017 年 4 月 27 日第十二届全国人民代表大会常务委员会第二十七次会议通过）

根据《第十二届全国人民代表大会第五次会议关于第十三届全国人民代表大会代表名额和选举问题的决定》，第十三届全国人民代表大会少数民族代表名额为 360 名左右，与十二届相同。具体分配方案如下：

一、各省、自治区、直辖市应选少数民族代表 320 名，其中：

1. 蒙古族　　24 名

内蒙古自治区 17 名
辽宁省 3 名
吉林省 1 名
黑龙江省 1 名
青海省 1 名
新疆维吾尔自治区 1 名

2. 回族　　37 名

北京市 1 名
天津市 1 名
河北省 3 名
辽宁省 1 名
上海市 1 名
江苏省 1 名
安徽省 2 名
山东省 3 名
河南省 5 名
云南省 2 名
陕西省 1 名
甘肃省 4 名
青海省 2 名
宁夏回族自治区 8 名

新疆维吾尔自治区 2 名

3. 藏族 26 名

四川省 6 名
云南省 2 名
西藏自治区 12 名
甘肃省 2 名
青海省 4 名

4. 维吾尔族 22 名

新疆维吾尔自治区 22 名

5. 苗族 21 名

湖北省 1 名
湖南省 5 名
广西壮族自治区 2 名
海南省 1 名
重庆市 2 名
贵州省 8 名
云南省 2 名

6. 彝族 20 名

四川省 7 名
贵州省 2 名
云南省 11 名

7. 壮族 44 名

广东省 1 名
广西壮族自治区 41 名
云南省 2 名

8. 布依族 7 名

贵州省 7 名

9. 朝鲜族 9 名

辽宁省 1 名
吉林省 6 名
黑龙江省 2 名

10. 满族 20 名

北京市 1 名
河北省 2 名

内蒙古自治区 1 名
辽宁省 10 名
吉林省 2 名
黑龙江省 4 名

11. 侗族　　6 名

湖南省 1 名
广西壮族自治区 1 名
贵州省 4 名

12. 瑶族　　6 名

湖南省 1 名
广东省 1 名
广西壮族自治区 3 名
云南省 1 名

13. 白族　　4 名

云南省 4 名

14. 土家族　　15 名

湖北省 6 名
湖南省 5 名
重庆市 2 名
贵州省 2 名

15. 哈尼族　　4 名

云南省 4 名

16. 哈萨克族　　5 名

新疆维吾尔自治区 5 名

17. 傣族　　5 名

云南省 5 名

18. 黎族　　5 名

海南省 5 名

19. 傈僳族　　2 名

云南省 2 名

20. 佤族　　1 名

云南省 1 名

21. 畲族　　2 名

浙江省 1 名

福建省 1 名

22. 高山族 2 名

福建省 1 名

台湾省 1 名

23. 拉祜族 1 名

云南省 1 名

24. 水族 1 名

贵州省 1 名

25. 东乡族 1 名

甘肃省 1 名

26. 纳西族 1 名

云南省 1 名

27. 景颇族 1 名

云南省 1 名

28. 柯尔克孜族 1 名

新疆维吾尔自治区 1 名

29. 土族 1 名

青海省 1 名

30. 达斡尔族 1 名

内蒙古自治区 1 名

31. 仫佬族 1 名

广西壮族自治区 1 名

32. 羌族 1 名

四川省 1 名

33. 布朗族 1 名

云南省 1 名

34. 撒拉族 1 名

青海省 1 名

35. 毛南族 1 名

广西壮族自治区 1 名

36. 仡佬族 1 名

贵州省 1 名

37. 锡伯族 1 名

新疆维吾尔自治区 1 名

38. 阿昌族 1名

云南省1名

39. 普米族 1名

云南省1名

40. 塔吉克族 1名

新疆维吾尔自治区1名

41. 怒族 1名

云南省1名

42. 乌孜别克族 1名

新疆维吾尔自治区1名

43. 俄罗斯族 1名

新疆维吾尔自治区1名

44. 鄂温克族 1名

内蒙古自治区1名

45. 德昂族 1名

云南省1名

46. 保安族 1名

甘肃省1名

47. 裕固族 1名

甘肃省1名

48. 京族 1名

广西壮族自治区1名

49. 塔塔尔族 1名

新疆维吾尔自治区1名

50. 独龙族 1名

云南省1名

51. 鄂伦春族 1名

内蒙古自治区1名

52. 赫哲族 1名

黑龙江省1名

53. 门巴族 1名

西藏自治区1名

54. 珞巴族 1名

西藏自治区1名

55. 基诺族　　1 名

云南省 1 名

二、中国人民解放军应选少数民族代表 14 名。

三、其余 26 名少数民族代表名额由全国人民代表大会常务委员会依据法律另行分配。

台湾省出席第十三届全国人民代表大会代表协商选举方案

（2017 年 4 月 27 日第十二届全国人民代表大会常务委员会第二十七次会议通过）

根据《第十二届全国人民代表大会第五次会议关于第十三届全国人民代表大会代表名额和选举问题的决定》，台湾省出席第十三届全国人民代表大会代表协商选举方案如下：

一、台湾省暂时选举第十三届全国人民代表大会代表 13 名，由各省、自治区、直辖市和中央国家机关、中国人民解放军中的台湾省籍同胞组成的协商选举会议选举产生。按照选举法规定，选举采用差额选举和无记名投票的方式进行。

二、协商选举会议人数为 122 人，由各省、自治区、直辖市和中央国家机关、中国人民解放军中的台湾省籍同胞中协商选定。参加协商选举会议人员的选定工作于 2017 年 12 月底以前完成。

三、协商选举会议定于 2018 年 1 月在北京召开。

四、协商选举会议要发扬民主，酝酿代表候选人应考虑各方面的代表人士，适当注意中青年、妇女、少数民族等方面的人选。

五、协商选举会议由全国人大常委会委员长会议指定召集人召集。

附件：台湾省出席第十三届全国人民代表大会代表协商选举会议代表分配方案

台湾省出席第十三届全国人民代表大会代表协商选举会议代表分配方案

单　位	台湾省籍同胞人数（据 2016 年统计）	参加协商会议代表数
北京市	1370	6
天津市	951	4
河北省	613	3
山西省	165	1
内蒙古自治区	243	1
辽宁省	1468	6
吉林省	232	2
黑龙江省	291	2
上海市	3935	6
江苏省	1531	6
浙江省	2190	6
安徽省	795	3
福建省	17023	15
江西省	1756	6
山东省	949	2
河南省	506	3
湖北省	1031	2
湖南省	1003	3
广东省	3920	9
广西壮族自治区	448	2
海南省	3861	9
重庆市	476	2
四川省	524	2

贵州省	218	1
云南省	426	2
西藏自治区	0	0
陕西省	308	2
甘肃省	364	1
青海省	82	1
宁夏回族自治区	70	1
新疆维吾尔自治区	87	1
中直机关		4
国家机关		6
中国人民解放军		2
总　计	46836	122

全国人民代表大会常务委员会关于延长人民陪审员制度改革试点期限的决定

（2017 年 4 月 27 日第十二届全国人民代表大会常务委员会第二十七次会议通过）

为进一步研究人民陪审员制度改革试点中的有关问题，第十二届全国人民代表大会常务委员会第二十七次会议决定：2015 年 4 月 24 日第十二届全国人民代表大会常务委员会第十四次会议授权在部分地区开展的人民陪审员制度改革试点工作，试点期限延长一年。延长期满，最高人民法院应当就试点情况向全国人民代表大会常务委员会作出报告。对实践证明可行的，最高人民法院应当会同有关方面提出修改相关法律的意见；对实践证明不宜调整的，恢复施行有关法律规定。

本决定自 2017 年 4 月 28 日起施行。

行政法规

农药管理条例

（1997年5月8日中华人民共和国国务院令第216号发布　根据2001年11月29日《国务院关于修改〈农药管理条例〉的决定》修订　2017年2月28日国务院第164次常务会议修订通过　2017年3月16日中华人民共和国国务院令第677号公布　自2017年6月1日起施行）

第一章　总　　则

第一条　为了加强农药管理，保证农药质量，保障农产品质量安全和人畜安全，保护农业、林业生产和生态环境，制定本条例。

第二条　本条例所称农药，是指用于预防、控制危害农业、林业的病、虫、草、鼠和其他有害生物以及有目的地调节植物、昆虫生长的化学合成或者来源于生物、其他天然物质的一种物质或者几种物质的混合物及其制剂。

前款规定的农药包括用于不同目的、场所的下列各类：

（一）预防、控制危害农业、林业的病、虫（包括昆虫、蜱、螨）、草、鼠、软体动物和其他有害生物；

（二）预防、控制仓储以及加工场所的病、虫、鼠和其他有害生物；

（三）调节植物、昆虫生长；

（四）农业、林业产品防腐或者保鲜；

（五）预防、控制蚊、蝇、蜚蠊、鼠和其他有害生物；

（六）预防、控制危害河流堤坝、铁路、码头、机场、建筑物和其他场所的有害生物。

第三条　国务院农业主管部门负责全国的农药监督管理工作。

县级以上地方人民政府农业主管部门负责本行政区域的农药监督管理工作。

县级以上人民政府其他有关部门在各自职责范围内负责有关的农药监督

管理工作。

第四条 县级以上地方人民政府应当加强对农药监督管理工作的组织领导,将农药监督管理经费列入本级政府预算,保障农药监督管理工作的开展。

第五条 农药生产企业、农药经营者应当对其生产、经营的农药的安全性、有效性负责,自觉接受政府监管和社会监督。

农药生产企业、农药经营者应当加强行业自律,规范生产、经营行为。

第六条 国家鼓励和支持研制、生产、使用安全、高效、经济的农药,推进农药专业化使用,促进农药产业升级。

对在农药研制、推广和监督管理等工作中作出突出贡献的单位和个人,按照国家有关规定予以表彰或者奖励。

第二章 农药登记

第七条 国家实行农药登记制度。农药生产企业、向中国出口农药的企业应当依照本条例的规定申请农药登记,新农药研制者可以依照本条例的规定申请农药登记。

国务院农业主管部门所属的负责农药检定工作的机构负责农药登记具体工作。省、自治区、直辖市人民政府农业主管部门所属的负责农药检定工作的机构协助做好本行政区域的农药登记具体工作。

第八条 国务院农业主管部门组织成立农药登记评审委员会,负责农药登记评审。

农药登记评审委员会由下列人员组成:

(一)国务院农业、林业、卫生、环境保护、粮食、工业行业管理、安全生产监督管理等有关部门和供销合作总社等单位推荐的农药产品化学、药效、毒理、残留、环境、质量标准和检测等方面的专家;

(二)国家食品安全风险评估专家委员会的有关专家;

(三)国务院农业、林业、卫生、环境保护、粮食、工业行业管理、安全生产监督管理等有关部门和供销合作总社等单位的代表。

农药登记评审规则由国务院农业主管部门制定。

第九条 申请农药登记的,应当进行登记试验。

农药的登记试验应当报所在地省、自治区、直辖市人民政府农业主管部门备案。

新农药的登记试验应当向国务院农业主管部门提出申请。国务院农业主管部门应当自受理申请之日起40个工作日内对试验的安全风险及其防范措施进行审查，符合条件的，准予登记试验；不符合条件的，书面通知申请人并说明理由。

第十条 登记试验应当由国务院农业主管部门认定的登记试验单位按照国务院农业主管部门的规定进行。

与已取得中国农药登记的农药组成成分、使用范围和使用方法相同的农药，免予残留、环境试验，但已取得中国农药登记的农药依照本条例第十五条的规定在登记资料保护期内的，应当经农药登记证持有人授权同意。

登记试验单位应当对登记试验报告的真实性负责。

第十一条 登记试验结束后，申请人应当向所在地省、自治区、直辖市人民政府农业主管部门提出农药登记申请，并提交登记试验报告、标签样张和农药产品质量标准及其检验方法等申请资料；申请新农药登记的，还应当提供农药标准品。

省、自治区、直辖市人民政府农业主管部门应当自受理申请之日起 20 个工作日内提出初审意见，并报送国务院农业主管部门。

向中国出口农药的企业申请农药登记的，应当持本条第一款规定的资料、农药标准品以及在有关国家（地区）登记、使用的证明材料，向国务院农业主管部门提出申请。

第十二条 国务院农业主管部门受理申请或者收到省、自治区、直辖市人民政府农业主管部门报送的申请资料后，应当组织审查和登记评审，并自收到评审意见之日起 20 个工作日内作出审批决定，符合条件的，核发农药登记证；不符合条件的，书面通知申请人并说明理由。

第十三条 农药登记证应当载明农药名称、剂型、有效成分及其含量、毒性、使用范围、使用方法和剂量、登记证持有人、登记证号以及有效期等事项。

农药登记证有效期为 5 年。有效期届满，需要继续生产农药或者向中国出口农药的，农药登记证持有人应当在有效期届满 90 日前向国务院农业主管部门申请延续。

农药登记证载明事项发生变化的，农药登记证持有人应当按照国务院农业主管部门的规定申请变更农药登记证。

国务院农业主管部门应当及时公告农药登记证核发、延续、变更情况以及有关的农药产品质量标准号、残留限量规定、检验方法、经核准的标签等信息。

第十四条 新农药研制者可以转让其已取得登记的新农药的登记资料；农药生产企业可以向具有相应生产能力的农药生产企业转让其已取得登记的农药的登记资料。

第十五条 国家对取得首次登记的、含有新化合物的农药的申请人提交的其自己所取得且未披露的试验数据和其他数据实施保护。

自登记之日起6年内,对其他申请人未经已取得登记的申请人同意,使用前款规定的数据申请农药登记的,登记机关不予登记;但是,其他申请人提交其自己所取得的数据的除外。

除下列情况外,登记机关不得披露本条第一款规定的数据:

(一)公共利益需要;

(二)已采取措施确保该类信息不会被不正当地进行商业使用。

第三章　农药生产

第十六条　农药生产应当符合国家产业政策。国家鼓励和支持农药生产企业采用先进技术和先进管理规范,提高农药的安全性、有效性。

第十七条　国家实行农药生产许可制度。农药生产企业应当具备下列条件,并按照国务院农业主管部门的规定向省、自治区、直辖市人民政府农业主管部门申请农药生产许可证:

(一)有与所申请生产农药相适应的技术人员;

(二)有与所申请生产农药相适应的厂房、设施;

(三)有对所申请生产农药进行质量管理和质量检验的人员、仪器和设备;

(四)有保证所申请生产农药质量的规章制度。

省、自治区、直辖市人民政府农业主管部门应当自受理申请之日起20个工作日内作出审批决定,必要时应当进行实地核查。符合条件的,核发农药生产许可证;不符合条件的,书面通知申请人并说明理由。

安全生产、环境保护等法律、行政法规对企业生产条件有其他规定的,农药生产企业还应当遵守其规定。

第十八条　农药生产许可证应当载明农药生产企业名称、住所、法定代表人(负责人)、生产范围、生产地址以及有效期等事项。

农药生产许可证有效期为5年。有效期届满,需要继续生产农药的,农药生产企业应当在有效期届满90日前向省、自治区、直辖市人民政府农业主管部门申请延续。

农药生产许可证载明事项发生变化的,农药生产企业应当按照国务院农业主管部门的规定申请变更农药生产许可证。

第十九条　委托加工、分装农药的,委托人应当取得相应的农药登记证,受托人应当取得农药生产许可证。

委托人应当对委托加工、分装的农药质量负责。

第二十条 农药生产企业采购原材料,应当查验产品质量检验合格证和有关许可证明文件,不得采购、使用未依法附具产品质量检验合格证、未依法取得有关许可证明文件的原材料。

农药生产企业应当建立原材料进货记录制度,如实记录原材料的名称、有关许可证明文件编号、规格、数量、供货人名称及其联系方式、进货日期等内容。原材料进货记录应当保存2年以上。

第二十一条 农药生产企业应当严格按照产品质量标准进行生产,确保农药产品与登记农药一致。农药出厂销售,应当经质量检验合格并附具产品质量检验合格证。

农药生产企业应当建立农药出厂销售记录制度,如实记录农药的名称、规格、数量、生产日期和批号、产品质量检验信息、购货人名称及其联系方式、销售日期等内容。农药出厂销售记录应当保存2年以上。

第二十二条 农药包装应当符合国家有关规定,并印制或者贴有标签。国家鼓励农药生产企业使用可回收的农药包装材料。

农药标签应当按照国务院农业主管部门的规定,以中文标注农药的名称、剂型、有效成分及其含量、毒性及其标识、使用范围、使用方法和剂量、使用技术要求和注意事项、生产日期、可追溯电子信息码等内容。

剧毒、高毒农药以及使用技术要求严格的其他农药等限制使用农药的标签还应当标注"限制使用"字样,并注明使用的特别限制和特殊要求。用于食用农产品的农药的标签还应当标注安全间隔期。

第二十三条 农药生产企业不得擅自改变经核准的农药的标签内容,不得在农药的标签中标注虚假、误导使用者的内容。

农药包装过小,标签不能标注全部内容的,应当同时附具说明书,说明书的内容应当与经核准的标签内容一致。

第四章 农药经营

第二十四条 国家实行农药经营许可制度,但经营卫生用农药的除外。农药经营者应当具备下列条件,并按照国务院农业主管部门的规定向县级以上地方人民政府农业主管部门申请农药经营许可证:

(一)有具备农药和病虫害防治专业知识,熟悉农药管理规定,能够指导安全合理使用农药的经营人员;

(二)有与其他商品以及饮用水水源、生活区域等有效隔离的营业场所和仓储场所，并配备与所申请经营农药相适应的防护设施；

（三）有与所申请经营农药相适应的质量管理、台账记录、安全防护、应急处置、仓储管理等制度。

经营限制使用农药的，还应当配备相应的用药指导和病虫害防治专业技术人员，并按照所在地省、自治区、直辖市人民政府农业主管部门的规定实行定点经营。

县级以上地方人民政府农业主管部门应当自受理申请之日起20个工作日内作出审批决定。符合条件的，核发农药经营许可证；不符合条件的，书面通知申请人并说明理由。

第二十五条 农药经营许可证应当载明农药经营者名称、住所、负责人、经营范围以及有效期等事项。

农药经营许可证有效期为5年。有效期届满，需要继续经营农药的，农药经营者应当在有效期届满90日前向发证机关申请延续。

农药经营许可证载明事项发生变化的，农药经营者应当按照国务院农业主管部门的规定申请变更农药经营许可证。

取得农药经营许可证的农药经营者设立分支机构的，应当依法申请变更农药经营许可证，并向分支机构所在地县级以上地方人民政府农业主管部门备案，其分支机构免予办理农药经营许可证。农药经营者应当对其分支机构的经营活动负责。

第二十六条 农药经营者采购农药应当查验产品包装、标签、产品质量检验合格证以及有关许可证明文件，不得向未取得农药生产许可证的农药生产企业或者未取得农药经营许可证的其他农药经营者采购农药。

农药经营者应当建立采购台账，如实记录农药的名称、有关许可证明文件编号、规格、数量、生产企业和供货人名称及其联系方式、进货日期等内容。采购台账应当保存2年以上。

第二十七条 农药经营者应当建立销售台账，如实记录销售农药的名称、规格、数量、生产企业、购买人、销售日期等内容。销售台账应当保存2年以上。

农药经营者应当向购买人询问病虫害发生情况并科学推荐农药，必要时应当实地查看病虫害发生情况，并正确说明农药的使用范围、使用方法和剂量、使用技术要求和注意事项，不得误导购买人。

经营卫生用农药的，不适用本条第一款、第二款的规定。

第二十八条 农药经营者不得加工、分装农药，不得在农药中添加任何物质，不得采购、销售包装和标签不符合规定，未附具产品质量检验合格证，未取得有关许可证明文件的农药。

经营卫生用农药的，应当将卫生用农药与其他商品分柜销售；经营其他农药的，不得在农药经营场所内经营食品、食用农产品、饲料等。

第二十九条 境外企业不得直接在中国销售农药。境外企业在中国销售农药的，应当依法在中国设立销售机构或者委托符合条件的中国代理机构销售。

向中国出口的农药应当附具中文标签、说明书，符合产品质量标准，并经出入境检验检疫部门依法检验合格。禁止进口未取得农药登记证的农药。

办理农药进出口海关申报手续，应当按照海关总署的规定出示相关证明文件。

第五章 农药使用

第三十条 县级以上人民政府农业主管部门应当加强农药使用指导、服务工作，建立健全农药安全、合理使用制度，并按照预防为主、综合防治的要求，组织推广农药科学使用技术，规范农药使用行为。林业、粮食、卫生等部门应当加强对林业、储粮、卫生用农药安全、合理使用的技术指导，环境保护主管部门应当加强对农药使用过程中环境保护和污染防治的技术指导。

第三十一条 县级人民政府农业主管部门应当组织植物保护、农业技术推广等机构向农药使用者提供免费技术培训，提高农药安全、合理使用水平。

国家鼓励农业科研单位、有关学校、农民专业合作社、供销合作社、农业社会化服务组织和专业人员为农药使用者提供技术服务。

第三十二条 国家通过推广生物防治、物理防治、先进施药器械等措施，逐步减少农药使用量。

县级人民政府应当制定并组织实施本行政区域的农药减量计划；对实施农药减量计划、自愿减少农药使用量的农药使用者，给予鼓励和扶持。

县级人民政府农业主管部门应当鼓励和扶持设立专业化病虫害防治服务组织，并对专业化病虫害防治和限制使用农药的配药、用药进行指导、规范和管理，提高病虫害防治水平。

县级人民政府农业主管部门应当指导农药使用者有计划地轮换使用农药，减缓危害农业、林业的病、虫、草、鼠和其他有害生物的抗药性。

乡、镇人民政府应当协助开展农药使用指导、服务工作。

第三十三条 农药使用者应当遵守国家有关农药安全、合理使用制度，妥善保管农药，并在配药、用药过程中采取必要的防护措施，避免发生农药使用事故。

限制使用农药的经营者应当为农药使用者提供用药指导，并逐步提供统一用药服务。

第三十四条 农药使用者应当严格按照农药的标签标注的使用范围、使用方法和剂量、使用技术要求和注意事项使用农药，不得扩大使用范围、加大用药剂量或者改变使用方法。

农药使用者不得使用禁用的农药。

标签标注安全间隔期的农药，在农产品收获前应当按照安全间隔期的要求停止使用。

剧毒、高毒农药不得用于防治卫生害虫，不得用于蔬菜、瓜果、茶叶、菌类、中草药材的生产，不得用于水生植物的病虫害防治。

第三十五条 农药使用者应当保护环境，保护有益生物和珍稀物种，不得在饮用水水源保护区、河道内丢弃农药、农药包装物或者清洗施药器械。

严禁在饮用水水源保护区内使用农药，严禁使用农药毒鱼、虾、鸟、兽等。

第三十六条 农产品生产企业、食品和食用农产品仓储企业、专业化病虫害防治服务组织和从事农产品生产的农民专业合作社等应当建立农药使用记录，如实记录使用农药的时间、地点、对象以及农药名称、用量、生产企业等。农药使用记录应当保存2年以上。

国家鼓励其他农药使用者建立农药使用记录。

第三十七条 国家鼓励农药使用者妥善收集农药包装物等废弃物；农药生产企业、农药经营者应当回收农药废弃物，防止农药污染环境和农药中毒事故的发生。具体办法由国务院环境保护主管部门会同国务院农业主管部门、国务院财政部门等部门制定。

第三十八条 发生农药使用事故，农药使用者、农药生产企业、农药经营者和其他有关人员应当及时报告当地农业主管部门。

接到报告的农业主管部门应当立即采取措施，防止事故扩大，同时通知有关部门采取相应措施。造成农药中毒事故的，由农业主管部门和公安机关依照职责权限组织调查处理，卫生主管部门应当按照国家有关规定立即对受到伤害的人员组织医疗救治；造成环境污染事故的，由环境保护等有关部门依法组织调查处理；造成储粮药剂使用事故和农作物药害事故的，分别由粮食、农业等部门组织技术鉴定和调查处理。

第三十九条 因防治突发重大病虫害等紧急需要，国务院农业主管部门可以决定临时生产、使用规定数量的未取得登记或者禁用、限制使用的农药，必要时应当会同国务院对外贸易主管部门决定临时限制出口或者临时进口规定数量、品种的农药。

前款规定的农药,应当在使用地县级人民政府农业主管部门的监督和指导下使用。

第六章　监督管理

第四十条　县级以上人民政府农业主管部门应当定期调查统计农药生产、销售、使用情况,并及时通报本级人民政府有关部门。

县级以上地方人民政府农业主管部门应当建立农药生产、经营诚信档案并予以公布;发现违法生产、经营农药的行为涉嫌犯罪的,应当依法移送公安机关查处。

第四十一条　县级以上人民政府农业主管部门履行农药监督管理职责,可以依法采取下列措施:

(一)进入农药生产、经营、使用场所实施现场检查;

(二)对生产、经营、使用的农药实施抽查检测;

(三)向有关人员调查了解有关情况;

(四)查阅、复制合同、票据、账簿以及其他有关资料;

(五)查封、扣押违法生产、经营、使用的农药,以及用于违法生产、经营、使用农药的工具、设备、原材料等;

(六)查封违法生产、经营、使用农药的场所。

第四十二条　国家建立农药召回制度。农药生产企业发现其生产的农药对农业、林业、人畜安全、农产品质量安全、生态环境等有严重危害或者较大风险的,应当立即停止生产,通知有关经营者和使用者,向所在地农业主管部门报告,主动召回产品,并记录通知和召回情况。

农药经营者发现其经营的农药有前款规定的情形的,应当立即停止销售,通知有关生产企业、供货人和购买人,向所在地农业主管部门报告,并记录停止销售和通知情况。

农药使用者发现其使用的农药有本条第一款规定的情形的,应当立即停止使用,通知经营者,并向所在地农业主管部门报告。

第四十三条　国务院农业主管部门和省、自治区、直辖市人民政府农业主管部门应当组织负责农药检定工作的机构、植物保护机构对已登记农药的安全性和有效性进行监测。

发现已登记农药对农业、林业、人畜安全、农产品质量安全、生态环境等有严重危害或者较大风险的,国务院农业主管部门应当组织农药登记评审委员会进行评审，根据评审结果撤销、变更相应的农药登记证，必要时应当决定禁用或者限制使用并予以公告。

第四十四条 有下列情形之一的，认定为假农药：

（一）以非农药冒充农药；

（二）以此种农药冒充他种农药；

（三）农药所含有效成分种类与农药的标签、说明书标注的有效成分不符。

禁用的农药，未依法取得农药登记证而生产、进口的农药，以及未附具标签的农药，按照假农药处理。

第四十五条 有下列情形之一的，认定为劣质农药：

（一）不符合农药产品质量标准；

（二）混有导致药害等有害成分。

超过农药质量保证期的农药，按照劣质农药处理。

第四十六条 假农药、劣质农药和回收的农药废弃物等应当交由具有危险废物经营资质的单位集中处置，处置费用由相应的农药生产企业、农药经营者承担；农药生产企业、农药经营者不明确的，处置费用由所在地县级人民政府财政列支。

第四十七条 禁止伪造、变造、转让、出租、出借农药登记证、农药生产许可证、农药经营许可证等许可证明文件。

第四十八条 县级以上人民政府农业主管部门及其工作人员和负责农药检定工作的机构及其工作人员，不得参与农药生产、经营活动。

第七章 法律责任

第四十九条 县级以上人民政府农业主管部门及其工作人员有下列行为之一的，由本级人民政府责令改正；对负有责任的领导人员和直接责任人员，依法给予处分；负有责任的领导人员和直接责任人员构成犯罪的，依法追究刑事责任：

（一）不履行监督管理职责，所辖行政区域的违法农药生产、经营活动造成重大损失或者恶劣社会影响；

（二）对不符合条件的申请人准予许可或者对符合条件的申请人拒不准予许可；

（三）参与农药生产、经营活动；

（四）有其他徇私舞弊、滥用职权、玩忽职守行为。

第五十条 农药登记评审委员会组成人员在农药登记评审中谋取不正当利益的，由国务院农业主管部门从农药登记评审委员会除名；属于国家工作人员的，依法给予处分；构成犯罪的，依法追究刑事责任。

第五十一条 登记试验单位出具虚假登记试验报告的，由省、自治区、直辖市人民政府农业主管部门没收违法所得，并处5万元以上10万元以下罚款；由国务院农业主管部门从登记试验单位中除名，5年内不再受理其登记试验单位认定申请；构成犯罪的，依法追究刑事责任。

第五十二条 未取得农药生产许可证生产农药或者生产假农药的，由县级以上地方人民政府农业主管部门责令停止生产，没收违法所得、违法生产的产品和用于违法生产的工具、设备、原材料等，违法生产的产品货值金额不足1万元的，并处5万元以上10万元以下罚款，货值金额1万元以上的，并处货值金额10倍以上20倍以下罚款，由发证机关吊销农药生产许可证和相应的农药登记证；构成犯罪的，依法追究刑事责任。

取得农药生产许可证的农药生产企业不再符合规定条件继续生产农药的，由县级以上地方人民政府农业主管部门责令限期整改；逾期拒不整改或者整改后仍不符合规定条件的，由发证机关吊销农药生产许可证。

农药生产企业生产劣质农药的，由县级以上地方人民政府农业主管部门责令停止生产，没收违法所得、违法生产的产品和用于违法生产的工具、设备、原材料等，违法生产的产品货值金额不足1万元的，并处1万元以上5万元以下罚款，货值金额1万元以上的，并处货值金额5倍以上10倍以下罚款；情节严重的，由发证机关吊销农药生产许可证和相应的农药登记证；构成犯罪的，依法追究刑事责任。

委托未取得农药生产许可证的受托人加工、分装农药，或者委托加工、分装假农药、劣质农药的，对委托人和受托人均依照本条第一款、第三款的规定处罚。

第五十三条 农药生产企业有下列行为之一的，由县级以上地方人民政府农业主管部门责令改正，没收违法所得、违法生产的产品和用于违法生产的原材料等，违法生产的产品货值金额不足1万元的，并处1万元以上2万元以下罚款，货值金额1万元以上的，并处货值金额2倍以上5倍以下罚款；拒不改正或者情节严重的，由发证机关吊销农药生产许可证和相应的农药登记证：

（一）采购、使用未依法附具产品质量检验合格证、未依法取得有关许可证明文件的原材料；

（二）出厂销售未经质量检验合格并附具产品质量检验合格证的农药；

（三）生产的农药包装、标签、说明书不符合规定；

（四）不召回依法应当召回的农药。

第五十四条 农药生产企业不执行原材料进货、农药出厂销售记录制度，或者不履行农药废弃物回收义务的，由县级以上地方人民政府农业主管部门责令改正，处1万元以上5万元以下罚款；拒不改正或者情节严重的，由发证机关吊销农药生产许可证和相应的农药登记证。

第五十五条 农药经营者有下列行为之一的，由县级以上地方人民政府农业主管部门责令停止经营，没收违法所得、违法经营的农药和用于违法经营的工具、设备等，违法经营的农药货值金额不足1万元的，并处5000元以上5万元以下罚款，货值金额1万元以上的，并处货值金额5倍以上10倍以下罚款；构成犯罪的，依法追究刑事责任：

（一）违反本条例规定，未取得农药经营许可证经营农药；

（二）经营假农药；

（三）在农药中添加物质。

有前款第二项、第三项规定的行为，情节严重的，还应当由发证机关吊销农药经营许可证。

取得农药经营许可证的农药经营者不再符合规定条件继续经营农药的，由县级以上地方人民政府农业主管部门责令限期整改；逾期拒不整改或者整改后仍不符合规定条件的，由发证机关吊销农药经营许可证。

第五十六条 农药经营者经营劣质农药的，由县级以上地方人民政府农业主管部门责令停止经营，没收违法所得、违法经营的农药和用于违法经营的工具、设备等，违法经营的农药货值金额不足1万元的，并处2000元以上2万元以下罚款，货值金额1万元以上的，并处货值金额2倍以上5倍以下罚款；情节严重的，由发证机关吊销农药经营许可证；构成犯罪的，依法追究刑事责任。

第五十七条 农药经营者有下列行为之一的，由县级以上地方人民政府农业主管部门责令改正，没收违法所得和违法经营的农药，并处5000元以上5万元以下罚款；拒不改正或者情节严重的，由发证机关吊销农药经营许可证：

（一）设立分支机构未依法变更农药经营许可证，或者未向分支机构所在地县级以上地方人民政府农业主管部门备案；

（二）向未取得农药生产许可证的农药生产企业或者未取得农药经营许可证的其他农药经营者采购农药；

（三）采购、销售未附具产品质量检验合格证或者包装、标签不符合规定的农药；

（四）不停止销售依法应当召回的农药。

第五十八条 农药经营者有下列行为之一的，由县级以上地方人民政府农业主管部门责令改正；拒不改正或者情节严重的，处2000元以上2万元以下罚款，并由发证机关吊销农药经营许可证：

（一）不执行农药采购台账、销售台账制度；

（二）在卫生用农药以外的农药经营场所内经营食品、食用农产品、饲料等；

（三）未将卫生用农药与其他商品分柜销售；

（四）不履行农药废弃物回收义务。

第五十九条 境外企业直接在中国销售农药的，由县级以上地方人民政府农业主管部门责令停止销售，没收违法所得、违法经营的农药和用于违法经营的工具、设备等，违法经营的农药货值金额不足5万元的，并处5万元以上50万元以下罚款，货值金额5万元以上的，并处货值金额10倍以上20倍以下罚款，由发证机关吊销农药登记证。

取得农药登记证的境外企业向中国出口劣质农药情节严重或者出口假农药的，由国务院农业主管部门吊销相应的农药登记证。

第六十条 农药使用者有下列行为之一的，由县级人民政府农业主管部门责令改正，农药使用者为农产品生产企业、食品和食用农产品仓储企业、专业化病虫害防治服务组织和从事农产品生产的农民专业合作社等单位的，处5万元以上10万元以下罚款，农药使用者为个人的，处1万元以下罚款；构成犯罪的，依法追究刑事责任：

（一）不按照农药的标签标注的使用范围、使用方法和剂量、使用技术要求和注意事项、安全间隔期使用农药；

（二）使用禁用的农药；

（三）将剧毒、高毒农药用于防治卫生害虫，用于蔬菜、瓜果、茶叶、菌类、中草药材生产或者用于水生植物的病虫害防治；

（四）在饮用水水源保护区内使用农药；

（五）使用农药毒鱼、虾、鸟、兽等；

（六）在饮用水水源保护区、河道内丢弃农药、农药包装物或者清洗施药器械。

有前款第二项规定的行为的，县级人民政府农业主管部门还应当没收禁用的农药。

第六十一条 农产品生产企业、食品和食用农产品仓储企业、专业化病虫害防治服务组织和从事农产品生产的农民专业合作社等不执行农药使用记录制度的，由县级人民政府农业主管部门责令改正；拒不改正或者情节严重的，处2000元以上2万元以下罚款。

第六十二条 伪造、变造、转让、出租、出借农药登记证、农药生产许可证、农药经营许可证等许可证明文件的，由发证机关收缴或者予以吊销，没收违法所得，并处1万元以上5万元以下罚款；构成犯罪的，依法追究刑事责任。

第六十三条 未取得农药生产许可证生产农药，未取得农药经营许可证经营农药，或者被吊销农药登记证、农药生产许可证、农药经营许可证的，其直接负责的主管人员10年内不得从事农药生产、经营活动。

农药生产企业、农药经营者招用前款规定的人员从事农药生产、经营活动的，由发证机关吊销农药生产许可证、农药经营许可证。

被吊销农药登记证的，国务院农业主管部门5年内不再受理其农药登记申请。

第六十四条 生产、经营的农药造成农药使用者人身、财产损害的，农药使用者可以向农药生产企业要求赔偿，也可以向农药经营者要求赔偿。属于农药生产企业责任的，农药经营者赔偿后有权向农药生产企业追偿；属于农药经营者责任的，农药生产企业赔偿后有权向农药经营者追偿。

第八章 附 则

第六十五条 申请农药登记的，申请人应当按照自愿有偿的原则，与登记试验单位协商确定登记试验费用。

第六十六条 本条例自2017年6月1日起施行。

国务院关于修改《大中型水利水电工程建设征地补偿和移民安置条例》的决定

（2017年4月14日中华人民共和国国务院令第679号公布 自2017年6月1日起施行）

国务院决定对《大中型水利水电工程建设征地补偿和移民安置条例》作如下修改：

将第二十二条修改为："大中型水利水电工程建设征收土地的土地补偿费和安置补助费，实行与铁路等基础设施项目用地同等补偿标准，按照被征收土地所在省、自治区、直辖市规定的标准执行。

”被征收土地上的零星树木、青苗等补偿标准，按照被征收土地所在省、自治区、直辖市规定的标准执行。

“被征收土地上的附着建筑物按照其原规模、原标准或者恢复原功能的原则补偿；对补偿费用不足以修建基本用房的贫困移民，应当给予适当补助。

“使用其他单位或者个人依法使用的国有耕地，参照征收耕地的补偿标准给予补偿；使用未确定给单位或者个人使用的国有未利用地，不予补偿。

“移民远迁后，在水库周边淹没线以上属于移民个人所有的零星树木、房屋等应当分别依照本条第二款、第三款规定的标准给予补偿。”

本决定自2017年6月1日起施行。

《大中型水利水电工程建设征地补偿和移民安置条例》根据本决定作相应修改，重新公布。

大中型水利水电工程建设征地补偿和移民安置条例

（2006年7月7日中华人民共和国国务院令第471号公布　根据2013年7月18日《国务院关于废止和修改部分行政法规的决定》第一次修订　根据2013年12月7日《国务院关于修改部分行政法规的决定》第二次修订　根据2017年4月14日《国务院关于修改〈大中型水利水电工程建设征地补偿和移民安置条例〉的决定》第三次修订）

第一章　总　　则

第一条　为了做好大中型水利水电工程建设征地补偿和移民安置工作，维护移民合法权益，保障工程建设的顺利进行，根据《中华人民共和国土地管理法》和《中华人民共和国水法》，制定本条例。

第二条　大中型水利水电工程的征地补偿和移民安置，适用本条例。

第三条　国家实行开发性移民方针，采取前期补偿、补助与后期扶持相结合的办法，使移民生活达到或者超过原有水平。

第四条　大中型水利水电工程建设征地补偿和移民安置应当遵循下列原则：

（一）以人为本，保障移民的合法权益，满足移民生存与发展的需求；

（二）顾全大局，服从国家整体安排，兼顾国家、集体、个人利益；

（三）节约利用土地，合理规划工程占地，控制移民规模；

（四）可持续发展，与资源综合开发利用、生态环境保护相协调；

（五）因地制宜，统筹规划。

第五条 移民安置工作实行政府领导、分级负责、县为基础、项目法人参与的管理体制。

国务院水利水电工程移民行政管理机构（以下简称国务院移民管理机构）负责全国大中型水利水电工程移民安置工作的管理和监督。

县级以上地方人民政府负责本行政区域内大中型水利水电工程移民安置工作的组织和领导；省、自治区、直辖市人民政府规定的移民管理机构，负责本行政区域内大中型水利水电工程移民安置工作的管理和监督。

第二章 移民安置规划

第六条 已经成立项目法人的大中型水利水电工程，由项目法人编制移民安置规划大纲，按照审批权限报省、自治区、直辖市人民政府或者国务院移民管理机构审批；省、自治区、直辖市人民政府或者国务院移民管理机构在审批前应当征求移民区和移民安置区县级以上地方人民政府的意见。

没有成立项目法人的大中型水利水电工程，项目主管部门应当会同移民区和移民安置区县级以上地方人民政府编制移民安置规划大纲，按照审批权限报省、自治区、直辖市人民政府或者国务院移民管理机构审批。

第七条 移民安置规划大纲应当根据工程占地和淹没区实物调查结果以及移民区、移民安置区经济社会情况和资源环境承载能力编制。

工程占地和淹没区实物调查，由项目主管部门或者项目法人会同工程占地和淹没区所在地的地方人民政府实施；实物调查应当全面准确，调查结果经调查者和被调查者签字认可并公示后，由有关地方人民政府签署意见。实物调查工作开始前，工程占地和淹没区所在地的省级人民政府应当发布通告，禁止在工程占地和淹没区新增建设项目和迁入人口，并对实物调查工作作出安排。

第八条 移民安置规划大纲应当主要包括移民安置的任务、去向、标准和农村移民生产安置方式以及移民生活水平评价和搬迁后生活水平预测、水库移民后期扶持政策、淹没线以上受影响范围的划定原则、移民安置规划编制原则等内容。

第九条 编制移民安置规划大纲应当广泛听取移民和移民安置区居民的

意见；必要时，应当采取听证的方式。

经批准的移民安置规划大纲是编制移民安置规划的基本依据，应当严格执行，不得随意调整或者修改；确需调整或者修改的，应当报原批准机关批准。

第十条 已经成立项目法人的，由项目法人根据经批准的移民安置规划大纲编制移民安置规划；没有成立项目法人的，项目主管部门应当会同移民区和移民安置区县级以上地方人民政府，根据经批准的移民安置规划大纲编制移民安置规划。

大中型水利水电工程的移民安置规划，按照审批权限经省、自治区、直辖市人民政府移民管理机构或者国务院移民管理机构审核后，由项目法人或者项目主管部门报项目审批或者核准部门，与可行性研究报告或者项目申请报告一并审批或者核准。

省、自治区、直辖市人民政府移民管理机构或者国务院移民管理机构审核移民安置规划，应当征求本级人民政府有关部门以及移民区和移民安置区县级以上地方人民政府的意见。

第十一条 编制移民安置规划应当以资源环境承载能力为基础，遵循本地安置与异地安置、集中安置与分散安置、政府安置与移民自找门路安置相结合的原则。

编制移民安置规划应当尊重少数民族的生产、生活方式和风俗习惯。

移民安置规划应当与国民经济和社会发展规划以及土地利用总体规划、城市总体规划、村庄和集镇规划相衔接。

第十二条 移民安置规划应当对农村移民安置、城（集）镇迁建、工矿企业迁建、专项设施迁建或者复建、防护工程建设、水库水域开发利用、水库移民后期扶持措施、征地补偿和移民安置资金概（估）算等作出安排。

对淹没线以上受影响范围内因水库蓄水造成的居民生产、生活困难问题，应当纳入移民安置规划，按照经济合理的原则，妥善处理。

第十三条 对农村移民安置进行规划，应当坚持以农业生产安置为主，遵循因地制宜、有利生产、方便生活、保护生态的原则，合理规划农村移民安置点；有条件的地方，可以结合小城镇建设进行。

农村移民安置后，应当使移民拥有与移民安置区居民基本相当的土地等农业生产资料。

第十四条 对城（集）镇移民安置进行规划，应当以城（集）镇现状为基础，节约用地，合理布局。

工矿企业的迁建，应当符合国家的产业政策，结合技术改造和结构调整进行；对技术落后、浪费资源、产品质量低劣、污染严重、不具备安全生产条件的企业,应当依法关闭。

第十五条 编制移民安置规划应当广泛听取移民和移民安置区居民的意见;必要时,应当采取听证的方式。

经批准的移民安置规划是组织实施移民安置工作的基本依据,应当严格执行,不得随意调整或者修改;确需调整或者修改的,应当依照本条例第十条的规定重新报批。

未编制移民安置规划或者移民安置规划未经审核的大中型水利水电工程建设项目,有关部门不得批准或者核准其建设,不得为其办理用地等有关手续。

第十六条 征地补偿和移民安置资金、依法应当缴纳的耕地占用税和耕地开垦费以及依照国务院有关规定缴纳的森林植被恢复费等应当列入大中型水利水电工程概算。

征地补偿和移民安置资金包括土地补偿费、安置补助费,农村居民点迁建、城(集)镇迁建、工矿企业迁建以及专项设施迁建或者复建补偿费(含有关地上附着物补偿费),移民个人财产补偿费(含地上附着物和青苗补偿费)和搬迁费,库底清理费,淹没区文物保护费和国家规定的其他费用。

第十七条 农村移民集中安置的农村居民点、城(集)镇、工矿企业以及专项设施等基础设施的迁建或者复建选址,应当依法做好环境影响评价、水文地质与工程地质勘察、地质灾害防治和地质灾害危险性评估。

第十八条 对淹没区内的居民点、耕地等,具备防护条件的,应当在经济合理的前提下,采取修建防护工程等防护措施,减少淹没损失。

防护工程的建设费用由项目法人承担,运行管理费用由大中型水利水电工程管理单位负责。

第十九条 对工程占地和淹没区内的文物,应当查清分布,确认保护价值,坚持保护为主、抢救第一的方针,实行重点保护、重点发掘。

第三章 征地补偿

第二十条 依法批准的流域规划中确定的大中型水利水电工程建设项目的用地,应当纳入项目所在地的土地利用总体规划。

大中型水利水电工程建设项目核准或者可行性研究报告批准后,项目用地应当列入土地利用年度计划。

属于国家重点扶持的水利、能源基础设施的大中型水利水电工程建设项目,其用地可以以划拨方式取得。

第二十一条　大中型水利水电工程建设项目用地，应当依法申请并办理审批手续，实行一次报批、分期征收，按期支付征地补偿费。

对于应急的防洪、治涝等工程，经有批准权的人民政府决定，可以先行使用土地，事后补办用地手续。

第二十二条　大中型水利水电工程建设征收土地的土地补偿费和安置补助费，实行与铁路等基础设施项目用地同等补偿标准，按照被征收土地所在省、自治区、直辖市规定的标准执行。

被征收土地上的零星树木、青苗等补偿标准，按照被征收土地所在省、自治区、直辖市规定的标准执行。

被征收土地上的附着建筑物按照其原规模、原标准或者恢复原功能的原则补偿；对补偿费用不足以修建基本用房的贫困移民，应当给予适当补助。

使用其他单位或者个人依法使用的国有耕地，参照征收耕地的补偿标准给予补偿；使用未确定给单位或者个人使用的国有未利用地，不予补偿。

移民远迁后，在水库周边淹没线以上属于移民个人所有的零星树木、房屋等应当分别依照本条第二款、第三款规定的标准给予补偿。

第二十三条　大中型水利水电工程建设临时用地，由县级以上人民政府土地主管部门批准。

第二十四条　工矿企业和交通、电力、电信、广播电视等专项设施以及中小学的迁建或者复建，应当按照其原规模、原标准或者恢复原功能的原则补偿。

第二十五条　大中型水利水电工程建设占用耕地的，应当执行占补平衡的规定。为安置移民开垦的耕地、因大中型水利水电工程建设而进行土地整理新增的耕地、工程施工新造的耕地可以抵扣或者折抵建设占用耕地的数量。

大中型水利水电工程建设占用25度以上坡耕地的，不计入需要补充耕地的范围。

第四章　移民安置

第二十六条　移民区和移民安置区县级以上地方人民政府负责移民安置规划的组织实施。

第二十七条　大中型水利水电工程开工前，项目法人应当根据经批准的移民安置规划，与移民区和移民安置区所在的省、自治区、直辖市人民政府或者市、县人民政府签订移民安置协议；签订协议的省、自治区、直辖市人民政府或者市人民政府，可以与下一级有移民或者移民安置任务的人民政府签订移民安置协议。

第二十八条 项目法人应当根据大中型水利水电工程建设的要求和移民安置规划，在每年汛期结束后60日内，向与其签订移民安置协议的地方人民政府提出下年度移民安置计划建议；签订移民安置协议的地方人民政府，应当根据移民安置规划和项目法人的年度移民安置计划建议，在与项目法人充分协商的基础上，组织编制并下达本行政区域的下年度移民安置年度计划。

第二十九条 项目法人应当根据移民安置年度计划，按照移民安置实施进度将征地补偿和移民安置资金支付给与其签订移民安置协议的地方人民政府。

第三十条 农村移民在本县通过新开发土地或者调剂土地集中安置的，县级人民政府应当将土地补偿费、安置补助费和集体财产补偿费直接全额兑付给该村集体经济组织或者村民委员会。

农村移民分散安置到本县内其他村集体经济组织或者村民委员会的，应当由移民安置村集体经济组织或者村民委员会与县级人民政府签订协议，按照协议安排移民的生产和生活。

第三十一条 农村移民在本省行政区域内其他县安置的，与项目法人签订移民安置协议的地方人民政府，应当及时将相应的征地补偿和移民安置资金交给移民安置区县级人民政府，用于安排移民的生产和生活。

农村移民跨省安置的，项目法人应当及时将相应的征地补偿和移民安置资金交给移民安置区省、自治区、直辖市人民政府，用于安排移民的生产和生活。

第三十二条 搬迁费以及移民个人房屋和附属建筑物、个人所有的零星树木、青苗、农副业设施等个人财产补偿费，由移民区县级人民政府直接全额兑付给移民。

第三十三条 移民自愿投亲靠友的，应当由本人向移民区县级人民政府提出申请，并提交接收地县级人民政府出具的接收证明；移民区县级人民政府确认其具有土地等农业生产资料后，应当与接收地县级人民政府和移民共同签订协议，将土地补偿费、安置补助费交给接收地县级人民政府，统筹安排移民的生产和生活，将个人财产补偿费和搬迁费发给移民个人。

第三十四条 城（集）镇迁建、工矿企业迁建、专项设施迁建或者复建补偿费，由移民区县级以上地方人民政府交给当地人民政府或者有关单位。因扩大规模、提高标准增加的费用，由有关地方人民政府或者有关单位自行解决。

第三十五条 农村移民集中安置的农村居民点应当按照经批准的移民安

置规划确定的规模和标准迁建。

农村移民集中安置的农村居民点的道路、供水、供电等基础设施，由乡（镇）、村统一组织建设。

农村移民住房，应当由移民自主建造。有关地方人民政府或者村民委员会应当统一规划宅基地，但不得强行规定建房标准。

第三十六条 农村移民安置用地应当依照《中华人民共和国土地管理法》和《中华人民共和国农村土地承包法》办理有关手续。

第三十七条 移民安置达到阶段性目标和移民安置工作完毕后，省、自治区、直辖市人民政府或者国务院移民管理机构应当组织有关单位进行验收；移民安置未经验收或者验收不合格的，不得对大中型水利水电工程进行阶段性验收和竣工验收。

第五章 后期扶持

第三十八条 移民安置区县级以上地方人民政府应当编制水库移民后期扶持规划，报上一级人民政府或者其移民管理机构批准后实施。

编制水库移民后期扶持规划应当广泛听取移民的意见；必要时，应当采取听证的方式。

经批准的水库移民后期扶持规划是水库移民后期扶持工作的基本依据，应当严格执行，不得随意调整或者修改；确需调整或者修改的，应当报原批准机关批准。

未编制水库移民后期扶持规划或者水库移民后期扶持规划未经批准，有关单位不得拨付水库移民后期扶持资金。

第三十九条 水库移民后期扶持规划应当包括后期扶持的范围、期限、具体措施和预期达到的目标等内容。水库移民安置区县级以上地方人民政府应当采取建立责任制等有效措施，做好后期扶持规划的落实工作。

第四十条 水库移民后期扶持资金应当按照水库移民后期扶持规划，主要作为生产生活补助发放给移民个人；必要时可以实行项目扶持，用于解决移民村生产生活中存在的突出问题，或者采取生产生活补助和项目扶持相结合的方式。具体扶持标准、期限和资金的筹集、使用管理依照国务院有关规定执行。

省、自治区、直辖市人民政府根据国家规定的原则，结合本行政区域实际情况，制定水库移民后期扶持具体实施办法，报国务院批准后执行。

第四十一条 各级人民政府应当加强移民安置区的交通、能源、水利、环保、通信、文化、教育、卫生、广播电视等基础设施建设，扶持移民安置区发展。

移民安置区地方人民政府应当将水库移民后期扶持纳入本级人民政府国民经济和社会发展规划。

第四十二条 国家在移民安置区和大中型水利水电工程受益地区兴办的生产建设项目，应当优先吸收符合条件的移民就业。

第四十三条 大中型水利水电工程建成后形成的水面和水库消落区土地属于国家所有，由该工程管理单位负责管理，并可以在服从水库统一调度和保证工程安全、符合水土保持和水质保护要求的前提下，通过当地县级人民政府优先安排给当地农村移民使用。

第四十四条 国家在安排基本农田和水利建设资金时，应当对移民安置区所在县优先予以扶持。

第四十五条 各级人民政府及其有关部门应当加强对移民的科学文化知识和实用技术的培训，加强法制宣传教育，提高移民素质，增强移民就业能力。

第四十六条 大中型水利水电工程受益地区的各级地方人民政府及其有关部门应当按照优势互补、互惠互利、长期合作、共同发展的原则，采取多种形式对移民安置区给予支持。

第六章 监督管理

第四十七条 国家对移民安置和水库移民后期扶持实行全过程监督。省、自治区、直辖市人民政府和国务院移民管理机构应当加强对移民安置和水库移民后期扶持的监督，发现问题应当及时采取措施。

第四十八条 国家对征地补偿和移民安置资金、水库移民后期扶持资金的拨付、使用和管理实行稽察制度，对拨付、使用和管理征地补偿和移民安置资金、水库移民后期扶持资金的有关地方人民政府及其有关部门的负责人依法实行任期经济责任审计。

第四十九条 县级以上人民政府应当加强对下级人民政府及其财政、发展改革、移民等有关部门或者机构拨付、使用和管理征地补偿和移民安置资金、水库移民后期扶持资金的监督。

县级以上地方人民政府或者其移民管理机构应当加强对征地补偿和移民安置资金、水库移民后期扶持资金的管理，定期向上一级人民政府或者其移民管理机构报告并向项目法人通报有关资金拨付、使用和管理情况。

第五十条 各级审计、监察机关应当依法加强对征地补偿和移民安置资金、水库移民后期扶持资金拨付、使用和管理情况的审计和监察。

县级以上人民政府财政部门应当加强对征地补偿和移民安置资金、水库移民后期扶持资金拨付、使用和管理情况的监督。

审计、监察机关和财政部门进行审计、监察和监督时，有关单位和个人应当予以配合，及时提供有关资料。

第五十一条 国家对移民安置实行全过程监督评估。签订移民安置协议的地方人民政府和项目法人应当采取招标的方式，共同委托移民安置监督评估单位对移民搬迁进度、移民安置质量、移民资金的拨付和使用情况以及移民生活水平的恢复情况进行监督评估；被委托方应当将监督评估的情况及时向委托方报告。

第五十二条 征地补偿和移民安置资金应当专户存储、专账核算，存储期间的孳息，应当纳入征地补偿和移民安置资金，不得挪作他用。

第五十三条 移民区和移民安置区县级人民政府，应当以村为单位将大中型水利水电工程征收的土地数量、土地种类和实物调查结果、补偿范围、补偿标准和金额以及安置方案等向群众公布。群众提出异议的，县级人民政府应当及时核查，并对统计调查结果不准确的事项进行改正；经核查无误的，应当及时向群众解释。

有移民安置任务的乡（镇）、村应当建立健全征地补偿和移民安置资金的财务管理制度，并将征地补偿和移民安置资金收支情况张榜公布，接受群众监督；土地补偿费和集体财产补偿费的使用方案应当经村民会议或者村民代表会议讨论通过。

移民安置区乡（镇）人民政府、村（居）民委员会应当采取有效措施帮助移民适应当地的生产、生活，及时调处矛盾纠纷。

第五十四条 县级以上地方人民政府或者其移民管理机构以及项目法人应当建立移民工作档案，并按照国家有关规定进行管理。

第五十五条 国家切实维护移民的合法权益。

在征地补偿和移民安置过程中，移民认为其合法权益受到侵害的，可以依法向县级以上人民政府或者其移民管理机构反映，县级以上人民政府或者其移民管理机构应当对移民反映的问题进行核实并妥善解决。移民也可以依法向人民法院提起诉讼。

移民安置后，移民与移民安置区当地居民享有同等的权利，承担同等的义务。

第五十六条 按照移民安置规划必须搬迁的移民，无正当理由不得拖延搬迁或者拒迁。已经安置的移民不得返迁。

第七章 法律责任

第五十七条 违反本条例规定,有关地方人民政府、移民管理机构、项目审批部门及其他有关部门有下列行为之一的,对直接负责的主管人员和其他直接责任人员依法给予行政处分;造成严重后果,有关责任人员构成犯罪的,依法追究刑事责任:

(一)违反规定批准移民安置规划大纲、移民安置规划或者水库移民后期扶持规划的;

(二)违反规定批准或者核准未编制移民安置规划或者移民安置规划未经审核的大中型水利水电工程建设项目的;

(三)移民安置未经验收或者验收不合格而对大中型水利水电工程进行阶段性验收或者竣工验收的;

(四)未编制水库移民后期扶持规划,有关单位拨付水库移民后期扶持资金的;

(五)移民安置管理、监督和组织实施过程中发现违法行为不予查处的;

(六)在移民安置过程中发现问题不及时处理,造成严重后果以及有其他滥用职权、玩忽职守等违法行为的。

第五十八条 违反本条例规定,项目主管部门或者有关地方人民政府及其有关部门调整或者修改移民安置规划大纲、移民安置规划或者水库移民后期扶持规划的,由批准该规划大纲、规划的有关人民政府或者其有关部门、机构责令改正,对直接负责的主管人员和其他直接责任人员依法给予行政处分;造成重大损失,有关责任人员构成犯罪的,依法追究刑事责任。

违反本条例规定,项目法人调整或者修改移民安置规划大纲、移民安置规划的,由批准该规划大纲、规划的有关人民政府或者其有关部门、机构责令改正,处10万元以上50万元以下的罚款;对直接负责的主管人员和其他直接责任人员处1万元以上5万元以下的罚款;造成重大损失,有关责任人员构成犯罪的,依法追究刑事责任。

第五十九条 违反本条例规定,在编制移民安置规划大纲、移民安置规划、水库移民后期扶持规划,或者进行实物调查、移民安置监督评估中弄虚作假的,由批准该规划大纲、规划的有关人民政府或者其有关部门、机构责令改正,对有关单位处10万元以上50万元以下的罚款;对直接负责的主管人员和其他直接责任人员处1万元以上5万元以下的罚款;给他人造成损失的,依法承担赔偿责任。

第六十条 违反本条例规定,侵占、截留、挪用征地补偿和移民安置资金、水库移民后期扶持资金的,责令退赔,并处侵占、截留、挪用资金额3倍以下的罚款,对直接负责的主管人员和其他责任人员依法给予行政处分;构成犯罪的,依法追究有关责任人员的刑事责任。

第六十一条 违反本条例规定,拖延搬迁或者拒迁的,当地人民政府或者其移民管理机构可以申请人民法院强制执行;违反治安管理法律、法规的,依法给予治安管理处罚;构成犯罪的,依法追究有关责任人员的刑事责任。

第八章 附 则

第六十二条 长江三峡工程的移民工作,依照《长江三峡工程建设移民条例》执行。

南水北调工程的征地补偿和移民安置工作,依照本条例执行。但是,南水北调工程中线、东线一期工程的移民安置规划的编制审批,依照国务院的规定执行。

第六十三条 本条例自2006年9月1日起施行。1991年2月15日国务院发布的《大中型水利水电工程建设征地补偿和移民安置条例》同时废止。

法规性文件

国务院关于印发中国(辽宁)自由贸易试验区总体方案的通知

(2017年3月15日　国发〔2017〕15号)

现将《中国(辽宁)自由贸易试验区总体方案》印发给你们,请认真贯彻执行。

中国(辽宁)自由贸易试验区总体方案

建立中国(辽宁)自由贸易试验区(以下简称自贸试验区)是党中央、国务院作出的重大决策,是新形势下全面深化改革、扩大开放和推动东北地区等老工业基地振兴的重大举措。为全面有效推进自贸试验区建设,制定本方案。

一、总体要求

(一)指导思想。

全面贯彻党的十八大和十八届三中、四中、五中、六中全会精神,深入贯彻习近平总书记系列重要讲话精神和治国理政新理念新思想新战略,认真落实党中央、国务院决策部署,统筹推进"五位一体"总体布局和协调推进"四个全面"战略布局,坚持稳中求进工作总基调,牢固树立和贯彻落实创新、协调、绿色、开放、共享的发展理念,进一步解放思想、先行先试,以开放促改革、促发展,着力完善体制机制,着力推进结构调整,着力鼓励创新创业,着力保障和改善民生,为全面深化改革和扩大开放探索新途径、积累新经验,发挥示范带动、服务全国的积极作用。

(二)战略定位。

以制度创新为核心,以可复制可推广为基本要求,加快市场取向体制机制改革、积极推动结构调整,努力将自贸试验区建设成为提升东北老工业基地发展整体竞争力和对外开放水平的新引擎。

（三）发展目标。

经过三至五年改革探索，形成与国际投资贸易通行规则相衔接的制度创新体系，营造法治化、国际化、便利化的营商环境，巩固提升对人才、资本等要素的吸引力，努力建成高端产业集聚、投资贸易便利、金融服务完善、监管高效便捷、法治环境规范的高水平高标准自由贸易园区，引领东北地区转变经济发展方式、提高经济发展质量和水平。

二、区位布局

（一）实施范围。

自贸试验区的实施范围119.89平方公里，涵盖三个片区：大连片区59.96平方公里（含大连保税区1.25平方公里、大连出口加工区2.95平方公里、大连大窑湾保税港区6.88平方公里），沈阳片区29.97平方公里，营口片区29.96平方公里。

自贸试验区土地开发利用须遵守土地利用、环境保护、城乡规划法律法规，符合土地利用总体规划，并符合节约集约用地的有关要求；涉及海域的，须符合《中华人民共和国海域使用管理法》有关规定和国务院印发的《全国海洋主体功能区规划》、国务院批复的海洋功能区划、辽宁省出台的海洋生态红线制度；涉及无居民海岛的，须符合《中华人民共和国海岛保护法》有关规定。

（二）功能划分。

按区域布局划分，大连片区重点发展港航物流、金融商贸、先进装备制造、高新技术、循环经济、航运服务等产业，推动东北亚国际航运中心、国际物流中心建设进程，形成面向东北亚开放合作的战略高地；沈阳片区重点发展装备制造、汽车及零部件、航空装备等先进制造业和金融、科技、物流等现代服务业，提高国家新型工业化示范城市、东北地区科技创新中心发展水平，建设具有国际竞争力的先进装备制造业基地；营口片区重点发展商贸物流、跨境电商、金融等现代服务业和新一代信息技术、高端装备制造等战略性新兴产业，建设区域性国际物流中心和高端装备制造、高新技术产业基地，构建国际海铁联运大通道的重要枢纽。

按海关监管方式划分，自贸试验区内的海关特殊监管区域重点探索以贸易便利化为主要内容的制度创新，开展保税加工、保税物流、保税服务等业务；非海关特殊监管区域重点探索投资体制改革，推进制造业转型、金融创新和服务业开放。

三、主要任务和措施

（一）切实转变政府职能。

1. 深化行政管理体制改革。深入推进简政放权、放管结合、优化服务改革。辽宁省能够下放的经济社会管理权限，全部下放给自贸试验区。建立权责清单制度、行政审批管理目录制度。深化商事制度改革。推进政府管理由注重事前审批向注重事中事后监管转变，构建事前诚信承诺、事中评估分类、事后联动奖惩的全链条信用监管体系。完善信息网络平台，建立企业信用信息采集共享机制，实现跨部门协同管理。实施“多规合一”改革。配合商务部开展经营者集中反垄断审查。

2. 打造更加公平便利的营商环境。开展知识产权综合管理改革试点。紧扣创新发展需求，发挥专利、商标、版权等知识产权的引领作用，打通知识产权创造、运用、保护、管理、服务全链条，建立高效的知识产权综合管理体制，构建便民利民的知识产权公共服务体系，探索支撑创新发展的知识产权运行机制，推动形成权界清晰、分工合理、责权一致、运转高效、法治保障的体制机制。搭建便利化的知识产权公共服务平台，设立知识产权服务工作站，大力发展知识产权专业服务业。探索建立自贸试验区跨部门知识产权执法协作机制，完善纠纷调解、援助、仲裁工作机制。探索建立自贸试验区重点产业专利导航制度和重点产业快速协同保护机制。

推动税收服务创新，包括一窗国地办税、一厅自助办理、培训辅导点单、缴纳方式多元、业务自主预约、税银信息互动、税收遵从合作、创新网上服务等举措。推进产业预警、信息公开、公平竞争、权益保障制度创新。建立健全国际仲裁、商事调解机制。

（二）深化投资领域改革。

3. 提升利用外资水平。对外商投资实行准入前国民待遇加负面清单管理制度，着力构建与负面清单管理方式相适应的事中事后监管制度。外商投资准入特别管理措施（负面清单）之外领域的外商投资项目（国务院规定对国内投资项目保留核准的除外）和外商投资企业设立及变更实行备案制，由自贸试验区负责办理。进一步减少或取消外商投资准入限制，提高开放度和透明度，做好对外开放的压力测试和风险测试。积极有效引进境外资金、先进技术和高端人才，提升利用外资综合质量。外商在自贸试验区内投资适用《自由贸易试验区外商投资准入特别管理措施（负面清单）》和《自由贸易试验区外商投资国家安全审查试行办法》。探索强化外商投资实际控制人管理，建立外商投资信息报告制度和外商投资信息公示平台，充分发挥国家企业信用信息公示系统作用，提升外商投资全周期监管的科学性、规范性和透明度。完善投资者权益保障机制，允许符合条件的境外投资者自由转移其投资收益。

4. 构筑对外投资服务促进体系。实行以备案制为主的境外投资管理方式。鼓励企业开展多种形式的对外投资合作。发挥优惠贷款作用，支持自贸试验区内企业参与大型成套设备出口、工程承包和大型投资项目。支持“走出去”企业以境外资产和股权、矿权等权益为抵押获得贷款，提高企业融资能力。完善“走出去”政策促进、服务保障和风险防控体系，扩大企业对外投资。

（三）推进贸易转型升级。

5. 实施贸易便利化措施。依托电子口岸公共平台，完善国际贸易“单一窗口”的货物进出口和运输工具进出境的应用功能，实现贸易许可、资质登记等平台作用，将涉及贸易监管的部门逐步纳入“单一窗口”管理平台，进一步优化口岸监管执法流程和通关流程。将出口退税申报功能纳入“单一窗口”建设项目。推进自贸试验区内各区域之间通关一体化。大力发展转口贸易，放宽海运货物直接运输判定标准。优化沿海捎带业务监管模式，提高中资非五星旗船沿海捎带业务通关效率。在执行现行税收政策的前提下，提升超大超限货物的通关、运输、口岸服务等综合能力。鼓励企业参与“自主报税、自助通关、自动审放、重点稽核”等监管制度创新试点。加快形成贸易便利化创新举措的标准化制度规范，覆盖到所有符合条件的企业。

自贸试验区内的海关特殊监管区域实施“一线放开”、“二线安全高效管住”的通关监管服务模式。在确保有效监管前提下，在海关特殊监管区域探索建立货物状态分类监管模式。在严格执行货物进出口税收政策的前提下，允许在海关特殊监管区域内设立保税展示交易平台。试点开展境内外高技术、高附加值、风险可控的维修业务。对注册在自贸试验区海关特殊监管区域内的融资租赁企业进出口飞机、船舶和海洋工程结构物等大型设备涉及跨关区的，在确保有效监管和执行现行相关税收政策的前提下，按物流实际需要，实行海关异地委托监管。

6. 完善国际贸易服务体系。建立离岸贸易制度，发展离岸贸易。培育跨国企业设立面对国内外两个市场的结算中心和区域性总部，建立整合物流、贸易等功能的营运中心。依托大连商品交易所，支持拓展新的交易品种，促进发展大宗商品国际贸易。探索建立与国际大宗商品交易相适应的外汇管理和海关监管制度。鼓励国内期货交易所在自贸试验区海关特殊监管区域内开展期货保税交易、仓单质押融资等业务。在总结期货保税交割试点经验基础上，扩大期货保税交割试点的品种。推动自贸试验区内符合条件的原油加工企业申请原油进口及使用资质。鼓励自贸试验区内企业统筹开展国际国内贸易，形成内外贸一体化发展促进机制。推进对外文化贸易基地建设，深化艺术品交易市场功能拓展。推动检测维修、生物医药、软件信息、管理咨询、数据服务、文化创意等服务外包业务发展。依托中国（大连）跨境电子商务综合试验区，加快推进跨境贸易电子商务配套平台建设。按照公平竞争原则，完善海关监管、检验检疫、退税、物流等国际贸易支撑系统。鼓励设立第三方检验鉴定机构，积极推进采信第三方检验鉴定结果。

（四）深化金融领域开放创新。

7. 推动跨境人民币业务创新发展。探索建立与自贸试验区相适应的本外币账户管理体系，促进跨境贸易、投融资结算便利化。允许自贸试验区内企业的境外母公司或子公司按照有关规定在境内发行人民币债券。允许外资股权投资管理机构、外资创业投资管理机构在自贸试验区发起管理人民币股权投资和创业投资基金。允许自贸试验区内租赁公司在境外开立人民币账户用于跨境人民币租赁业务。扩大人民币跨境使用，自贸试验区内银行可按有关规定发放境外项目人民币贷款。开展跨国企业集团跨境双向人民币资金池业务。

8. 深化外汇管理体制改革。进一步简化经常项目外汇收支手续，在真实、合法交易基础上，自贸试验区内货物贸易外汇管理分类等级为A类企业的外汇收入无需开立待核查账户。银行按照“了解客户、了解业务、尽职审查”的展业三原则办理经常项目收结汇、购付汇手续。进一步简化资金池管理，允许经银行审核真实、合法的电子单证办理经常项目集中收付汇、轧差净额结算业务。支持商业保理业务发展，探索适合商业保理发展的外汇管理模式。允许自贸试验区内符合条件的融资租赁业务收取外币租金。支持发展总部经济。放宽跨国公司外汇资金集中运营管理准入条件。

9. 增强金融服务功能。进一步推进内资融资租赁企业试点，注册在自贸试验区内的内资融资租赁试点企业由自贸试验区所在省级商务主管部门和同级国家税务局审核；加强事中事后监管，探索建立融资租赁企业设立和变更的备案制度、违反行业管理规定的处罚制度、失信和经营异常企业公示制度、属地监管部门对企业定期抽查检查制度。支持自贸试验区内符合互认条件的基金产品参与内地与香港基金产品互认。取消对自贸试验区内保险支公司高管人员任职资格的事前审批，由自贸试验区所在省级保监机构实施备案管理。逐步允许境外企业参与商品期货交易。结合自贸试验区产业基础和产业发展方向，围绕新型工业化方向和产业转型升级需求，创新金融产品和金融服务。进一步提升金融服务实体经济的能力，逐步完善适合东北老工业基地振兴发展的新型金融支撑体系。

10. 建立健全金融风险防控体系。落实风险为本的原则，探索建立跨境资金流动风险监管机制，强化开展反洗钱、反恐怖融资、反逃税工作，防止非法资金跨境、跨区流动。建立适应金融改革创新举措的事中事后监管体系。

（五）加快老工业基地结构调整。

11. 深化国资国企改革。完善国有企业治理模式和经营机制，实施分类监管和改革，探索健全以管资本为主的国有资产监管体系。稳妥推进自贸试验区内企业混合所有制改革，探索各种所有制资本优势互补、相互促进的体制机制。建立健全产权清晰、权责明确、政企分开、管理科学的现代企业制度。推进经营性国有资产集中统一监管，优化国有资本配置，放大国有资本功能，大力推进国有资产资本化。简化地方国有创投企业股权投资退出程序，地方国有创投企业使用国有资产评估报告实行事后备案。

12. 促进产业转型升级。完善有利于推动产业集群发展的体制机制，鼓励智能装备、海洋工程装备、航空制造、汽车（重点是新能源汽车）、新材料、高技术船舶、电子信息、生物医药和高端医疗器械、商贸及快递等现代物流、海水利用等产业向自贸试验区集聚。加快工业化与信息化深度融合，培育发展大数据、云计算、工业互联网等新一代信息技术产业，构建先进装备制造业、战略性新兴产业和现代服务业融合发展的产业布局。利用地方政府投资设立的产业（创业）投资引导基金，支持新兴特色产业集群式发展。鼓励自贸试验区内企业通过跨区域兼并重组推动产业整合。加快中德（沈阳）高端装备制造产业园、大连国家生态工业示范园区与自贸试验区协同发展，打造国际产业投资贸易合作平台。

13. 发展生产性服务业。鼓励自贸试验区内企业开展系统集成、设备租赁、提供解决方案、再制造、检验检测、远程咨询等增值服务。推进专业技术研发、工业设计等集成创新载体及工程研究中心、科研实验室、企业技术中心建设。搭建科技成果推广、科技管理咨询、市场营销等公共服务平台。支持设立符合规定的加工贸易产品内销平台和加工贸易采购、分拨中心。鼓励金融机构、装备制造企业集团在自贸试验区内设立租赁公司或专营租赁业务的子公司，重点开展飞机、船舶、海洋工程结构物、轨道交通车辆、农用机械、高端医疗设备、大型成套设备等融资租赁服务。

14. 构筑科技创新和人才高地。推动科研机构、高校、企业协同创新。按市场化方式，加强与国家科技成果转化引导基金、战略性新兴产业创业投资引导基金、国家中小企业发展基金的对接，设立一批专业化创业投资子基金。依托现有交易场所开展科技成果转化交易。引进境外优质教育资源，推动教育国际化。探索适应企业国际化发展需要的创新人才服务体系和国际人才流动制度。完善创新人才集聚和培育机制，推进人才、项目、资金深度融合。加大对海外人才服务力度，提高境内外人员出入境、外籍人员签证和居留、就业许可、驾照申领等事项办理的便利化水平。

15. 推进东北一体化协同发展。增强自贸试验区口岸服务辐射功能,完善海关通关一体化改革,开展货物通关、贸易统计、"经认证的经营者"互认、检验检测认证等方面合作,逐步实现信息互换、监管互认、执法互助。优化内陆无水港和物流网络布局,加速实现自贸试验区与东北其他地区口岸间互通互联,推进东北地区在研发设计、生产销售、物流配送、人才交流、教育培训等方面的协同配合。

(六)加强东北亚区域开放合作。

16. 推进与东北亚全方位经济合作。充分发挥辽宁作为全国重要的老工业基地和欧亚大陆桥东部重要节点的区位、交通、产业及人文等综合优势,推进国家自主创新示范区、全面创新改革试验区、大连金普新区、国家级经济技术开发区、国家级高新技术产业开发区与自贸试验区的互动发展。加快融入"一带一路"建设,不断扩大和丰富东北亚区域合作内涵,全面融入中蒙俄经济走廊建设,巩固对日、对韩合作,加速利用国际国内两个市场、两种资源,进一步扩大东北亚国际合作,在更大范围、更宽领域参与国际竞争。

17. 加快构建双向投资促进合作新机制。推进自贸试验区与"一带一路"沿线国家及日、韩、朝等国的国际产能和装备制造合作,完善国际产能合作金融支持体系,促进由装备产品输出为主向技术输出、资本输出、产品输出、服务输出和标准输出并举转变,加大优势产业"走出去"拓展国际市场的步伐。充分利用自贸试验区国际化贸易规则,提升优势产品在"一带一路"沿线国家及日、韩、朝等国的市场占有率。引导优势企业开展境外工程承包,投资建设境外园区。推动日、韩、俄等国先进制造业、战略性新兴产业、现代服务业等产业在自贸试验区内集聚发展。探索与东北亚各国在文化、教育、体育、卫生、娱乐等专业服务领域开展投资合作。

18. 构建连接亚欧的海陆空大通道。依托自贸试验区加快大连东北亚国际航运中心建设进程,推进营口港海铁联运和沈阳跨境铁路通道建设。加快沈阳内陆无水港建设步伐,支持海关多式联运监管中心建设,构建沈阳—营口陆海联运系统。支持自贸试验区与"一带一路"沿线国家开展海关、检验检疫、认证认可、标准计量等方面的合作与交流,探索与"一带一路"沿线国家开展贸易供应链安全与便利合作。

19. 建设现代物流体系和国际航运中心。打造面向东北亚的现代物流体系和具有国际竞争力的港航发展制度与运作模式。深化自贸试验区多港区联动机制,推进海陆空邮联动发展。建立航空物流枢纽中心,促进港航要素集聚,增强空港服务功能。加快东北亚区域性邮轮港口和国际客滚中心建设。加强邮政和快递集散中心建设,依托日韩海运和中欧班列(辽宁)海铁联运运输邮件、快件，建设有影响力的国际邮件互换局。在交通运输领域，完善快件处理设施和绿色通道。将外资经营国际船舶管理业务的许可权限下放给辽宁省。建设保税航油站和保税油供应基地。支持开展船员管理改革试点工作，在船员培训方面按规定给予政策支持。推动与旅游相关的邮轮、游艇等旅游运输工具出行的便利化。

四、保障机制

（一）强化法制保障。

自贸试验区需要暂时调整实施有关行政法规、国务院文件和经国务院批准的部门规章的部分规定的，按规定程序办理。各有关部门要支持自贸试验区在各领域深化改革开放试点、加大压力测试，辽宁省要通过地方立法，建立与试点要求相适应的自贸试验区管理制度。

（二）完善配套税收政策。

落实现有相关税收政策，充分发挥现有政策的支持促进作用。中国（上海）自由贸易试验区、中国（广东）自由贸易试验区、中国（天津）自由贸易试验区和中国（福建）自由贸易试验区已经试点的税收政策原则上可在自贸试验区进行试点，其中促进贸易的选择性征收关税、其他相关进出口税收等政策在自贸试验区内的海关特殊监管区域进行试点。自贸试验区内的海关特殊监管区域范围和税收政策适用范围维持不变。此外，在符合税制改革方向和国际惯例，以及不导致利润转移和税基侵蚀的前提下，积极研究完善境外所得税收抵免的税收政策。

（三）加强组织实施。

按照党中央、国务院统一部署，在国务院自由贸易试验区工作部际联席会议统筹协调下，由辽宁省完善试点任务组织实施保障机制，按照总体筹划、分步实施、率先突破、逐步完善的原则加快实施。各有关部门要大力支持，及时制定实施细则或办法，加强指导和服务，共同推进相关体制机制创新，把自贸试验区建设好、管理好。在实施过程中，要创新思路、寻找规律、解决问题、积累经验；要充分发挥地方和部门的积极性，因地制宜、突出特色，做好对比试验和互补试验；要抓好改革措施的落实，重大事项要及时向国务院请示报告。

（四）总结推广可复制的试点经验。

自贸试验区要及时总结改革创新经验和成果。国务院自由贸易试验区工作部际联席会议办公室要会同辽宁省人民政府及有关部门，及时总结评估自贸试验区改革开放创新试点任务实施效果，加强各领域试点经验系统集成，并委托第三方机构进行独立评估。对试点效果好、风险可控且可复制可推广的成果，实施分类审查程序后复制推广至全国其他地区。

国务院关于印发中国(浙江)自由贸易试验区总体方案的通知

(2017年3月15日　国发〔2017〕16号)

现将《中国(浙江)自由贸易试验区总体方案》印发给你们,请认真贯彻执行。

中国(浙江)自由贸易试验区总体方案

建立中国(浙江)自由贸易试验区(以下简称自贸试验区)是党中央、国务院作出的重大决策,是新形势下全面深化改革、扩大开放和提升我国资源配置全球竞争力的重大举措。为全面有效推进自贸试验区建设,制定本方案。

一、总体要求

(一)指导思想。

全面贯彻党的十八大和十八届三中、四中、五中、六中全会精神,深入贯彻习近平总书记系列重要讲话精神和治国理政新理念新思想新战略,认真落实党中央、国务院决策部署,统筹推进"五位一体"总体布局和协调推进"四个全面"战略布局,坚持稳中求进工作总基调,牢固树立和贯彻落实创新、协调、绿色、开放、共享的发展理念,进一步解放思想、先行先试,以开放促改革、促发展,为新形势下推动大宗商品贸易自由化发挥示范引领作用,努力营造法治化、国际化、便利化营商环境,为全面深化改革和扩大开放探索新途径、积累新经验,发挥示范带动、服务全国的积极作用。

(二)战略定位。

以制度创新为核心,以可复制可推广为基本要求,将自贸试验区建设成为东部地区重要海上开放门户示范区、国际大宗商品贸易自由化先导区和具有国际影响力的资源配置基地。

(三)发展目标。

经过三年左右有特色的改革探索,基本实现投资贸易便利、高端产业集聚、法治环境规范、金融服务完善、监管高效便捷、辐射带动作用突出,以油品为核心的大宗商品全球配置能力显著提升,对接国际标准初步建成自由贸易港区先行区。

二、区位布局

(一)实施范围。

自贸试验区的实施范围119.95平方公里,由陆域和相关海洋锚地组成,涵盖三个片区:舟山离岛片区78.98平方公里(含舟山港综合保税区区块二3.02平方公里),舟山岛北部片区15.62平方公里(含舟山港综合保税区区块一2.83平方公里),舟山岛南部片区25.35平方公里。

自贸试验区土地开发利用须遵守土地利用、环境保护、城乡规划法律法规,符合土地利用总体规划,并符合节约集约用地的有关要求;涉及海域的,须符合《中华人民共和国海域使用管理法》有关规定和国务院印发的《全国海洋主体功能区规划》、国务院批复的海洋功能区划、近岸海域环境功能区划、浙江省出台的海洋生态红线制度;涉及无居民海岛的,须符合《中华人民共和国海岛保护法》有关规定。

(二)功能划分。

按区域布局划分,舟山离岛片区鱼山岛重点建设国际一流的绿色石化基地,鼠浪湖岛、黄泽山岛、双子山岛、衢山岛、小衢山岛、马迹山岛重点发展油品等大宗商品储存、中转、贸易产业,海洋锚地重点发展保税燃料油供应服务;舟山岛北部片区重点发展油品等大宗商品贸易、保税燃料油供应、石油石化产业配套装备保税物流、仓储、制造等产业;舟山岛南部片区重点发展大宗商品交易、航空制造、零部件物流、研发设计及相关配套产业,建设舟山航空产业园,着力发展水产品贸易、海洋旅游、海水利用、现代商贸、金融服务、航运、信息咨询、高新技术等产业。

按海关监管方式划分,自贸试验区内的海关特殊监管区域重点探索以贸易便利化为主要内容的制度创新,重点开展国际贸易和保税加工、保税物流、保税服务等业务;非海关特殊监管区域重点探索投资制度、金融制度等体制机制创新,积极发展以油品为核心的大宗商品中转、加工贸易、保税燃料油供应、装备制造、航空制造、国际海事服务等业务。

三、主要任务和措施

(一)切实转变政府职能。

1. 深化行政体制改革。深入推进简政放权、放管结合、优化服务改革。建立权责明确、管理高效、运转协调的自贸试验区行政管理体制。深化完善自贸试验区行政管理权力清单、责任清单。深化行政审批制度改革,建立精简高效的统一行政审批机构,开展相对集中行政许可权改革,依法统一行使相关行政许可权。建立市场准入统一平台，依托电子口岸公共平台建设国际贸易“单一窗口”。深化商事制度改革，全面落实“多证合一、一照一码”等措施。深化完善陆上和海洋综合行政执法体系改革。

开展知识产权综合管理改革试点。紧扣创新发展需求，发挥专利、商标、版权等知识产权的引领作用，打通知识产权创造、运用、保护、管理、服务全链条，建立高效的知识产权综合管理体制，构建便民利民的知识产权公共服务体系，探索支撑创新发展的知识产权运行机制，推动形成权界清晰、分工合理、责权一致、运转高效、法治保障的体制机制。搭建便利化的知识产权公共服务平台，设立知识产权服务工作站，大力发展知识产权专业服务业。探索建立自贸试验区跨部门知识产权执法协作机制，完善纠纷调解、援助、仲裁工作机制。探索建立自贸试验区重点产业专利导航制度和重点产业快速协同保护机制。

推动税收服务创新，包括一窗国地办税、一厅自助办理、培训辅导点单、缴纳方式多元、业务自主预约、税银信息互动、税收遵从合作、创新网上服务等举措。

2. 建立统一开放的市场准入和高标准监管制度。建立与自贸试验区相适应的行政监督管理制度，加强与负面清单管理体制相适应的事中事后监管体系建设。完善社会信用体系，推动各部门间依法履职信息的联通和共享。健全守信激励和失信惩戒机制。对涉及自贸试验区内的投资贸易等商事案件，建立专业化审理机制。严格执行环境保护法规和标准。强化安全监管保障，制定安全生产区域规划，建立自贸试验区油品安全管理制度。建立健全应急联动机制，充实应急救援力量，全力强化应急保障。鼓励企业履行社会责任，保障劳动者权益。配合商务部开展经营者集中反垄断审查。

3. 提升利用外资水平。对外商投资实行准入前国民待遇加负面清单管理制度，着力构建与负面清单管理方式相适应的事中事后监管制度。外商投资准入特别管理措施（负面清单）之外领域的外商投资项目（国务院规定对国内投资项目保留核准的除外）和外商投资企业设立及变更实行备案制，由自贸试验区负责办理。进一步减少或取消外商投资准入限制，提高开放度和透明度，做好对外开放的压力测试和风险测试。积极有效引进境外资金、先进技术和高端人才，提升利用外资综合质量。外商在自贸试验区内投资适用《自由贸易试验区外商投资准入特别管理措施（负面清单）》和《自由贸易试验区外商投资国家安全审查试行办法》。探索强化外商投资实际控制人管理，建立外商投资信息报告制度和外商投资信息公示平台，充分发挥国家企业信用信息公示系统作用，提升外商投资全周期监管的科学性、规范性和透明度。完善投资者权益保障机制，允许符合条件的境外投资者自由转移其投资收益。

（二）推动油品全产业链投资便利化和贸易自由化。

4. 建设国际海事服务基地。对照国际通行税收政策，增强国际竞争力，探索研究推动油品全产业链发展的政策措施。建设东北亚保税燃料油加注中心。制订中国（浙江）自由贸易试验区国际航行船舶保税油管理办法，将区内国际航行船舶保税加油许可权下放至舟山市人民政府。吸引保税燃料油供应商开展供油服务，鼓励企业总部或结算中心落户，丰富市场竞争主体。加快供油港口、储罐、加注锚地等配套设施建设，合理布局海上保税燃料油加注区域，允许在自贸试验区内设立海上保税燃料油供应仓库。在符合监管条件的前提下，允许注册在自贸试验区内的企业开展不同税号下保税油品混兑调和。鼓励自贸试验区内油品企业生产保税燃料油。允许开展保税燃料油跨关区直供业务。全力优化通关等服务方式，将保税燃料油加注纳入"单一窗口"申报平台，开通挂港加油船舶通航、通关特殊通道，简化和加快加油船舶进出自贸试验区通关手续，方便符合条件的船舶驶入特定海域（码头）进行加油操作。

加快拓展国际船舶管理服务。积极培育壮大外轮供应企业，丰富外轮供应品种，为进入自贸试验区的船舶提供生活用品、备品备件、物料、工程服务和代理服务等服务。加快发展自贸试验区内国际船舶修造业务，在海关特殊监管区域内对修造所需的相关进口船舶配件予以保税，支持舟山港船舶配件交易市场建设。

提升国际航运服务功能。积极探索有助于促进油品等大宗商品贸易的航运制度和运作模式。适应自贸试验区发展需要，支持自贸试验区引导液货危险品运输企业加强整合，实现规模化、集约化发展。大力发展转口贸易，放宽海运货物直接运输判定标准。优化沿海捎带业务监管模式，提高中资非五星旗船沿海捎带业务通关效率。推动与旅游相关的邮轮、游艇等旅游运输工具出行的便利化。积极推动国际航运相关的海事、金融、法律、经纪等服务业发展。支持境内外企业开展航运保险、航运仲裁、海损理算、航运交易等高端航运服务。探索组建海洋保险等专业性法人机构，允许符合条件的境内外保险代理公司、保险经纪和保险公估公司等中介机构在自贸试验区设立营业机构并依法开展相关业务。吸引海事仲裁机构和船级社等入驻，打造国际航运服务平台。

5. 建设国际油品储运基地。完善油品储运基础设施。加快码头、管网、油罐、地下油库、锚地、物流基地等物流基础设施建设。以原油、成品油为重点，承接全球资源，面向亚太市场，满足国内需求，在舟山离岛片区布局形成大型油品储运基地。

推进油品储运投资便利化。培育多元化的油品储运主体，鼓励各类主体按照国际标准参与投资建设油品接卸泊位、储运罐区、输油管道等设施。加快自贸试验区港口岸线使用审批。

完善油品储备体系。以原油为主要品种，积极开展汽油、柴油、航空煤油、液化气等储备，科学合理确定储备品种，探索和创新油品储备模式，建立国储、义储、商储、企储相结合的储存体系和运作模式，允许国储租赁符合条件的民企油罐、商储租赁国有企业商业油罐。建立油品储存可动用应急机制。

加强油品储备国际合作。盘活民间闲置的油品储备库资源，为国际组织、跨国石油公司等储存油品。支持与国际产油国共建油品储存基地，加快形成舟山国际油品保税交割体系。

6. 建设国际石化基地。建设国际一流的石化基地。按照国家战略布局，实行最严格的环保准入和监管措施，在鱼山岛打造国际一流的石化产业基地。支持基地以原油精炼为基础产品，以乙烯、芳烃等高端产品为特色，完善上下游一体化产业链，加快形成国际一流的石化产业集群。

扩大油品加工领域投资开放。鼓励国内外投资商以资源、资金、技术、市场参与建设经营石化基地。允许世界一流石油化工企业以及"一带一路"沿线石油富集国企业参与投资建设。

落实产业配套政策。赋予自贸试验区内符合条件的油品加工企业原油进口资质和配额，给予原油进口使用权。

7. 建设国际油品交易中心。依托中国（浙江）大宗商品交易中心，开展原油、成品油、保税燃料油现货交易，条件成熟时开展与期货相关的业务。

放宽原油、成品油资质和配额限制（允许量），支持赋予符合条件的2－3家自贸试验区内企业原油进口和使用资质。支持自贸试验区企业积极开展油品离岸和在岸贸易。

集聚境内外原油贸易商做强原油现货交易，加快形成具有国际影响力的原油现货交易市场。加快设立舟山国际原油保税交割中心。鼓励在中国（浙江）大宗商品交易中心开展原油现货交易。

大力发展成品油内外贸分销网络和交易市场。支持在中国（浙江）大宗商品交易中心开展成品油现货交易，在扩大现货交易的基础上，支持自贸试验区发展成品油交割、仓储、保税。简化成品油批发资质条件，支持开展成品油内贸分销业务，逐步搭建成品油内贸分销网络。

建设东北亚保税燃料油交易中心。加快在中国（浙江）大宗商品交易中心开展保税燃料油现货交易，在扩大现货交易基础上，支持自贸试验区发展保税燃料油交割、仓储、保税。

积极开展天然气交易。加快完善天然气配套管网、码头等基础设施布局，实现管网互联互通。

8. 加快石油石化科技研发和人才集聚。积极支持舟山创建以石油石化产业为特色的国家高新技术产业开发区,鼓励在自贸试验区内开展石油石化科学研究和技术服务,加快形成国际石油石化人才培养和集聚机制。

(三)拓展新型贸易投资方式。

9. 建设国际矿石中转基地。依托鼠浪湖岛、马迹山岛矿石中转码头,建设国际配矿贸易中心,以接卸外贸进口矿石为主,为长江沿线冶金企业提供中转运输服务,优化完善区域矿石接卸系统布局,为我国沿海、东亚地区提供仓储、分销、加工及配送服务。依托中国(浙江)大宗商品交易中心,大力发展矿石现货交易和国际贸易,形成区域性的矿石信息中心和价格形成中心。支持海关特殊监管区域内矿石保税储存、保税加工、保税出口。

10. 建设舟山航空产业园。在朱家尖岛布局建设舟山航空产业园,通过通用飞机总装组装、制造,对接国际航空产业转移,形成航空产业集群。在环境风险可控的前提下开展飞机零部件制造维修业务试点,积极引进飞行驾驶培训、空中旅游观光、通用航空基地运营服务及相关科研机构,鼓励高端先进航空制造、零部件物流、研发设计及配套产业向自贸试验区集聚。

11. 加强现代贸易投资合作。依托港澳在金融服务、信息资讯、国际贸易网络、风险管理等方面的优势,将自贸试验区建设成为内地企业“走出去”的窗口和综合服务平台。加强与港澳在项目对接、投资拓展、信息交流、人才培训等方面交流合作,共同到境外开展基础设施建设和能源等合作。按照公平竞争原则,积极发展跨境电子商务,完善相应的海关监管、检验检疫、退税、物流等支撑系统,加快推进跨境贸易电子商务配套平台建设。

(四)推动金融管理领域体制机制创新。

12. 扩大金融服务领域开放。允许符合条件的中资商业银行立足当地实际需求,依据监管政策导向,在自贸试验区内设立分支机构。支持外资银行在自贸试验区内设立子行、分行、专营机构。支持符合条件的民营资本在区内依法设立金融租赁公司、财务公司等金融机构,支持符合条件的境内纯中资民营企业发起设立民营银行。支持金融租赁公司在自贸试验区内设立专业子公司。支持商业保理业务发展,探索适合保理业务发展的外汇管理模式。支持自贸试验区内符合条件的企业按规定开展人民币境外证券投资等业务。允许外资股权投资管理机构、外资创业投资管理机构在自贸试验区发起管理人民币股权投资和创业投资基金。进一步简化经常项目外汇收支手续,在真实、合法交易基础上,自贸试验区内货物贸易外汇管理分类等级为A类企业的外汇收入无需开立待核查账户。允许自贸试验区内符合条件的融资租赁业务收取外币租金。支持自贸试验区内符合条件的个人按规定投资境内外证券市场。支持自贸试验区内符合互认条件的基金产品参与内地与香港基金产品互认。

13. *拓展金融服务功能*。探索建立与自贸试验区相适应的本外币账户管理体系,促进跨境贸易、投融资结算便利化。为符合条件的自贸试验区内主体办理油品贸易相关的跨境经常项下结算业务、政策允许的资本项下结算业务。在自贸试验区内设立的法人机构可根据经营和管理需要,按规定开展跨国公司外汇资金集中运营管理业务和跨国企业集团内跨境双向人民币资金池业务、享受跨境投融资汇兑便利等政策。支持融资租赁公司依托自贸试验区在大宗商品领域开展包含人民币计价结算、跨境双向人民币资金池等跨境人民币创新业务。鼓励地方政府通过引入社会资本方式,在自贸试验区内设立跨境人民币各类投资基金,按注册地管理,开展跨境人民币双向投资业务。允许自贸试验区内从事油品等大宗商品为主的交易平台或交易所在约定的商业银行设立贸易专用账户,存放大宗商品交易保证金。支持自贸试验区发展与油品贸易相关的总部经济,放宽跨国公司外汇资金集中运营管理的准入条件。进一步简化资金池管理,允许经银行审核真实、合法的电子单证办理经常项目集中收付汇、轧差净额结算业务。允许自贸试验区开展油品现期货交易初期采用双币种计价、结算,逐步探索采用人民币计价、结算,推动人民币国际化进程。完善结售汇管理。允许境内外金融机构、金融技术企业、金融信息服务企业参与自贸试验区油品交易现货市场建设。逐步允许境外企业参与商品期货交易。加强与国际金融机构和国际油品贸易公司的合作,积极构建与国际接轨的油品贸易信息统计、监测体系,建立油品交易市场风险管理体系。

14. *积极发展融资租赁与保险业务*。鼓励境内外投资者在自贸试验区设立融资租赁企业,进一步推进内资融资租赁企业试点,注册在自贸试验区内的内资融资租赁试点企业由自贸试验区所在省级商务主管部门和同级国家税务局审核;加强事中事后监管,探索建立融资租赁企业设立和变更的备案制度、违反行业管理规定的处罚制度、失信和经营异常企业公示制度、属地监管部门对企业定期抽查检查制度。支持融资租赁企业在自贸试验区设立特殊项目公司。根据期货保税交割业务需要,允许自贸试验区拓展仓单质押融资等功能,推动完善仓单质押融资所涉及的仓单确权等工作。支持在自贸试验区内探索设立服务石油行业的专营保险公司或分支机构,设立为保险业发展提供配套服务的保险经纪、保险代理、风险评估、损失理算、法律咨询等专业性保险服务机构。取消对自贸试验区内保险支公司高管人员任职资格的事前审批,由自贸试验区所在省保监局实施备案管理。创新针对石油行业的特殊风险分散机制,开展能源、化工等特殊风险保险业务,加大再保险对巨灾保险、特殊风险保险的支持力度。

15. 建立健全金融风险防范体系。落实风险为本的原则,探索建立跨境资金流动风险监管机制,强化开展反洗钱、反恐怖融资、反逃税工作,防止非法资金跨境、跨区流动,切实防范开放环境下的金融风险。

(五)推动通关监管领域体制机制创新。

16. 创新通关监管服务模式。对自贸试验区内的海关特殊监管区域实施"一线放开"、"二线安全高效管住"的通关监管服务模式。按照严密防范质量安全风险和最大便利化的原则,一线主要实施进出境现场检疫、查验及处理;二线主要实施进出口产品检验检疫监管及实验室检测,维护质量安全。

在确保有效监管前提下,在海关特殊监管区域探索建立货物状态分类监管模式。对注册在自贸试验区海关特殊监管区域内的融资租赁企业进出口飞机、船舶和海洋工程结构物等大型设备涉及跨关区的,在确保有效监管和执行现行相关税收政策的前提下,按物流实际需要,实行海关异地委托监管。在严格执行货物进出口税收政策的前提下,允许在海关特殊监管区域内设立保税展示交易平台。加快形成贸易便利化创新举措的标准化制度规范,覆盖到所有符合条件的企业。完善通关合作机制,开展货物通关、贸易统计、"经认证的经营者"互认、检验检测认证等方面合作,逐步实现信息互换、监管互认、执法互助。支持自贸试验区与"一带一路"沿线国家开展海关、检验检疫、认证认可、标准计量等方面的合作与交流,探索与"一带一路"沿线国家开展贸易供应链安全与便利合作。依托电子口岸公共平台,完善国际贸易"单一窗口"的货物进出口和运输工具进出境的应用功能。将出口退税申报功能纳入国际贸易"单一窗口"建设项目。进一步优化口岸监管执法流程和通关流程,实现贸易许可、资质登记等平台功能,将涉及贸易监管的部门逐步纳入"单一窗口"管理平台。在执行现行税收政策的前提下,提升超大超限货物的通关、运输、口岸服务等综合能力。推进自贸试验区内各区域之间通关一体化。

对自贸试验区内本国人员和外籍人员实行相应的便捷安全管控措施。支持舟山普陀山机场航空口岸对外开放。支持浙江省人民政府向国务院申请在舟山对外开放口岸开展外国人口岸签证业务。在自贸试验区实施人才签证制度。加强外国人才工作部门机构和队伍建设。对外籍高层次人才开辟绿色通道,制定有效政策,简化手续,为高层次人才入出境、工作、在华停居留提供便利。允许获得硕士及以上学位的优秀外国留学生毕业后直接在自贸试验区工作。提供有针对性的指导服务和语言学习机会,多形式多渠道帮助外国人才更好融入中国社会。

四、保障机制

（一）强化法制保障。

自贸试验区需要暂时调整实施有关行政法规、国务院文件和经国务院批准的部门规章的部分规定的，按规定程序办理。各有关部门要支持自贸试验区在各领域深化改革开放试点、加大压力测试、加强监管、防控风险，做好与相关法律立改废释的衔接，及时解决试点过程中的制度保障问题。浙江省要通过地方立法，建立与试点要求相适应的自贸试验区管理制度。

（二）完善配套税收政策。

落实现有相关税收政策，充分发挥现有政策的支持促进作用。中国（上海）自由贸易试验区、中国（广东）自由贸易试验区、中国（天津）自由贸易试验区和中国（福建）自由贸易试验区已经试点的税收政策原则上可在自贸试验区进行试点，其中促进贸易的选择性征收关税、其他相关进出口税收等政策在自贸试验区内的海关特殊监管区域进行试点。自贸试验区内的海关特殊监管区域范围和税收政策适用范围维持不变。此外，在符合税制改革方向和国际惯例，以及不导致利润转移和税基侵蚀的前提下，积极研究完善境外所得税收抵免的税收政策。

（三）加强组织实施。

按照党中央、国务院统一部署，在国务院自由贸易试验区工作部际联席会议统筹协调下，由浙江省完善试点任务组织实施保障机制，按照总体筹划、分步实施、率先突破、逐步完善的原则加快实施。各有关部门要大力支持，及时制定实施细则或办法，加强指导和服务，共同推进相关体制机制创新，把自贸试验区建设好、管理好。在实施过程中，要创新思路、寻找规律、解决问题、积累经验；要充分发挥地方和部门的积极性，因地制宜、突出特色，做好对比试验和互补试验；要抓好改革措施的落实，重大事项要及时向国务院请示报告。

（四）总结推广可复制的试点经验。

自贸试验区要及时总结改革创新经验和成果。国务院自由贸易试验区工作部际联席会议办公室要会同浙江省人民政府及有关部门，及时总结评估自贸试验区改革开放创新试点任务实施效果，加强各领域试点经验系统集成，并委托第三方机构进行独立评估。对试点效果好、风险可控且可复制可推广的成果，实施分类审查程序后复制推广至全国其他地区。

国务院关于印发中国(河南)自由贸易试验区总体方案的通知

(2017 年 3 月 15 日　国发〔2017〕17 号)

现将《中国(河南)自由贸易试验区总体方案》印发给你们,请认真贯彻执行。

中国(河南)自由贸易试验区总体方案

建立中国(河南)自由贸易试验区(以下简称自贸试验区)是党中央、国务院作出的重大决策,是新形势下全面深化改革、扩大开放和深入推进"一带一路"建设的重大举措。为全面有效推进自贸试验区建设,制定本方案。

一、总体要求

(一)指导思想。

全面贯彻党的十八大和十八届三中、四中、五中、六中全会精神,深入贯彻习近平总书记系列重要讲话精神和治国理政新理念新思想新战略,认真落实党中央、国务院决策部署,统筹推进"五位一体"总体布局和协调推进"四个全面"战略布局,坚持稳中求进工作总基调,牢固树立和贯彻落实创新、协调、绿色、开放、共享的发展理念,进一步解放思想、先行先试,以开放促改革、促发展,为加强与"一带一路"沿线国家交流合作拓展新空间、搭建新平台,为全面深化改革和扩大开放探索新途径、积累新经验,发挥示范带动、服务全国的积极作用。

(二)战略定位。

以制度创新为核心,以可复制可推广为基本要求,加快建设贯通南北、连接东西的现代立体交通体系和现代物流体系,将自贸试验区建设成为服务于"一带一路"建设的现代综合交通枢纽、全面改革开放试验田和内陆开放型经济示范区。

(三)发展目标。

经过三至五年改革探索,形成与国际投资贸易通行规则相衔接的制度创新体系,营造法治化、国际化、便利化的营商环境,努力将自贸试验区建设成为投资贸易便利、高端产业集聚、交通物流通达、监管高效便捷、辐射带动作用突出的高水平高标准自由贸易园区，引领内陆经济转型发展，推动构建全方位对外开放新格局。

二、区位布局

（一）实施范围。

自贸试验区的实施范围 119.77 平方公里，涵盖三个片区：郑州片区 73.17 平方公里（含河南郑州出口加工区 A 区 0.89 平方公里、河南保税物流中心 0.41 平方公里），开封片区 19.94 平方公里，洛阳片区 26.66 平方公里。

自贸试验区土地开发利用须遵守土地利用、环境保护、城乡规划法律法规，符合土地利用总体规划，并符合节约集约用地的有关要求。

（二）功能划分。

按区域布局划分，郑州片区重点发展智能终端、高端装备及汽车制造、生物医药等先进制造业以及现代物流、国际商贸、跨境电商、现代金融服务、服务外包、创意设计、商务会展、动漫游戏等现代服务业，在促进交通物流融合发展和投资贸易便利化方面推进体制机制创新，打造多式联运国际性物流中心，发挥服务“一带一路”建设的现代综合交通枢纽作用；开封片区重点发展服务外包、医疗旅游、创意设计、文化传媒、文化金融、艺术品交易、现代物流等服务业，提升装备制造、农副产品加工国际合作及贸易能力，构建国际文化贸易和人文旅游合作平台，打造服务贸易创新发展区和文创产业对外开放先行区，促进国际文化旅游融合发展；洛阳片区重点发展装备制造、机器人、新材料等高端制造业以及研发设计、电子商务、服务外包、国际文化旅游、文化创意、文化贸易、文化展示等现代服务业，提升装备制造业转型升级能力和国际产能合作能力，打造国际智能制造合作示范区，推进华夏历史文明传承创新区建设。

按海关监管方式划分，自贸试验区内的海关特殊监管区域重点探索以贸易便利化为主要内容的制度创新，开展保税加工、保税物流、保税服务等业务；非海关特殊监管区域重点探索投资体制改革，创新内陆地区开放发展机制，完善事中事后监管，积极发展高端制造业和现代服务业。

三、主要任务和措施

（一）加快政府职能转变。

1. 深化行政管理体制改革。深入推进简政放权、放管结合、优化服务改革，最大限度减少行政审批事项。探索相对集中的行政许可权模式，建立综合统一的行政审批机构。完善“一口受理”服务模式，推进行政审批规范化、标准化、信息化建设，实施行政审批目录化管理。深化投融资体制改革，试行企业投资项目承诺制。精简投资项目准入阶段的相关手续，探索建立“多评合

一、统一评审”的新模式。简化整合投资项目报建手续,探索实行先建后验的管理模式。深化商事制度改革,全面实施“五证合一、一照一码”登记制度,探索实行“多证合一”模式,积极推动工商登记全程电子化和使用电子营业执照。将由政府部门承担的资产评估、鉴定、咨询等职能逐步交由法律、会计、信用等专业服务机构承担。开展知识产权综合管理改革试点,紧扣创新发展需求,发挥专利、商标、版权等知识产权的引领作用,打通知识产权创造、运用、保护、管理、服务全链条,建立高效的知识产权综合管理体制,构建便民利民的知识产权公共服务体系,探索支撑创新发展的知识产权运行机制,推动形成权界清晰、分工合理、责权一致、运转高效、法治保障的体制机制。探索建立自贸试验区跨部门知识产权执法协作机制,完善纠纷调解、援助、仲裁工作机制。

2. 完善市场监管机制。推进政府管理由注重事前审批向注重事中事后监管转变,完善信息网络平台,提高行政透明度,实现跨部门协同管理。完善社会信用体系,推动各部门间依法履职信息的联通和共享。健全守信激励和失信惩戒机制。建立集中统一的综合行政执法体系,建设网上执法办案系统。选择重点敏感产业,配合国家有关部门建立与开放市场环境相匹配的产业预警体系,及时发布产业预警信息。建立资源环境承载能力监测预警机制和社会监督举报机制,探索试行环境损害责任追究和赔偿制度。实施公平竞争审查制度。配合商务部开展经营者集中反垄断审查。建立部门协同监管机制,统筹多元化监管力量,整合监管信息,打造事前诚信承诺、事中评估分类、事后联动奖惩的全链条信用监管体系。

3. 提高行政服务效能。河南省依法向自贸试验区下放经济社会管理权限。完善行政部门权力清单和责任清单,建立健全清单动态管理机制。推广政府和社会资本合作模式,完善基本公共服务体系,提高公共服务供给效率。大力推行“互联网+政务服务”,推进实体政务大厅向网上办事大厅延伸,打造政务服务“一张网”,对企业和群众办事实行“一号申请、一窗受理、一网通办”。推动税收服务创新,包括一窗国地办税、一厅自助办理、培训辅导点单、缴纳方式多元、业务自主预约、税银信息互动、税收遵从合作、创新网上服务等举措。建立自贸试验区综合统计调查、监测分析制度。建立完善深化改革量化指标体系,加快形成更有吸引力的法治化、国际化、便利化营商环境。

(二)扩大投资领域开放。

4. 提升利用外资水平。对外商投资实行准入前国民待遇加负面清单管理制度,着力构建与负面清单管理方式相适应的事中事后监管制度。外商投资准入特别管理措施(负面清单)之外领域的外商投资项目(国务院规定对国内投资项目保留核准的除外)和外商投资企业设立及变更实行备案制,由自贸试验区负责办理。进一步减少或取消外商投资准入限制,提高开放度和透明度,做好对外开放的压力测试和风险测试。积极有效引进境外资金、先进技术和高端人才,提升利用外资综合质量。大力引进国际组织和机构、金融总部、区域性总部入驻自贸试验区。外商在自贸试验区内投资适用《自由贸易试验区外商投资准入特别管理措施(负面清单)》和《自由贸易试验区外商投资国家安全审查试行办法》。探索强化外商投资实际控制人管理,建立外商投资信息报告制度和外商投资信息公示平台,充分发挥国家企业信用信息公示系统作用,提升外商投资全周期监管的科学性、规范性和透明度。完善投资者权益保障机制,允许符合条件的境外投资者自由转移其投资收益。

5. 构建对外投资合作服务平台。改革境外投资管理方式,将自贸试验区建设成为企业"走出去"的窗口和综合服务平台。对一般境外投资项目和设立企业实行备案制,属省级管理权限的,由自贸试验区负责备案管理。确立企业对外投资主体地位,支持自贸试验区内企业开展多种形式的对外直接投资。完善"走出去"政策促进、服务保障和风险防控体系。加强与港澳在项目对接、投资拓展、信息交流、人才培训等方面交流合作,共同开拓国际市场。加强境外投资事后管理和服务,完善境外资产和人员安全风险预警和应急保障体系。

(三)推动贸易转型升级。

6. 完善外贸发展载体。依托郑州商品交易所,支持拓展新的交易品种,促进发展大宗商品国际贸易。探索建立与国际大宗商品交易相适应的外汇管理和海关监管制度。在总结期货保税交割试点经验基础上,鼓励国内期货交易所在自贸试验区的海关特殊监管区域内开展期货保税交易、仓单质押融资等业务,扩大期货保税交割试点的品种。搭建便利化的知识产权公共服务平台,设立知识产权服务工作站,大力发展知识产权专业服务业。探索建立自贸试验区重点产业专利导航制度和重点产业快速协同保护机制。探索建设中部地区知识产权运营中心,加快建设郑州国家知识产权服务业集聚区。深化艺术品交易市场功能拓展。依托电子口岸公共平台,建设国际贸易"单一窗口",将出口退税申报功能纳入国际贸易"单一窗口"建设项目。加快形成贸易便利化创新举措的标准化制度规范,覆盖到所有符合条件的企业。

7. 拓展新型贸易方式。积极培育贸易新型业态和功能,形成以技术、品牌、质量、服务为核心的竞争新优势。大力发展服务贸易,推进金融、文化创意、客户服务、供应链管理等服务外包发展。在环境风险可控的前提下开展飞机及零部件维修试点。按照公平竞争原则,依托中国(郑州)跨境电子商务综合试验区,积极发展跨境电子商务,完善相应的海关监管、检验检疫、退税、物流等支撑系统,加快推进跨境贸易电子商务配套平台建设。支持企业建设出口商品“海外仓”和海外运营中心,加快融入境外零售体系,探索建设全球性产品交易展示中心和国内进出口货物集散中心。支持电子信息、装备制造、智能终端、汽车及零部件、航空航天等辐射能力和技术溢出能力强的先进制造业加工贸易发展,搭建服务于加工贸易转型升级的技术研发、工业设计等公共服务平台,建设加工贸易产品内销后续服务基地。引导优势企业积极参与国际标准化活动,打造质量标准品牌新高地。积极发展离岸贸易。推动转口贸易发展,依托国际空港、陆港和各类口岸,完善国际中转集拼和国际转口贸易枢纽功能。

8. 创新通关监管机制。自贸试验区内的海关特殊监管区域实施“一线放开”、“二线安全高效管住”的通关监管服务模式。在确保有效监管前提下,在海关特殊监管区域探索建立货物状态分类监管模式。鼓励企业参与“自主报税、自助通关、自动审放、重点稽核”等监管制度创新试点。按照严密防范质量安全风险和最大便利化的原则,一线主要实施进出境现场检疫、查验及处理;二线主要实施进出口产品检验检疫监管及实验室检测,维护质量安全。完善国际贸易“单一窗口”的货物进出口和运输工具进出境的应用功能,进一步优化监管执法流程和通关流程,实现贸易许可、资质登记等平台功能,将涉及贸易监管的部门逐步纳入“单一窗口”管理平台。完善通关合作机制,开展货物通关、贸易统计、“经认证的经营者”互认、检验检测认证等方面合作,逐步实现信息互换、监管互认、执法互助。推进自贸试验区内各区域之间通关一体化。支持自贸试验区与“一带一路”沿线国家开展海关、检验检疫、认证认可、标准计量等方面的合作与交流,探索与“一带一路”沿线国家开展贸易供应链安全便利合作。

(四)深化金融领域开放创新。

9. 扩大金融对内对外开放。进一步简化经常项目外汇收支手续,在真实、合法交易基础上,自贸试验区内货物贸易外汇管理分类等级为A类企业的外汇收入无需开立待核查账户。推动金融服务业对符合条件的民营资本有序开放,在符合现行法律法规及国家政策导向的前提下,允许符合条件的境内纯中资民营企业在自贸试验区依法发起设立中小型银行等金融机构。探索自贸试验区内符合条件的单位和个人按照规定双向投资于境内外证券市场。允许外资股权投资管理机构、外资创业投资管理机构在自贸试验区发起管理人民币股权投资和创业投资基金。支持发展总部经济,放宽跨国公司外汇资金集中运营管理准入条件。逐步允许境外企业参与商品期货交易。支持保险机构在自贸试验区内开展业务创新,探索特殊风险分散机制,加大再保险对巨灾保险、特殊风险的保险保障力度。取消对自贸试验区内保险支公司高管人员任职资格的事前审批，由省级保监机构实施备案管理。

10. 拓展金融服务功能。拓展跨境电子商务金融服务，开展跨境电子商务人民币结算，推动跨境电子商务线上融资及担保方式创新，鼓励保险机构发展出口信用保险，拓宽服务领域。支持自贸试验区发展科技金融，按照国务院统一部署，积极争取纳入投贷联动试点。创建金融集成电路（IC）卡“一卡通”示范区。进一步简化资金池管理，允许经银行审核真实、合法的电子单证办理经常项目集中收付汇、轧差净额结算业务。进一步推进内资融资租赁企业试点，注册在自贸试验区内的内资融资租赁试点企业由自贸试验区所在省级商务主管部门和同级国家税务局审核；加强事中事后监管，探索建立融资租赁企业设立和变更的备案制度、违反行业管理规定的处罚制度、失信和经营异常企业公示制度、属地监管部门对企业定期抽查检查制度。支持在自贸试验区设立金融租赁公司、融资租赁公司，在符合相关规定前提下，设立项目公司开展飞机、工程机械、大型设备等融资租赁业务。允许自贸试验区内符合条件的融资租赁业务收取外币租金。支持商业保理业务发展，探索适合商业保理发展的监管模式。银行按照“了解客户、了解业务、尽职审查”的展业三原则办理经常项目收结汇、购付汇手续。

11. 推动跨境投融资创新。探索建立与自贸试验区相适应的本外币账户管理体系，促进跨境贸易、投融资结算便利化。在健全风险防控机制的前提下，允许自贸试验区内符合条件的企业、金融机构按照有关规定通过贷款、发债等形式从境外自主融入本外币资金，拓宽境外资金回流渠道。允许自贸试验区内跨国企业集团开展跨境双向人民币资金池业务。允许自贸试验区内企业的境外母公司按照有关规定在境内发行人民币债券。自贸试验区内银行可按有关规定发放境外项目人民币贷款。支持开展人民币跨境再保险业务，培育发展再保险市场。支持自贸试验区内符合互认条件的基金产品参与内地与香港基金产品互认。

12. 建立健全金融风险防控体系。建立对持有各类牌照金融机构的分类监管机制，健全符合自贸试验区内金融业发展实际的监控指标，完善金融监管措施，加强监管协调与合作，确保自贸试验区内金融机构风险可控。逐步建立跨境资金流动风险监管机制，对企业跨境收支进行全面监测评价。做好反洗钱、反恐怖融资、反逃税工作，防范非法资金跨境、跨区流动。建立健全自贸试验区金融消费者权益保护工作机制。

（五）增强服务“一带一路”建设的交通物流枢纽功能。

13. 畅通国际交通物流通道。增加国际货运航线航班，构建连接全球主要枢纽机场的空中通道。积极探索以郑州和国外重要枢纽城市协同联动的国内国外“双枢纽”发展模式。依托陆桥通道,加密至丝绸之路经济带沿线国家的中欧班列(郑州),支持开展拼箱、集装箱分装大型设备、国际邮运业务,允许在国内沿线口岸和郑州国际陆港之间开展进出口集装箱加挂业务试点;开通至沿海港口的快捷货运列车,构建东联西进、陆海相通的国际运输通道。完善促进国际便利化运输的相关政策和双边运输合作机制,增加便利运输协定的过境站点和运输线路,加快海外物流基地建设。支持建设自贸试验区至我国国际通信业务出入口局的直达国际数据专用通道,打造互联互通的“信息丝绸之路”,推动国际交通物流通道建设。

14. 完善国内陆空集疏网络。鼓励快递企业利用铁路运送快件,配套建设快件物流基地,依托自贸试验区推动郑州建设全国快递中转集散中心,打造覆盖全国主要经济区域的4小时快件集疏网络。支持国内外快递企业在自贸试验区内的非海关特殊监管区域办理符合条件的国际快件属地报关报检业务。开展道路货运无车承运人试点,加快普及公路甩挂运输,扩大“卡车航班”覆盖范围和运营规模,构建以郑州为中心500公里范围的公路集疏圈。支持周边省市在自贸试验区建设专属物流园区,开展现代物流业务。加密完善至国内热点城市的“空中快线”,鼓励发展全货机航班、腹舱货运,构建长距离航空集疏网。

15. 开展多式联运先行示范。发展以“一单制”为核心的便捷多式联运。建立健全适合内陆多式联运的标准规范和服务规则,加强与国际联运规则的相互衔接。鼓励企业间联盟合作,率先突破陆空联运、公铁联运,试点推进快件空铁联运,打造多式联运国际性物流中心。在交通运输领域,完善快件处理设施和绿色通道。拓展郑州机场“空空+空地”货物集疏模式,增加国际中转集拼航线和试点企业。支持设立国际航空运输服务企业,在条件具备时,在自贸试验区试点航空快件国际中转及集拼业务。依托航空和铁路口岸,促进海关特殊监管区域协调联动,创新多式联运(内陆型)监管模式,推进铁路舱单与海运、公路、航空舱单共享和舱单分拨、分拆、合并。建设承载“一单制”电子标签赋码及信息汇集、共享、监测等功能的公共服务平台,推进不同运输方式、不同企业间多式联运信息开放共享和互联互通。在执行现行税收政策前提下,提升超大超限货物的通关、运输、口岸服务等综合能力。推进跨方式技术装备标准化,推广应用托盘、集装箱等标准运载单元。

16. 扩大航空服务对外开放。积极引入基地航空公司和国内外知名物流集成商。允许具备条件的外国航空公司和基地航空公司开展国际航班代码共享。探索与国际枢纽机场建立航空货运联盟,在航线网络、货品、数据共享等方面开展合作。支持航空器及零部件研发、制造、维修企业在自贸试验区集聚，对海关特殊监管区域内企业生产所需的进口机器、设备予以免税。对注册在自贸试验区海关特殊监管区域内的融资租赁企业进出口飞机等大型设备涉及跨关区的，在确保有效监管和执行现行相关税收政策的前提下，按物流实际需要，实行海关异地委托监管。

17. 推进内陆口岸经济创新发展。依托自贸试验区带动郑州航空和铁路国际枢纽口岸建设，支持设立药品、进境植物种苗、木材等指定口岸，提升进境粮食、进口肉类等口岸运营水平，促进各类口岸与物流、贸易联动发展，形成辐射全球主要经济体、带动区域产业升级的口岸开放新格局。探索前端研发设计和后端销售服务"两头在区"、中间加工环节在外的企业集聚模式，优化先进制造业、现代服务业布局，打造高质高端高附加值产业集群，建设中西部制造业总部基地。支持开展进境邮件"一点通关、分拨全国"，研究开展跨境电子商务和商业快件及邮政包裹搭乘中欧班列（郑州）出口等业务。充分发挥海关特殊监管区域功能政策优势，促进形成具有世界竞争力的高技术含量产品售后维修中心。在严格执行货物进出口税收和检验检疫监督管理政策的前提下，允许在海关特殊监管区域内设立保税展示交易平台。

18. 促进国际医疗旅游产业融合发展。发挥国际航空网络和文化旅游优势，积极吸引国际高端医疗企业和研发机构集聚，以健康检查、慢病治疗康复、中医养生保健、整形美容、先进医疗技术研发和孵化为重点，培育康复、健身、养生与休闲旅游融合发展新业态。鼓励自贸试验区在医疗机构治未病服务项目纳入收费项目和确定收费标准等方面先行试点。鼓励社会资本在自贸试验区举办规范的中医养生保健机构。自贸试验区内医疗机构按照现行干细胞临床研究规定开展相关工作。允许在自贸试验区内注册的符合条件的中外合资旅行社，从事除台湾地区以外的出境旅游业务。

19. 培育"一带一路"合作交流新优势。建立健全与"一带一路"沿线国家的合作机制，重点在农业、矿业、装备制造、物流、工程承包、科技教育等领域开展国际合作。建设服务于内陆地区"走出去"和"引进来"的重要窗口，探索内外贸相互促进机制、与"一带一路"沿线国家重点城市产能合作机制，吸引企业统筹开展国际国内贸易，建设一批双向合作经贸产业园区。探索与"一带一路"沿线国家文化交流、文化贸易创新发展机制，推进文化传承和开发，完善服务链条，推进华夏历史文明传承创新区建设。围绕服务"一带一路"建设，探索食品、农产品及水产品的快速检验检疫模式，优化药品、保健食品、化妆品、医疗器械的审评审批程序。支持河南省与教育部在自贸试验区合作共建教育国际化综合改革试验区，积极引进境外优质教育资源开展高水平、示范性合作办学,加大对“一带一路”沿线国家的中国政府奖学金支持力度。积极为经贸类团组和企业人员出国(境)提供便利。研究制定自贸试验区外籍高层次人才认定办法,落实人才签证实施细则,明确外国人才申请和取得人才签证的标准条件和办理程序。对外籍高层次人才开辟绿色通道、简化手续,为高层次人才入出境、工作、在华停居留提供便利。允许获得硕士及以上学位的优秀外国留学生毕业后直接在自贸试验区工作。提供有针对性的指导服务和语言学习机会,多形式多渠道帮助外国人才更好融入中国社会。

四、保障机制

(一)强化法制保障。

自贸试验区需要暂时调整实施有关行政法规、国务院文件和经国务院批准的部门规章的部分规定的,按规定程序办理。各有关部门要支持自贸试验区在各领域深化改革开放试点、加大压力测试、加强监管、防控风险,做好与相关法律立改废释的衔接,及时解决试点过程中的制度保障问题。河南省要通过地方立法,建立与试点要求相适应的自贸试验区管理制度。

(二)完善配套税收政策。

落实现有相关税收政策,充分发挥现有政策的支持促进作用。中国(上海)自由贸易试验区、中国(广东)自由贸易试验区、中国(天津)自由贸易试验区和中国(福建)自由贸易试验区已经试点的税收政策原则上可在自贸试验区进行试点,其中促进贸易的选择性征收关税、其他相关进出口税收等政策在自贸试验区内的海关特殊监管区域进行试点。自贸试验区内的海关特殊监管区域范围和税收政策适用范围维持不变。此外,在符合税制改革方向和国际惯例,以及不导致利润转移和税基侵蚀的前提下,积极研究完善境外所得税收抵免的税收政策。

(三)加强组织实施。

按照党中央、国务院统一部署,在国务院自由贸易试验区工作部际联席会议统筹协调下,由河南省完善试点任务组织实施保障机制,按照总体筹划、分步实施、率先突破、逐步完善的原则加快实施。各有关部门要大力支持,及时制定实施细则或办法,加强指导和服务,共同推进相关体制机制创新,把自贸试验区建设好、管理好。在实施过程中,要创新思路、寻找规律、解决问题、积累经验;要充分发挥地方和部门的积极性,因地制宜、突出特色,做好对比试验和互补试验;要抓好改革措施的落实,重大事项要及时向国务院请示报告。

(四)总结推广可复制的试点经验。

自贸试验区要及时总结改革创新经验和成果。国务院自由贸易试验区工作部际联席会议办公室要会同河南省人民政府及有关部门,及时总结评估自贸试验区改革开放创新试点任务实施效果,加强各领域试点经验系统集成,并委托第三方机构进行独立评估。对试点效果好、风险可控且可复制可推广的成果,实施分类审查程序后复制推广至全国其他地区。

国务院关于印发中国(湖北)自由贸易试验区总体方案的通知

(2017年3月15日　国发〔2017〕18号)

现将《中国(湖北)自由贸易试验区总体方案》印发给你们,请认真贯彻执行。

中国(湖北)自由贸易试验区总体方案

建立中国(湖北)自由贸易试验区(以下简称自贸试验区)是党中央、国务院作出的重大决策,是新形势下全面深化改革、扩大开放和加快推进中部崛起、长江经济带发展的重大举措。为全面有效推进自贸试验区建设,制定本方案。

一、总体要求

(一)指导思想。

全面贯彻党的十八大和十八届三中、四中、五中、六中全会精神,深入贯彻习近平总书记系列重要讲话精神和治国理政新理念新思想新战略,认真落实党中央、国务院决策部署,统筹推进"五位一体"总体布局和协调推进"四个全面"战略布局,坚持稳中求进工作总基调,牢固树立和贯彻落实创新、协调、绿色、开放、共享的发展理念,进一步解放思想、先行先试,以开放促改革、促发展,按照"开放先导、创新驱动、绿色引领、产业集聚"的总体思路,全力打造区域经济发展新引擎,为全面深化改革和扩大开放探索新途径、积累新经验,发挥示范带动、服务全国的积极作用。

(二)战略定位。

以制度创新为核心,以可复制可推广为基本要求,立足中部、辐射全国、走向世界,努力成为中部有序承接产业转移示范区、战略性新兴产业和高技术产业集聚区、全面改革开放试验田和内陆对外开放新高地。

（三）发展目标。

经过三至五年改革探索，对接国际高标准投资贸易规则体系，力争建成高端产业集聚、创新创业活跃、金融服务完善、监管高效便捷、辐射带动作用突出的高水平高标准自由贸易园区，在实施中部崛起战略和推进长江经济带发展中发挥示范作用。

二、区位布局

（一）实施范围。

自贸试验区的实施范围119.96平方公里，涵盖三个片区：武汉片区70平方公里（含武汉东湖综合保税区5.41平方公里），襄阳片区21.99平方公里（含襄阳保税物流中心〔B型〕0.281平方公里），宜昌片区27.97平方公里。

自贸试验区土地开发利用须遵守土地利用、环境保护、城乡规划法律法规，符合土地利用总体规划，并符合节约集约用地的有关要求。

（二）功能划分。

按区域布局划分，武汉片区重点发展新一代信息技术、生命健康、智能制造等战略性新兴产业和国际商贸、金融服务、现代物流、检验检测、研发设计、信息服务、专业服务等现代服务业；襄阳片区重点发展高端装备制造、新能源汽车、大数据、云计算、商贸物流、检验检测等产业；宜昌片区重点发展先进制造、生物医药、电子信息、新材料等高新产业及研发设计、总部经济、电子商务等现代服务业。

按海关监管方式划分，自贸试验区内的海关特殊监管区域重点探索以贸易便利化为主要内容的制度创新，主要开展保税加工、保税物流、保税服务等业务；非海关特殊监管区域重点探索投资体制改革，完善事中事后监管，推动金融制度创新，积极发展现代服务业和高端制造业。

三、主要任务和措施

（一）加快政府职能转变。

1. 深化行政管理体制改革。按照打造法治化、国际化、便利化营商环境的要求，深入推进简政放权、放管结合、优化服务改革，加快推动政府管理模式创新。湖北省能够下放给自贸试验区的经济社会管理权限，全部依法下放。自贸试验区内工作部门依法公开管理权限和流程，建立各部门权力清单和责任清单制度，明确政府职能边界。探索实行市场准入负面清单制度。加快行政审批制度改革，最大限度取消行政审批事项，建立健全行政审批目录管理制度，实行审管职能分离，建立相对集中行政许可权机制，完善“一口受理”服务模式。推进行政审批标准化、信息化建设。开展“证照分离”改革试点。深化商事制度改革，探索“多证合一”模式，开展企业登记全程电子化和电子营业执照试点。推动税收服务创新，包括一窗国地办税、一厅自助办理、培训辅导点单、缴纳方式多元、业务自主预约、税银信息互动、税收遵从合作、创新网上服务等。健全社会服务体系，将由政府部门承担的资产评估、鉴定、咨询、认证、检验检测等职能逐步交由法律、会计、信用、检验检测认证等专业服务机构承担。对接国际商事争议解决规则，提高商事纠纷仲裁国际化程度。

2. 强化事中事后监管。建立健全以信用监管为核心的事中事后监管体系。完善社会信用体系，推动各部门间依法履职信息的联通和共享。健全守信激励和失信惩戒机制。探索大数据监管，加强风险监测分析。建立集中统一的综合执法体系，提高执法效能。配合商务部开展经营者集中反垄断审查。支持社会力量多渠道参与市场监督。

（二）深化投资领域改革。

3. 提升利用外资水平。对外商投资实行准入前国民待遇加负面清单管理制度，着力构建与负面清单管理方式相适应的事中事后监管制度。外商投资准入特别管理措施（负面清单）之外领域的外商投资项目（国务院规定对国内投资项目保留核准的除外）和外商投资企业设立及变更实行备案制，由自贸试验区负责办理。进一步减少或取消外商投资准入限制，提高开放度和透明度，做好对外开放的压力测试和风险测试。积极有效引进境外资金、先进技术和高端人才，提升利用外资综合质量。外商在自贸试验区内投资适用《自由贸易试验区外商投资准入特别管理措施（负面清单）》和《自由贸易试验区外商投资国家安全审查试行办法》。探索强化外商投资实际控制人管理，建立外商投资信息报告制度和外商投资信息公示平台，充分发挥国家企业信用信息公示系统作用，提升外商投资全周期监管的科学性、规范性和透明度。完善投资者权益保障机制，允许符合条件的境外投资者自由转移其投资收益。探索优化投资准入后的管理流程，提升投资便利化水平。

4. 完善对外投资合作促进体系。确立企业对外投资主体地位，支持企业按规定开展多种形式的对外直接投资。对在境外投资开办企业，实行以备案制为主的管理方式，属省级管理权限的，由自贸试验区负责办理。鼓励企业创新对外投资合作方式。完善对外投资合作相关政策促进、服务保障和风险防控体系，推动企业“走出去”方式转型升级，加强国际产能和装备制造合作，融入“一带一路”建设。

（三）推动贸易转型升级。

5. 培育新型贸易方式。积极培育、拓展新型贸易业态和功能，形成以技术、品牌、质量、服务为核心的外贸竞争新优势。按照公平竞争原则，积极发展跨境电子商务，完善相应的海关监管、检验检疫、退税、物流等支撑系统，加快推进跨境贸易电子商务配套平台建设。扶持和培育外贸综合服务平台，为中小企业提供通关、融资、退税等服务。

支持国内期货交易所在自贸试验区的海关特殊监管区域内开展期货保税交割、仓单质押融资等业务，在总结期货保税交割试点经验基础上，适时扩大期货保税交割试点的品种。在严格执行货物进出口税收政策前提下，允许在海关特殊监管区域内设立保税展示交易平台。在环境风险可控的前提下，开展境内外高技术、高附加值产品的检测维修业务试点。探索开展境外高技术、高附加值产品的再制造业务试点。

6. 加快服务贸易创新发展。搭建服务贸易促进平台，探索与服务贸易特点相适应的监管模式。推动发展技术转让、许可证贸易、技术咨询及服务、成套设备引进等多种形式的技术贸易。扩大对外文化贸易和版权贸易。积极承接信息技术、生物医药研发、管理咨询、工程设计等服务外包业务。

7. 创新通关监管服务模式。自贸试验区内的海关特殊监管区域比照中国（上海）自由贸易试验区，实施“一线放开”、“二线安全高效管住”的通关监管服务模式。自贸试验区内的非海关特殊监管区域，仍按照现行模式实施监管。加快形成贸易便利化创新举措的标准化制度规范，覆盖到所有符合条件的企业。依托电子口岸公共平台，加快建设国际贸易“单一窗口”，将出口退税申报功能纳入建设项目。积极推动海关、检验检疫、边防、海事等口岸监管部门实现信息互换、监管互认、执法互助。探索在海关特殊监管区域之间使用社会运输工具进行转关作业。支持湖北省内口岸、海关特殊监管区域与自贸试验区联动发展。鼓励企业参与“自主报税、自助通关、自动审放、重点稽核”等监管制度创新试点。在执行现行税收政策前提下，提升超大超限货物的通关、运输、口岸服务等综合能力。在确保有效监管前提下，在海关特殊监管区域探索建立货物状态分类监管模式。实行保税展示交易货物分线监管、预检验和登记核销管理模式。推动建立检验检疫证书国际联网核查机制。鼓励设立第三方检验检测鉴定机构，实施第三方结果采信。有序推进基于企业诚信评价的货物抽验制度。检验检疫按照一线放开、二线管住、严密防范质量安全风险和最大便利化的原则，一线主要实施进出境现场检疫、查验及处理；二线主要实施进出口产品检验检疫监管及实验室检测，维护质量安全。深化长江经济带海关通关一体化改革。完善通关合作机制，开展货物通关、贸易统计、“经认证的经营者”互认、检验检测认证等方面合作。支持自贸试验区与“一带一路”沿线国家开展海关、检验检疫、认证认可、标准计量等方面的合作与交流，探索与“一带一路”沿线国家开展贸易供应链安全与便利合作。

（四）深化金融领域开放创新。

8. 扩大金融领域对外开放。探索建立与自贸试验区相适应的本外币账户管理体系，促进跨境贸易、投融资结算便利化。在风险可控前提下，时机成熟时，开展以资本项目可兑换为重点的外汇管理改革试点。拓宽自贸试验区内企业资本项下外币资金结汇用途。自贸试验区内企业可根据自身经营和管理需要，开展集团内跨境双向人民币资金池业务。放宽跨国公司外汇资金集中运营管理准入条件。进一步简化资金池管理，允许经银行审核真实、合法的电子单证办理经常项目集中收付汇、轧差净额结算业务。进一步简化经常项目外汇收支手续，在真实、合法交易基础上，自贸试验区内货物贸易外汇管理分类等级为A类企业的外汇收入无需开立待核查账户。银行按照“了解客户、了解业务、尽职审查”的展业三原则办理经常项目收结汇、购付汇手续。提高自贸试验区内企业跨境投资便利化程度。允许自贸试验区内企业的境外母公司按照有关规定在境内发行人民币债券。支持自贸试验区内银行发放境外人民币贷款。允许自贸试验区内银行和已获相应业务许可的非银行支付机构与境外银行和支付机构开展跨境支付合作。鼓励取得互联网支付业务许可的湖北省法人支付机构申请本外币跨境支付业务许可，支持已获得本外币跨境支付业务许可的全国性支付机构在自贸试验区内设立分支机构，按规定为跨境电商交易提供本外币资金收付及结售汇业务。支持自贸试验区内符合互认条件的基金产品参与内地与香港基金产品互认。逐步允许境外企业参与商品期货交易。支持自贸试验区内保险机构开展境外投资。

9. 增强金融服务功能。允许中、外资银行立足当地实际需求，依据监管政策导向，在自贸试验区内新设分行或专营机构、将区内现有银行网点升格为分行。支持符合条件的境内纯中资民营企业在武汉片区发起设立民营银行，服务长江经济带发展。在符合法律法规及政策导向的前提下，支持外资在自贸试验区内设立金融机构。支持符合条件的发起人在自贸试验区内设立金融租赁、汽车金融、消费金融公司和企业集团财务公司等非银行金融机构。支持自贸试验区内银行业金融机构按有关规定开展信贷资产证券化业务。将自贸试验区内符合条件的金融机构纳入优先发行大额可转让存单的机构范围，在自贸试验区内开展大额可转让存单发行试点。鼓励金融机构积极开展动产融资业务，利用动产融资统一登记平台，服务中小企业发展。支持商业保理业务发展，探索适合商业保理业务发展的监管模式。支持证券经营机构在自贸试验区内注册成立分公司或专业子公司，支持证券经营机构利用自贸试验区平台“走出去”，取得合格境内机构投资者（QDII）和人民币合格境内机构投资者（RQDII）资格，开展境外证券投资业务；支持其境外子公司取得合格境外机构投资者(QFII)、人民币合格境外机构投资者(RQFII)资格;支持境外股权投资基金以合格境外有限合伙人(QFLP)开展跨境投资相关业务。支持在自贸试验区内设立健康保险、科技保险和内河航运保险等专业保险机构,扩大出口信用保险覆盖面。完善保险市场体系,推动保险产品研发中心、再保险中心等功能型平台建设。取消对自贸试验区内保险支公司高管人员任职资格的事前审批,由省级保监机构实施备案管理。

大力发展融资租赁业务。进一步推进内资融资租赁企业试点,注册在自贸试验区内的内资融资租赁试点企业由自贸试验区所在省级商务主管部门和同级国家税务局审核;加强事中事后监管,探索建立融资租赁企业设立和变更的备案制度、违反行业管理规定的处罚制度、失信和经营异常企业公示制度、属地监管部门对企业定期抽查检查制度。允许符合条件的融资租赁业务收取外币租金,简化船舶、飞机等大型融资租赁项目预付款手续。支持开展跨境融资租赁服务。支持符合条件的金融租赁公司和融资租赁公司设立专业子公司。经相关部门认可,允许融资租赁公司开展主营业务相关的福费廷业务。对注册在自贸试验区海关特殊监管区域内的融资租赁企业进出口飞机、船舶等大型设备涉及跨关区的,在确保有效监管和执行现行相关税收政策前提下,按物流实际需要,实行海关异地委托监管。支持租赁业境外融资,鼓励各类租赁公司扩大跨境人民币资金使用范围。允许自贸试验区内融资租赁机构依法合规开展跨境双向人民币资金池业务。

10. 推进科技金融创新。完善自贸试验区内股权、技术等资本或要素交易市场,允许外资参与投资。允许外资股权投资管理机构、外资创业投资管理机构在自贸试验区内发起管理人民币股权投资和创业投资基金。鼓励境外天使投资、创业投资等风险投资机构在自贸试验区内开展业务,鼓励"内投外"和"外投内"双向股权投资基金发展,试点开展合格境外有限合伙人(QFLP)和人民币合格境外有限合伙人(RQFLP)业务。鼓励在自贸试验区内设立成套设备进出口保理公司等中介服务机构,有条件的可探索设立并规范发展科技型融资担保公司。促进金融和互联网的融合发展。支持科技型企业通过外资金融机构开展海外上市、离岸并购、特殊目的载体收购。支持武汉股权托管交易中心在依法合规的前提下创新发展,支持武汉股权托管交易中心设立海外归国人员创新创业企业板,推动建立武汉股权托管交易中心与全国中小企业股份转让系统之间的合作对接机制。建立知识产权质押融资市场化风险补偿机制,按照风险可控、商业可持续的原则,开展知识产权质押融资。加快发展科技保险,推进专利保险试点。积极引进海外创新投资机构落户自贸试验区开展相关业务。

11. 建立健全金融风险防控体系。建立金融监管协调机制，完善跨行业、跨市场的金融风险监测评估机制，加强对重大风险的识别和对系统性金融风险的防范。完善对持有各类牌照金融机构的分类监管机制。探索建立跨境资金流动风险监管机制，对企业跨境收支进行全面监测评价，实施分类管理。强化外汇风险防控，实施主体监管，建立合规评价体系，以大数据为依托开展事中事后监管。做好反洗钱、反恐怖融资、反逃税工作，防范非法资金跨境、跨区流动。

（五）推动创新驱动发展。

12. 深化科技体制改革。全面推进产业技术创新、科技成果转移转化、科研机构改革、知识产权保护运用、国际创新合作等领域体制机制改革。完善以企业为主体的产业技术创新体系，健全企业主体创新投入机制，支持国有科技型企业开展股权和分红激励。构建市场导向的科技成果转移转化体系。大力发展技术转移中介服务机构，完善技术经纪人制度。完善高校院所科研评价制度。

13. 健全知识产权保护运用机制。开展知识产权综合管理改革试点。紧扣创新发展需求，发挥专利、商标、版权等知识产权的引领作用，打通知识产权创造、运用、保护、管理、服务全链条，建立高效的知识产权综合管理体制，构建便民利民的知识产权公共服务体系，探索支撑创新发展的知识产权运行机制，推动形成权界清晰、分工合理、责权一致、运转高效、法治保障的体制机制。

搭建便利化的知识产权公共服务平台，设立知识产权服务工作站，大力发展知识产权专业服务业。加快建设武汉东湖国家知识产权服务业集聚区。探索建立自贸试验区跨部门知识产权执法协作机制，完善纠纷调解、援助、仲裁工作机制。探索建立自贸试验区重点产业专利导航制度和重点产业快速协同保护机制。建立长江经济带知识产权运营中心，积极推进高校知识产权运营等特色平台建设。

14. 集聚和利用国际创新要素。加快建设现有国家技术标准创新基地和国家宽带网络产品质量监督检验中心。发挥国家技术转移中部中心的作用，促进国际先进技术向自贸试验区转移转化。鼓励国外企业在自贸试验区内设立外资研发中心。鼓励在自贸试验区内建设国际化创新创业孵化平台，重点吸引国际知名孵化器、创业投资机构、高端创新创业人才集聚。

积极融入全球创新网络。鼓励自贸试验区内的企业、高校院所“走出去”，在国外设立研发机构，参与国际科技项目合作。简化自贸试验区内企业海外技术并购审批手续，试行以事后备案代替事前审批。探索通过并购、技术转移、合作参股等多种方式在海外建立孵化基地。

15. 构建人才支撑系统。健全人才激励机制。实行以增加知识价值为导向的激励机制，探索高校、科研院所负责人年薪制和急需紧缺等特殊人才协议工资、项目工资等多种分配办法。完善科研人才双向流动机制，鼓励高校院所科技人员离岗创新创业或到企业兼职。制定外国人在自贸试验区工作管理办法。研究制定自贸试验区外籍高层次人才认定办法，落实人才签证实施细则，明确外国人才申请和取得人才签证的标准条件和办理程序。放宽外国高层次人才工作许可年龄限制。对外籍高层次人才开辟绿色通道、简化手续，为高层次人才入出境、工作、在华停居留提供便利。允许获得硕士及以上学位的优秀外国留学生毕业后直接在自贸试验区工作。探索建立技术移民制度，放宽技术型人才取得外国人永久居留证的条件；对持有外国人永久居留证的外籍高层次人才在自贸试验区内创办科技型企业等创新活动，给予其与中国公民同等的待遇。放宽科研事业单位对外籍人员的岗位限制。提供有针对性的指导服务和语言学习机会，多形式多渠道帮助外国人才更好地融入中国社会。鼓励有条件的国内人力资源服务机构"走出去"与国外人力资源服务机构开展合作，在境外设立分支机构，积极参与国际人才竞争与合作。推进跨国教育和人才培养合作，支持引进境外知名大学、外国机构与中方教育机构合作在自贸试验区内创办人才培养机构；支持在自贸试验区内设立外籍人员子女学校，鼓励中方教育机构与海外学校共建友好学校和人才实习实训基地。建立涉自贸试验区法律服务人才培养机制。

（六）促进中部地区和长江经济带产业转型升级。

16. 加快建设长江中游航运中心。鼓励拓展干支直达、江海直达航线和近洋航线。促进航运要素集聚，支持依托自贸试验区发展长江航运电子商务等业务，培育航运保险、海事仲裁、船舶检测认证等高端航运服务业态，探索形成具有国际竞争力的航运发展机制和运作模式。将武汉长江中游航运中心打造成通江达海、辐射中部、面向全国、具有国际影响力的现代化航运中心，初步形成资源高度集聚、服务功能齐全、市场环境优良、现代物流便捷高效的内河航运体系，提升服务长江经济带发展能力。

增强航运服务功能。在保障安全的前提下，放宽船舶融资租赁登记地选择，简化换证程序。将外资经营国际船舶管理业务的许可权限下放给湖北省。逐步开放中国籍国际航行船舶入级检验，允许特定条件下租用外籍船舶从事临时运输。扩大内外贸同船运输、国轮捎带运输适用范围，提升运力资源综合效能。

17. 构建国际物流枢纽。大力推进铁、水、公、空多式联运。支持自贸试验区内有条件的铁路、航空、内河口岸升级为一类开放口岸。贯彻落实"一带一路”建设战略，推进中欧班列（武汉）发展，支持设立中欧班列华中拆拼箱中心。支持有条件的航空口岸开通和增加国际客货运航班，开通至各大洲主要物流节点城市的全货运航线和国际中转货运航班。支持设立国际航空运输服务企业，在条件具备时，在自贸试验区试点航空快件国际中转集拼业务。大力引进国际物流企业在自贸试验区内建立区域总部或营运中心，支持在自贸试验区内设立国际邮件互换局和交换站。支持国内外快递企业在自贸试验区内的非海关特殊监管区域，办理符合条件的国际快件属地报关报检业务。支持建设多式联运物流监管中心，对换装地不改变施封状态的予以直接放行。

18. 促进区域产业转型升级和绿色发展。发挥自贸试验区作为开放高地的综合优势，支持非公企业进入电力、铁路、民航、电信等特许经营领域，支持军民融合深度发展，推动各类要素有序自由流动和优化配置。支持自贸试验区发展总部经济。充分利用长江经济带产业基金等跨区域的产业转移引导基金，推动中部地区和长江经济带产业合理布局、协同发展。全面整合老工业基地调整改造等产业政策资源，推进传统优势产业的跨区域兼并重组、技术改造和转型升级。创新推进战略性新兴产业集聚发展的体制机制，支持建立符合发展需求的制造业创新中心，大力发展股权投资基金等新型投融资模式，鼓励信息技术、智能制造、新能源汽车、生物医药、海工装备、航空航天、北斗、轨道交通装备等高端产业向自贸试验区集聚，推进与提升新型工业化产业示范基地建设，在重点领域培育打造长江经济带世界级产业集群。支持建立“互联网＋制造”融合发展的标准、认证、安全管理等体制机制。促进“设计＋”、“旅游＋”、“物流＋”、“养老＋”、“商业＋”等新型服务业态发展。统筹研究部分国家旅游团入境免签政策，打造国际文化旅游目的地。允许在自贸试验区内注册的符合条件的中外合资旅行社，从事除台湾地区以外的出境旅游业务。按照全国主体功能区规划要求，探索在自贸试验区内建立生态环境硬约束机制，明确环境质量要求，促进中部地区和长江经济带绿色发展。支持建立环评会商、联合执法、信息共享、预警应急联动机制。探索建立环境保护、绿色发展指标体系。

19. 打造区域发展综合服务平台。推动自贸试验区与中部和长江经济带其他地区开展广泛的经贸合作，更好发挥示范带动作用。推动国家级经济技术开发区与自贸试验区互动发展。探索构建区域商品交易集散中心、信息中心和价格形成中心，增强对中部地区的市场集聚和辐射功能。在遵守国家规定前提下，中部地区产权交易市场、技术交易市场、排污权交易市场和碳排放权交易市场可在自贸试验区内开展合作。

四、保障机制

（一）强化法制保障。

自贸试验区需要暂时调整实施有关行政法规、国务院文件和经国务院批准的部门规章的部分规定的，按规定程序办理。各有关部门要支持自贸试验区在各领域深化改革开放试点、加大压力测试、加强监管、防控风险，做好与相关法律立改废释的衔接，及时解决试点过程中的制度保障问题。湖北省要通过地方立法，制定自贸试验区条例和管理办法，不断完善法制保障体系。

（二）完善配套税收政策。

落实现有相关税收政策，充分发挥现有政策的支持促进作用。中国（上海）自由贸易试验区、中国（广东）自由贸易试验区、中国（天津）自由贸易试验区和中国（福建）自由贸易试验区已经试点的税收政策原则上可在自贸试验区进行试点，其中促进贸易的选择性征收关税、其他相关进出口税收等政策在自贸试验区内的海关特殊监管区域进行试点。自贸试验区内的海关特殊监管区域范围和税收政策适用范围维持不变。此外，在符合税制改革方向和国际惯例，以及不导致利润转移和税基侵蚀的前提下，积极研究完善境外所得税收抵免的税收政策。

（三）加强组织实施。

按照党中央、国务院统一部署，在国务院自由贸易试验区工作部际联席会议统筹协调下，由湖北省完善试点任务组织实施保障机制，按照总体筹划、分步实施、率先突破、逐步完善的原则加快实施。按照既有利于合力推进自贸试验区建设，又有利于各片区独立自主运作的原则，建立精简高效、统一管理、分级负责的自贸试验区管理体系。各有关部门要大力支持，及时制定实施细则或办法，加强指导和服务，共同推进相关体制机制创新，把自贸试验区建设好、管理好。在实施过程中，要创新思路、寻找规律、解决问题、积累经验；要充分发挥地方和部门的积极性，因地制宜、突出特色，做好对比试验和互补试验；要抓好改革措施的落实，重大事项要及时向国务院请示报告。

（四）总结推广可复制的试点经验。

自贸试验区要及时总结改革创新经验和成果。国务院自由贸易试验区工作部际联席会议办公室要会同湖北省人民政府及有关部门，及时总结评估自贸试验区改革开放创新试点任务实施效果，加强各领域试点经验系统集成，并委托第三方机构进行独立评估。对试点效果好、风险可控且可复制可推广的成果，实施分类审查程序后复制推广至全国其他地区。

国务院关于印发中国(重庆)自由贸易试验区总体方案的通知

(2017年3月15日　国发〔2017〕19号)

现将《中国(重庆)自由贸易试验区总体方案》印发给你们,请认真贯彻执行。

中国(重庆)自由贸易试验区总体方案

建立中国(重庆)自由贸易试验区(以下简称自贸试验区)是党中央、国务院作出的重大决策,是新形势下全面深化改革、扩大开放和深入推进"一带一路"建设、长江经济带发展、西部大开发战略的重大举措。为全面有效推进自贸试验区建设,制定本方案。

一、总体要求

(一)指导思想。

全面贯彻党的十八大和十八届三中、四中、五中、六中全会精神,深入贯彻习近平总书记系列重要讲话精神和治国理政新理念新思想新战略,认真落实党中央、国务院决策部署,统筹推进"五位一体"总体布局和协调推进"四个全面"战略布局,坚持稳中求进工作总基调,牢固树立和贯彻落实创新、协调、绿色、开放、共享的发展理念,进一步解放思想、先行先试,以开放促改革、促发展,努力为新形势下内陆开放型经济发展起到示范引领作用,为"一带一路"建设和长江经济带发展打好坚实基础,为全面深化改革和扩大开放探索新途径、积累新经验,发挥示范带动、服务全国的积极作用。

(二)战略定位。

以制度创新为核心,以可复制可推广为基本要求,全面落实党中央、国务院关于发挥重庆战略支点和连接点重要作用、加大西部地区门户城市开放力度的要求,努力将自贸试验区建设成为"一带一路"和长江经济带互联互通重要枢纽、西部大开发战略重要支点。

(三)发展目标。

经过三至五年改革探索,努力建成投资贸易便利、高端产业集聚、监管高效便捷、金融服务完善、法治环境规范、辐射带动作用突出的高水平高标准自由贸易园区，努力建成服务于“一带一路”建设和长江经济带发展的国际物流枢纽和口岸高地，推动构建西部地区门户城市全方位开放新格局，带动西部大开发战略深入实施。

二、区位布局

（一）实施范围。

自贸试验区的实施范围119.98平方公里，涵盖3个片区：两江片区66.29平方公里（含重庆两路寸滩保税港区8.37平方公里），西永片区22.81平方公里（含重庆西永综合保税区8.8平方公里、重庆铁路保税物流中心〔B型〕0.15平方公里），果园港片区30.88平方公里。

自贸试验区土地开发利用须遵守土地利用、环境保护、城乡规划法律法规，符合土地利用总体规划，并符合节约集约用地的有关要求。

（二）功能划分。

按区域布局划分，两江片区着力打造高端产业与高端要素集聚区，重点发展高端装备、电子核心部件、云计算、生物医药等新兴产业及总部贸易、服务贸易、电子商务、展示交易、仓储分拨、专业服务、融资租赁、研发设计等现代服务业，推进金融业开放创新，加快实施创新驱动发展战略，增强物流、技术、资本、人才等要素资源的集聚辐射能力；西永片区着力打造加工贸易转型升级示范区，重点发展电子信息、智能装备等制造业及保税物流中转分拨等生产性服务业，优化加工贸易发展模式；果园港片区着力打造多式联运物流转运中心，重点发展国际中转、集拼分拨等服务业，探索先进制造业创新发展。

按海关监管方式划分，自贸试验区内的海关特殊监管区域重点探索以贸易便利化为主要内容的制度创新，开展保税加工、保税物流、保税服务等业务；非海关特殊监管区域重点探索投资领域开放、投资管理体制改革、完善事中事后监管，推动金融制度创新，积极发展高端制造业和现代服务业。

三、主要任务和措施

（一）建设法治化国际化便利化营商环境。

1. 优化法治环境。在扩大开放的制度建设上大胆探索、先行先试，加快形成高标准投资贸易规则体系。按照统一、公开、公平原则，试点开展对内对外开放的执法与司法建设，实现各类主体公平竞争。对涉及自贸试验区投资贸易等商事案件，建立专业化审理机制。支持发展国际仲裁、商事调解机制。开展知识产权综合管理改革试点。紧扣创新发展需求，发挥专利、商标、版权等知识产权的引领作用，打通知识产权创造、运用、保护、管理、服务全链条，建立高效的知识产权综合管理体制，构建便民利民的知识产权公共服务体系，探索支撑创新发展的知识产权运行机制，推动形成权界清晰、分工合理、责权一致、运转高效、法治保障的体制机制。搭建便利化的知识产权公共服务平台，设立知识产权服务工作站，大力发展知识产权专业服务业。探索建立自贸试验区跨部门知识产权执法协作机制，完善纠纷调解、援助、仲裁工作机制。探索建立自贸试验区重点产业专利导航制度和重点产业快速协同保护机制。

2. 深化行政管理体制改革。以切实维护国家安全和市场公平竞争为原则，加强各部门与重庆市人民政府的协同，完善政府的经济调节、市场监管、社会管理和公共服务职能，提高维护经济社会安全的服务保障能力。按照权责一致原则，建立行政权责清单制度，明确政府职能边界。深化行政审批制度改革，进一步取消和调整行政审批项目，健全行政审批服务体系。进一步创新和优化服务，推进政府部分职能向行业协会商会转移试点，减少政府对微观事务的管理。探索建立以综合监管为基础、专业监管为支撑的事中事后监管体系。构建市场主体自律、业界自治、社会监督、政府监管"四位一体"的综合监管体系，充分发挥社会多元共治的作用。完善社会信用体系，推动各部门间依法履职信息的联通和共享。健全守信激励和失信惩戒机制。健全市场主体权益保障机制。公开权力运行流程，完善网上行政审批系统，探索建立体现投资者参与、符合国际规则的信息公开机制。配合商务部开展经营者集中反垄断审查。

3. 提高行政管理效能。重庆市依法向自贸试验区下放经济管理权限，精简行政机构，提高行政效能。实施全程电子化登记和电子营业执照管理，建立"一口受理、同步审批"的"一站式"高效服务模式。完善企业准入"一窗式"受理制度，实现多部门信息共享和协同管理。推动税收服务创新，包括一窗国地办税、一厅自助办理、培训辅导点单、缴纳方式多元化、业务自主预约、税银信息互动、税收遵从合作、创新网上服务等举措。建设社区服务中心，统筹自贸试验区内社会事务，完善便民服务机制，提供高标准的社区公共服务和市政管理服务。

（二）扩大投资领域开放。

4. 提升利用外资水平。对外商投资实行准入前国民待遇加负面清单管理制度，着力构建与负面清单管理方式相适应的事中事后监管制度。外商投资准入特别管理措施（负面清单）之外领域的外商投资项目（国务院规定对国内投资项目保留核准的除外）和外商投资企业设立及变更实行备案制，由自贸试验区负责办理。进一步减少或取消外商投资准入限制，提高开放度和透明度，做好对外开放的压力测试和风险测试。积极有效引进境外资金、先进技术和高端人才，提升利用外资综合质量。外商在自贸试验区内投资适用《自由贸易试验区外商投资准入特别管理措施（负面清单）》和《自由贸易试验区外商投资国家安全审查试行办法》。探索强化外商投资实际控制人管理，建立外商投资信息报告制度和外商投资信息公示平台，充分发挥国家企业信用公示系统作用，提升外商投资全周期监管的科学性、规范性和透明度。建立多部门共享的外资管理综合信息数据系统。完善投资者权益保障机制，允许符合条件的境外投资者自由转移其投资收益。

5. 构筑对外投资服务促进体系。实施对外投资管理体制改革，确立企业对外投资主体地位，对不涉及敏感国家和地区、敏感行业的境外投资项目实行备案制，支持企业开展多种形式的境外投资合作，在法律法规规定的范围内，允许自担风险到境外开展投资合作。鼓励企业创新对外投资合作方式。依托港澳在金融服务、信息资讯、国际贸易网络、风险管理等方面的优势，将自贸试验区建设成为内地企业"走出去"的窗口和综合服务平台。加强与港澳在项目对接、投资拓展、信息交流、人才培训等方面交流合作，共同开拓国际市场。加强境外投资事后管理和服务，完善境外资产和人员安全风险预警和应急保障体系。

（三）推进贸易转型升级。

6. 促进加工贸易转型升级。充分发挥重庆作为加工贸易承接转移示范地的优势和作用，在自贸试验区打造产业梯度转移的国际加工基地，完善以"整机+核心零部件+原材料"为龙头的全流程产业链，推动加工贸易由水平分工变为垂直整合，鼓励向产业链、价值链高端拓展，提高附加值。探索"产业链+价值链+物流链"的内陆加工贸易发展新模式。实施仓储企业联网监管，实行加工贸易工单式核销，探索更为先进的核销制度。支持在自贸试验区设立符合内销规定的加工贸易产品内销平台，建设加工贸易产品内销后续服务基地。大力培育高端饰品、精密仪器、智能机器人、集成电路、平板显示等加工贸易新产业集群，搭建加工贸易转型升级的技术研发、工业设计、知识产权等公共服务平台。

7. 大力发展服务贸易。鼓励跨国公司在自贸试验区设立地区性总部、研发中心、销售中心、维修中心、物流中心和结算中心，鼓励先进制造业延伸价值链，与现代服务业融合发展。支持"互联网+"发展，推进互联网与现代制造产业深度融合，推广大数据分析在商贸服务、医疗、教育、金融和公共管理等领域的应用。大力发展面向设计开发、生产制造、售后服务全过程的检验检测、标准、认证等第三方服务。鼓励开展研发设计、高技术高附加值产品开发和面向全球市场、风险可控的境内外维修、检测、拆解等业务。依托自贸试验区内的海关特殊监管区域，加快发展对外文化贸易，支持开展面向全球的保税文化艺术品的展示、拍卖、交易业务。深化艺术品交易市场功能拓展。培育文化产业，重点发展影视后期制作、光盘复刻、印刷、胶片拷贝等。

8. 加快发展新型贸易。支持自贸试验区内企业开展全球维修、国际分拨中转等业务。鼓励开展国内商品海外寄售代销业务。支持发展市场采购贸易。大力发展转口贸易，放宽海运货物直接运输判定标准。在自贸试验区海关特殊监管区域内，大力发展临空产业，拓宽进境维修领域，加快发展航空维修业务。允许在自贸试验区海关特殊监管区域内开展进口汽车整车保税仓储业务和保税货物质押融资业务。支持符合条件的境内外机构在自贸试验区内设立金融租赁公司、融资租赁公司，开展飞机、船舶和大型工程设备等融资租赁业务。按照公平竞争原则，积极发展跨境电子商务，完善相应的海关监管、检验检疫、退税、物流等支撑系统，加快推进跨境贸易电子商务配套平台建设。支持在自贸试验区海关特殊监管区域内建立进出口货物集散中心。支持发展国际快递物流，条件具备时，在自贸试验区试点航空快件国际中转集拼业务。支持国内外快递企业在自贸试验区内的非海关特殊监管区域，办理符合条件的国际快件属地报关、报检业务。

9. 实施高效监管服务模式。探索创新海关特殊监管区域监管模式、监管制度。在自贸试验区海关特殊监管区域内，实施"一线放开"、"二线安全高效管住"的通关监管服务模式。根据自贸试验区发展需求，不断探索口岸监管制度创新。推进将企业运营信息纳入监管系统。逐步实现基于企业诚信评价和商品风险评估的货物抽检制度。除废物原料、危险化学品及其包装、散装货物外，检验检疫在一线实行"进出境检疫，重点和敏感商品检验"模式，创新监管技术和方法；在二线简化检验检疫流程，推行"方便进出，严密防范质量安全风险"的检验检疫监管模式。推进自贸试验区检验检疫电子服务平台、数据交换平台和检验检疫智能执法系统建设，提高检验检疫对各类新业态的信息监管服务水平。探索内陆通关及口岸监管"空检通放"新模式。

10. 推进通关机制创新。深化保税货物流转模式改革。在确保有效监管前提下，在海关特殊监管区域探索建立货物状态分类监管模式。对注册在自贸试验区海关特殊监管区域内的融资租赁企业进出口飞机、船舶、海洋工程结构物等大型设备涉及跨关区的，在确保有效监管和执行现行相关税收政策的前提下，按物流实际需要，实行海关异地委托监管。推进海关通关一体化改革。鼓励企业参与"自主报税、自助通关、自动审放、重点稽核"等监管制度创新试点。依托电子口岸公共平台，完善国际贸易"单一窗口"的货物进出口、运输工具进出境、贸易协定实施等应用功能，进一步优化口岸监管执法流程和通关流程，实现贸易许可、资质登记等平台功能，将涉及贸易监管的部门逐步纳入"单一窗口"管理平台。支持将出口退税申报功能纳入国际贸易"单一窗口”建设项目。在符合监管要求和条件的前提下,支持开展进口整车在汽车整车进口口岸间转关试点。在执行现行税收政策前提下,提升超大超限货物通关、运输、口岸服务等综合能力。对入境维修复出口、入境再制造机电料件免于实施装运前检验。加快形成贸易便利化创新举措的标准化制度规范,覆盖到自贸试验区内所有符合条件的企业。

(四)深化金融领域开放创新。

11. 优化跨境金融结算服务。支持自贸试验区开展适应内陆加工贸易、转口贸易等多种贸易业态的结算便利化试点。探索与要素市场跨境交易相适应的外汇收支便利化措施,支持区域要素市场开展国际贸易业务。支持发展总部经济,放宽跨国公司外汇资金集中运营管理准入条件。允许重庆市内银行业金融机构与自贸试验区内持有《支付业务许可证》且许可业务范围包括互联网支付的支付机构合作,按照有关管理政策为跨境电子商务(货物贸易或服务贸易)提供跨境本外币支付结算服务。进一步深化支付机构跨境外汇支付业务试点,在保证交易真实性情况下,逐步扩大服务贸易业务范围。

12. 推动跨境人民币业务创新发展。推动自贸试验区与境外开展双向人民币融资。自贸试验区内企业可根据自身经营和管理需要,开展集团内跨境双向人民币资金池业务。允许在自贸试验区内注册的融资租赁企业开展跨境双向人民币资金池业务。允许自贸试验区内租赁企业在境外开立人民币账户用于跨境人民币租赁业务。支持自贸试验区内保险机构开展跨境人民币再保险和全球保单分入业务。研究探索区内金融机构在依法合规、风险可控的前提下向境外销售人民币理财产品、开展人民币项下跨境担保等业务。鼓励在自贸试验区内设立人民币海外投贷基金。在自贸试验区开展人民币基金投资境外项目试点政策下,开展区域性净头寸总规模约束管理试点。允许外资股权投资管理机构、外资创业投资管理机构在自贸试验区发起管理人民币股权投资和创业投资基金。鼓励自贸试验区内金融机构积极创新面向国际的人民币金融产品,扩大境外人民币投资境内金融产品的范围。支持自贸试验区内符合条件的企业按规定开展人民币境外证券投资业务。

13. 探索跨境投融资便利化改革创新。探索建立与自贸试验区相适应的本外币账户管理体系,促进跨境贸易、投融资结算便利化。进一步简化经常项目外汇收支手续,在真实、合法交易基础上,自贸试验区内货物贸易外汇管理分类等级为A类企业的外汇收入无需开立待核查账户。银行按照“了解客户、了解业务、尽职审查”的展业三原则办理经常项目收结汇、购付汇业务。允许自贸试验区内符合条件的融资租赁业务收取外币租金。支持自贸试验区内企业和金融机构通过境外上市、按照有关规定发行债券及标准化金融证券等方式开展境外融资并将资金调回境内使用。支持自贸试验区内符合条件的单位和个人按照规定双向投资于境内外证券市场。逐步允许境外企业参与商品期货交易。支持商业保理业务发展,探索适合商业保理业务发展的监管模式。

14. 增强跨境金融服务功能。支持符合条件的民间资本、境外资本在符合现行法律法规及政策导向的前提下,在自贸试验区内发起和参与设立金融机构。在遵循机构总部统一业务管理政策的前提下,授予自贸试验区内银行业金融机构更多业务自主权,在风险可控的前提下自主开展资金交易业务。支持证券经营机构在自贸试验区内依法设立分支机构或专业子公司。支持在自贸试验区内设立货币兑换、征信等专业化机构。支持符合条件的重庆市证券期货经营机构进入银行间外汇市场,开展人民币对外汇即期业务和衍生品交易。支持自贸试验区符合互认条件的基金产品参与内地与香港基金产品互认。支持符合条件的银行业金融机构在自贸试验区内发行大额存单,区内注册的内外资企业均可参与投资。支持在自贸试验区设立内外资再保险、外资健康保险、国际多式联运物流专业保险等机构。鼓励在自贸试验区设立保险资产管理公司、自保公司、相互制保险机构等新型保险组织,以及为保险业发展提供配套服务的保险经纪、保险代理等专业性保险服务机构。探索在自贸试验区开展巨灾保险服务创新试点。支持在自贸试验区内建立保险资产登记交易平台。鼓励国内期货交易所在自贸试验区的海关特殊监管区域内开展期货保税交易、仓单质押融资等业务。在总结期货保税交割试点经验基础上,鼓励国内期货交易所在自贸试验区的海关特殊监管区域内开展业务,扩大期货保税交割试点的品种。进一步推进内资融资租赁企业试点,注册在自贸试验区内的内资融资租赁试点企业由自贸试验区所在省级商务主管部门和同级国家税务局审核;加强事中事后监管,探索建立融资租赁企业设立和变更的备案制度、违反行业管理规定的处罚制度、失信和经营异常企业公示制度、属地监管部门对企业定期抽查检查制度。支持自贸试验区发展科技金融,按照国务院统一部署,积极争取纳入投贷联动试点。

15. 完善金融风险防控体系。落实风险为本的原则,探索建立跨境资金流动风险监管机制,强化做好反洗钱、反恐怖融资、反逃税工作,防范非法资金跨境、跨区流动。探索建立综合性金融监管协调机制,深入开展跨行业、跨市场的金融风险监测评估,加强对重大风险的预警防范,切实防范开放环境下的金融风险。

(五)推进"一带一路"和长江经济带联动发展。

16. 构建多式联运国际物流体系。支持在自贸试验区内建立海关多式联运监管中心，打造覆盖铁、公、水、空多种运输方式的国际物流运输体系。依托中欧国际铁路联运通道，强化运输安全，提高运输效率，降低运输成本，构建中欧陆路国际贸易通道和规则体系，发展国际铁路联运；依托长江黄金水道，探索建立沪渝外贸集装箱“五定”快班轮三峡船闸优先放行机制，发展江海联运；依托渝昆泛亚铁路通道、东南沿海港口、陆路边境口岸，以铁路和高速公路网为陆路通道，发展铁海联运和跨区域、跨国境的国际陆路运输；依托重庆江北国际机场，探索空域和航空资源管理改革，支持国内外大型企业设立基地航空公司，完善集疏运体系，加密航线航班，构建基本覆盖全球主要经济体的航线网络。

17. 探索建立“一带一路”政策支持体系。以中欧国际铁路联运通道为重点，完善自贸试验区与“一带一路”沿线各国海关、检验检疫、标准认证部门和机构之间的通关合作机制，开展货物通关、贸易统计、“经认证的经营者”互认、检验检测认证等方面合作，逐步实现信息互换、监管互认、执法互助。探索与“一带一路”沿线国家开展贸易供应链安全与便利化合作。支持自贸试验区内企业以自建、收购、股权合作等多种方式在“一带一路”沿线国家建立境外营销、物流、结算等区域性运营总部。支持以自贸试验区为依托建设中德、中韩等国际经贸、产业、人文合作平台。探索共同出资、共同受益的资本运作模式，支持在自贸试验区建立市场化的合作基金，为基础设施建设、投资贸易和产业发展提供资金支持。加强自贸试验区与“一带一路”沿线国家的高校联合培养和交流合作，加快培养适合多双边贸易投资的各方面人才。研究制定自贸试验区外籍高层次人才认定办法，落实人才签证实施细则，明确外国人才申请和取得人才签证的标准条件和办理程序，对外籍高层次人才开辟绿色通道，简化手续，为高层次人才入出境、工作、在华停居留提供便利。允许获得硕士及以上学位的外国优秀留学生毕业后直接在自贸试验区工作，完善留学生实习居留、工作居留和创新创业奖励制度。

（六）推动长江经济带和成渝城市群协同发展。

18. 探索建立区域联动发展机制。通过自贸试验区高端产业聚集，促进内陆地区现代服务业、先进制造业和战略性新兴产业加快发展。创新区域经济合作、利益共享模式，促进区域一体化发展。依托长江黄金水道，推进自贸试验区内沿江区域有序承接产业转移。鼓励拓展服务功能和范围，自贸试验区内企业原则上不受地域限制，可到区外再投资或开展业务，如有特殊规定要求办理相关手续，应按照相关规定办理。提升自贸试验区与周边地区交通运输服务水平，优化运输组织，创新服务方式，推进自贸试验区与周边城市客运服务公交化运营，鼓励同城化服务。鼓励在自贸试验区发展货运班线、城际速递、共同配送等多样化、专业化服务方式。

19. 促进区域产业转型升级。以产业链为纽带,在自贸试验区内建立市场化运作的产业转移引导基金,促进长江经济带各省市、成渝城市群的相关园区、企业、研发机构等在研发设计、生产销售和物流配送等环节的协同配合。充分发挥长江黄金水道的重大件运输通道优势,整合内陆装备制造业优势资源,推动汽车、重型机械、船舶配套设备、轨道交通设备等向自贸试验区沿江区域集中。充分发挥自贸试验区高端要素集聚平台作用,瞄准全球和国家科技创新趋势,重点突破创新链的关键技术、产业链的关键环节,加快形成电子核心部件、新材料、物联网、航空器及零部件研发制造、高端交通装备、新能源汽车及智能汽车、生物医药、能源环保装备、智能终端等战略性新兴产业集群。在自贸试验区设立区域联合研发和配套协作平台,提高装备设计、制造和集成能力。鼓励各地区高校、科研院所在自贸试验区打造创新创业发展平台,发展新型创业孵化机构。完善自贸试验区创新创业服务体系,大力发展创业辅导、信息咨询、技术支持、融资担保、成果交易、检验检测认证等公共服务。

20. 增强口岸服务辐射功能。按照"零距离换乘"、"无缝衔接"的要求,强化自贸试验区与周边地区水运、铁路、公路、航空等运输方式有机衔接。拓展口岸功能,扩大水运口岸范围,完善自贸试验区内进口整车、水果、肉类等指定口岸建设。推动自贸试验区根据实际需要申报设立进口粮食、植物种苗、金伯利进程国际证书制度等指定口岸和指定实施机构,提升内陆口岸对周边的辐射带动作用。鼓励发展直接或间接依托口岸的经济业态,强化自贸试验区口岸服务功能,提升便利化程度,聚集人流、物流、资金流、信息流,带动腹地经济融入国际国内两个市场,形成扩大开放的叠加效应。

四、保障机制

(一)强化法制保障。

自贸试验区需要暂时调整实施有关行政法规、国务院文件和经国务院批准的部门规章的部分规定的,按规定程序办理。各有关部门要支持自贸试验区在各领域深化改革开放试点、加大压力测试、加强监管、防控风险,做好与相关法律立改废释的衔接,及时解决试点过程中的制度保障问题。重庆市要通过地方立法,建立与试点要求相适应的自贸试验区管理制度。

(二)完善配套税收政策。

落实现有相关税收政策,充分发挥现有政策的支持促进作用。中国(上海)自由贸易试验区、中国(广东)自由贸易试验区、中国(天津)自由贸易试验区和中国(福建)自由贸易试验区已经试点的税收政策原则上可在自贸试验区进行试点,其中促进贸易的选择性征收关税、其他相关进出口税收等政策在自贸试验区内的海关特殊监管区域进行试点。自贸试验区内的海关特殊监管区域范围和税收政策适用范围维持不变。此外，在符合税制改革方向和国际惯例，以及不导致利润转移和税基侵蚀的前提下，积极研究完善境外所得税收抵免的税收政策。

（三）加强组织实施。

按照党中央、国务院统一部署，在国务院自由贸易试验区工作部际联席会议统筹协调下，由重庆市完善试点任务组织实施保障机制，按照总体筹划、分步实施、率先突破、逐步完善的原则加快实施；按照既有利于合力推进自贸试验区建设，又有利于各片区独立自主运作的原则，建立精简高效、统一管理、分级负责的自贸试验区管理体系。各有关部门要大力支持，及时制定实施细则或办法，加强指导和服务，共同推进相关体制机制创新，把自贸试验区建设好、管理好。在实施过程中，要创新思路、寻找规律、解决问题、积累经验；要充分发挥地方和部门的积极性，因地制宜、突出特色，做好对比试验和互补试验；要抓好改革措施的落实，重大事项要及时向国务院请示报告。

（四）总结推广可复制的试点经验。

自贸试验区要及时总结改革创新经验和成果。国务院自由贸易试验区工作部际联席会议办公室要会同重庆市人民政府及有关部门，及时总结评估自贸试验区改革开放创新试点任务实施效果，加强各领域试点经验系统集成，并委托第三方机构进行独立评估。对试点效果好、风险可控且可复制可推广的成果，实施分类审查程序后复制推广至全国其他地区。

国务院关于印发中国（四川）自由贸易试验区总体方案的通知

（2017年3月15日　国发〔2017〕20号）

现将《中国（四川）自由贸易试验区总体方案》印发给你们，请认真贯彻执行。

中国(四川)自由贸易试验区总体方案

建立中国(四川)自由贸易试验区(以下简称自贸试验区)是党中央、国务院作出的重大决策,是新形势下全面深化改革、扩大开放和深入推进西部大开发、长江经济带发展的重大举措。为全面有效推进自贸试验区建设,制定本方案。

一、总体要求

(一)指导思想。

全面贯彻党的十八大和十八届三中、四中、五中、六中全会精神,深入贯彻习近平总书记系列重要讲话精神和治国理政新理念新思想新战略,认真落实党中央、国务院决策部署,统筹推进"五位一体"总体布局和协调推进"四个全面"战略布局,坚持稳中求进工作总基调,牢固树立和贯彻落实创新、协调、绿色、开放、共享的发展理念,进一步解放思想、先行先试,以开放促改革、促发展,以推进供给侧结构性改革为主线,积极培育内陆地区参与国际经济合作竞争新优势,全力打造区域协调发展新引擎,为全面深化改革和扩大开放探索新途径、积累新经验,发挥示范带动、服务全国的积极作用。

(二)战略定位。

以制度创新为核心,以可复制可推广为基本要求,立足内陆、承东启西,服务全国、面向世界,将自贸试验区建设成为西部门户城市开发开放引领区、内陆开放战略支撑带先导区、国际开放通道枢纽区、内陆开放型经济新高地、内陆与沿海沿边沿江协同开放示范区。

(三)发展目标。

经过三至五年改革探索,力争建成法治环境规范、投资贸易便利、创新要素集聚、监管高效便捷、协同开放效果显著的高水平高标准自由贸易园区,在打造内陆开放型经济高地、深入推进西部大开发和长江经济带发展中发挥示范作用。

二、区位布局

(一)实施范围。

自贸试验区的实施范围 119.99 平方公里,涵盖三个片区:成都天府新区片区 90.32 平方公里(含成都高新综合保税区区块四〔双流园区〕4 平方公里、成都空港保税物流中心〔B 型〕0.09 平方公里),成都青白江铁路港片区 9.68 平方公里(含成都铁路保税物流中心〔B 型〕0.18 平方公里),川南临港片区

19.99平方公里(含泸州港保税物流中心〔B型〕0.21平方公里)。

自贸试验区土地开发利用须遵守土地利用、环境保护、城乡规划法律法规,符合土地利用总体规划,并符合节约集约用地的有关要求。

(二)功能划分。

按区域布局划分,成都天府新区片区重点发展现代服务业、高端制造业、高新技术、临空经济、口岸服务等产业,建设国家重要的现代高端产业集聚区、创新驱动发展引领区、开放型金融产业创新高地、商贸物流中心和国际性航空枢纽,打造西部地区门户城市开放高地;成都青白江铁路港片区重点发展国际商品集散转运、分拨展示、保税物流仓储、国际货代、整车进口、特色金融等口岸服务业和信息服务、科技服务、会展服务等现代服务业,打造内陆地区联通丝绸之路经济带的西向国际贸易大通道重要支点;川南临港片区重点发展航运物流、港口贸易、教育医疗等现代服务业,以及装备制造、现代医药、食品饮料等先进制造和特色优势产业,建设成为重要区域性综合交通枢纽和成渝城市群南向开放、辐射滇黔的重要门户。

按海关监管方式划分,自贸试验区内的海关特殊监管区域重点探索以贸易便利化为主要内容的制度创新,开展保税加工、保税物流、保税服务等业务;非海关特殊监管区域重点探索投资、金融、创新创业等制度改革,完善事中事后监管,积极发展现代服务业和高端制造业。

三、主要任务和措施

(一)切实转变政府职能。

1. 推进简政放权。按照权责一致原则,建立行政权责清单制度,明确政府职能边界。深化政府机构改革,探索设立法定机构,推进相关政府机构从直接提供公共服务转变为通过合同管理交由第三方机构提供。深化行政审批制度改革,最大限度取消行政审批事项。推进行政审批标准化、信息化建设,探索全程电子化登记、电子营业执照管理。放宽企业名称表述限制,开放企业名称数据库,推行企业名称自主申报、网上核准,完善企业名称争议纠纷处理机制。放宽企业住所登记条件,探索以邮政通信地址作为企业住所的登记方式。建立"一窗受理、协同审批"的"一站式"高效服务模式,建设市场准入统一平台,实现多部门信息共享和协同管理。依托"互联网+税务",创新税收征管服务。

2. 构建事中事后监管体系。推进统一社会信用代码制度建设和部门间数据交换共享,建设公共信用信息目录和运用清单。完善社会信用体系,推动各部门间依法履职信息的联通和共享。健全守信激励和失信惩戒机制。建立企业网上信用承诺制度。政府部门加强对第三方企业信用征信、评估机构开展企业登记评价工作的引导和监督检查。规范开放征信服务，为公民、企业、社会组织、司法部门、政府机构提供信用查询等服务。在监管、执法等方面全面推行"双随机"抽查监管机制。完善行业监管制度和资格审查制度，进一步规范开展文化、教育、信息服务的内容审查。构建事前提醒告知、轻微违法约谈与告诫、严重违法依法处置的"三段式"监管方式。建立健全律师、公证员、司法鉴定人员等法律服务工作者诚信执业制度、违法违规执业惩戒制度。

3. 优化法治环境。建立统一集中的综合行政执法体系，相对集中执法权，建设网上执法办案系统，建设联勤联动指挥平台。建立健全国际仲裁、商事调解机制。对标高标准国际规则，强化企业责任，完善工资支付保障机制，建立工作环境损害监督等制度，严格执行环境保护法规和标准，探索开展出口产品低碳认证。配合商务部开展经营者集中反垄断审查。建立健全廉洁监督机制。开展知识产权综合管理改革试点。紧扣创新发展需求，发挥专利、商标、版权等知识产权的引领作用，打通知识产权创造、运用、保护、管理、服务全链条，建立高效的知识产权综合管理体制，构建便民利民的知识产权公共服务体系，探索支撑创新发展的知识产权运行机制，推动形成权界清晰、分工合理、责权一致、运转高效、法治保障的体制机制。探索建立自贸试验区跨部门知识产权执法协作机制，完善纠纷调解、援助、仲裁工作机制。

4. 建设多方参与的社会治理新体系。健全依法决策机制，明确重大行政决策的范围和标准，把专家咨询、社会听证、第三方评估作为重大行政决策必经程序，建立决策问责和纠错机制。建立行政咨询体系，成立由专业人士组成的专业咨询委员会，为自贸试验区发展提供咨询。编制向社会组织转移职能目录，将由政府部门承担的资产评估、鉴定、认证、检验检测等逐步交由专业服务机构承担。

（二）统筹双向投资合作。

5. 提升利用外资水平。对外商投资实行准入前国民待遇加负面清单管理制度，着力构建与负面清单管理方式相适应的事中事后监管制度。外商投资准入特别管理措施（负面清单）之外领域的外商投资项目（国务院规定对国内投资项目保留核准的除外）和外商投资企业设立及变更实行备案制，由自贸试验区负责办理。进一步减少或取消外商投资准入限制，提高开放度和透明度，做好对外开放的压力测试和风险测试。允许在自贸试验区内注册的符合条件的中外合资旅行社，从事除台湾地区以外的出境旅游业务；鼓励外资企业通过多种形式参与投资医疗服务业；鼓励外资发展"互联网＋"健康服务。积极有效引进境外资金、先进技术和高端人才，提升利用外资综合质量。外商在自贸试验区投资适用《自由贸易试验区外商投资准入特别管理措施（负面清单)》和《自由贸易试验区外商投资国家安全审查试行办法》。探索强化外商投资实际控制人管理,建立外商投资信息报告制度和外商投资信息公示平台,充分发挥国家企业信用信息公示系统作用,提升外商投资全周期监管的科学性、规范性和透明度。完善投资者权益保障机制,允许符合条件的境外投资者自由转移其投资收益。

6. *构筑对外投资服务促进体系*。实施对外投资管理体制改革,确立企业对外投资主体地位,支持企业开展多种形式的境外投资合作,在法律法规规定的范围内,允许自担风险到境外自由承揽项目。建立对外投资合作“一站式”服务平台。加强境外投资事后管理和服务,完善境外资产和人员安全风险预警和应急保障体系。依托港澳在金融服务、信息资讯、国际贸易网络、风险管理等方面的优势,将自贸试验区建设成为企业“走出去”的窗口和综合服务平台。

7. *创新国际产能合作*。对一般性境外投资项目和设立企业实行备案制。为企业对外投资提供高效优质的金融支持和服务保障。鼓励地方政府引入社会资本在自贸试验区内设立境内机构投资者投资基金和境外合作基金。提高办理境外资产评估和抵押处置手续便利化程度。探索开展知识产权、股权、探矿权、采矿权、应收账款、订单、出口退税等抵质押融资业务。推动企业用好“内保外贷”等政策,开展企业“走出去”综合性金融创新服务。加快“中国标准”国际化推广,积极开展与主要贸易国别标准的比对,推动认证认可结果与主要贸易投资合作国家(地区)双向互认。加强与港澳在项目对接、投资拓展、信息交流、人才培训等方面交流合作,共同赴境外开展基础设施建设和能源资源等合作。

8. *深化园区国际合作*。坚持引资、引智、引技与优势产业、产品、技术及服务“走出去”相结合,围绕产业合作、科技创新、中小企业合作、职业教育、新型城镇化等领域合作发展,采取“平台+园区”、“政府+机构+企业”的共享开放合作模式,支持在自贸试验区内建设国别产业合作园区,推进创新创业、产业升级。探索建立土地节约集约利用新模式,自贸试验区内土地可以按不同功能用途混合利用,允许同一地块或同一建筑兼容多种功能,产业用地实行弹性年期供应,根据产业政策和项目类别可采取先租后让、差异化年期出让等供地措施。

9. *深化国有企业改革*。坚持市场化导向,进一步完善自贸试验区内国有企业现代企业制度,建立健全长效激励约束机制,提升国有资本监管的针对性和有效性。设立国有资本运营平台,提升资本运营能力和水平。鼓励国有企业依托自贸试验区探索创新发展新路径。进一步推进自贸试验区内国有企业产权多元化改革，稳妥发展混合所有制经济。探索国家铁路运输企业、国家铁路控股合资铁路公司与地方政府合作参与成都国际铁路港运营管理，推动铁路资源有效整合。

（三）推动贸易便利化。

10. 加快服务贸易创新发展。加快推进服务贸易创新发展试点，积极探索服务贸易发展新模式，建立完善服务贸易公共服务体系和贸易促进平台。重点推进与欧洲地区在产业人才合作、企业对接联动、项目载体共建、商务环境优化等领域的深入合作，提升对欧服务贸易水平。加快发展技术创新和商业模式创新相融合的新兴服务贸易和技术贸易。在海关特殊监管区域内不断拓展保税维修、检测、研发等业务。对注册在自贸试验区海关特殊监管区域内的融资租赁企业进出口飞机、船舶、海洋工程结构物等大型结构设备涉及跨关区的，在确保有效监管和执行现行相关税收政策的前提下，按物流实际需要，实行海关异地委托监管。在环境风险可控的前提下，支持在海关特殊监管区域内开展航空发动机等高技术含量、高附加值商品境内外维修业务试点。鼓励发展动漫创意、信息管理、数据处理、供应链管理等服务外包产业。搭建便利化的知识产权公共服务平台，设立知识产权服务工作站，大力发展知识产权专业服务业。探索建立自贸试验区重点产业专利导航制度和重点产业快速协同保护机制。依托现有交易场所开展知识产权跨境交易，推动建立市场化运作的知识产权质物处置机制。支持和鼓励商标品牌服务机构在品牌设计、价值评估、注册代理、法律服务等方面不断提升服务水平。扩大对外文化贸易和版权贸易。深化艺术品交易市场功能拓展，支持在海关特殊监管区域（保税监管场所）内开展艺术品保税业务，为境内外艺术品生产、物流、仓储、展示和交易提供服务，对从境外进入海关特殊监管区域（保税监管场所）的文化产品，除法律、行政法规和规章另有规定的外，不实行许可证管理。创新文化服务海外推广模式，支持发展以传统手工技艺、武术、戏曲、民族音乐和舞蹈等为代表的非物质文化遗产与旅游、会展、品牌授权相结合的开发模式，鼓励广播影视、新闻出版等企业以项目合作方式进入国际市场，试点国外巡演的商业化运作。大力发展中医药服务贸易，建立四川省中医药服务及贸易大平台，积极与境外开展中药材种植、研发等合作，鼓励开展中医药国际健康旅游线路建设，扩大国际市场。允许境外服务提供者以跨境交付形式提供管理培训、咨询服务。

11. 促进服务要素自由流动。为服务贸易专业人才出入境提供便利。研究制定自贸试验区外籍高层次人才认定办法，落实人才签证实施细则，明确外国人才申请和取得人才签证的标准条件和办理程序。对外籍高层次人才开辟绿色通道、简化手续，为高层次人才入出境、工作、在华停居留提供便利。允许获得硕士及以上学位的优秀外国留学生毕业后直接在自贸试验区工作。提供有针对性的指导服务和语言学习机会，多形式多渠道帮助外国人才更好地融入中国社会。创新建设国际社区，探索外籍人士参与社区治理模式。

12. 助推外贸转型升级。在执行现行税收政策的前提下，允许在自贸试验区非海关特殊监管区域内依托现有交易场所开展大宗商品交易。完善进口商品网络零售和进出口分拨物流体系。探索中欧班列（成都）邮（快）件运输，推动跨境电子商务发展。探索建立适应跨境电商贸易特点的检验检疫监管机制。在严格执行货物进出口税收政策前提下，允许在海关特殊监管区域内设立保税展示交易平台。在海关特殊监管区域内推动保税售后维修业务升级，构建"全球市场销售、本地运营结算"的新型外贸业态新模式。

13. 创新口岸服务机制。加大对口岸和场站公共服务的政策和资金支持。制定口岸作业、报关报检、查验等环节的工作和服务标准。创新税收担保模式，推行涉税担保信息化管理，支持符合条件的涉税担保业务适用总担保制度。建设完善四川电子口岸，依托电子口岸公共平台建设国际贸易"单一窗口"，实现口岸服务一体化。推动口岸监管部门信息互换、监管互认、执法互助。推进企业运营信息与监管系统对接，鼓励企业参与"自主报税、自助通关、自动审放、重点稽核"等监管制度创新试点。创新自贸试验区国际会展检验检疫监管模式。探索检验检疫证书国际联网核查机制。支持自贸试验区与"一带一路"沿线国家开展海关、检验检疫、认证认可、标准计量等方面的合作与交流，探索与"一带一路"沿线国家开展贸易供应链安全与便利合作。

14. 优化监管通关流程。实施24小时预约通关服务，建立进出口货物口岸放行时间评价体系。健全与跨境电子商务、进口特殊商品指定口岸、外贸综合服务发展相适应的通关管理机制。积极推动实施一体化通关。积极推进无纸化申报、无纸化放行，探索施检过程无纸化。在确保有效监管前提下，鼓励口岸监管部门优化查验机制。建设空、铁、公、水多式联运物流监管中心，多方联网共享物流全程信息，实现多式联运货物"单一窗口"办理。深化保税货物流转模式改革。对资信良好、管理规范、符合海关监管要求的企业，探索实施自动备案、自核单耗和自主核报。试行企业"主动披露"制度，对企业主动报告海关未发现的违规事项，可依法视情从轻、减轻或不予行政处罚。在确保有效监管前提下，在海关特殊监管区域探索建立货物状态分类监管模式。支持区外法人企业依法在海关特殊监管区域（保税监管场所）内设立分支机构。加强与深圳、珠海等口岸机构的沟通与合作，全面实现供港澳蔬菜出口直放。

（四）深化金融领域改革创新。

15. 促进跨境投融资便利化。探索建立与自贸试验区相适应的本外币账户管理体系，促进跨境贸易、投融资结算便利化。鼓励允许自贸试验区内法人金融机构和企业按照有关规定在境外发行人民币和外币债券，所筹资金可根据需要调回自贸试验区内使用。支持符合条件的企业参与跨国公司总部外汇资金集中运营管理和跨境双向人民币资金池业务。支持跨国公司成立全球或区域结算中心。研究探索自贸试验区内银行业金融机构在依法合规、风险可控的前提下，向境外销售人民币理财产品、开展人民币项下跨境担保等业务。允许自贸试验区内符合条件的金融机构和企业按照规定开展境外证券投资业务。

16. 增强金融服务功能。在符合现行法律法规及政策导向的前提下，支持在自贸试验区内设立银行、证券、保险等金融机构。支持外资银行和中外合资银行在自贸试验区内设立营业性机构，发挥外资银行跨境业务的网络平台优势，为跨境企业提供综合金融服务。支持银行业金融机构与已获相应业务许可资质的非银行支付机构合作开展企业和个人跨境货物贸易、服务贸易人民币结算服务。加快发展金融 IC 卡（芯片银行卡）和移动金融，打造金融 IC 卡无障碍示范区。优化境外银行卡刷卡消费环境。支持在自贸试验区内设立货币兑换、征信等专业化机构。支持符合条件的自贸试验区内机构按照规定投资境内外证券市场。支持股权托管交易机构在自贸试验区内建立综合金融服务平台。依托现有交易场所开展长江上游生产要素国际交易业务以及粮食、矿石和建筑材料等大宗商品现货交易业务。支持设立健康、科技、养老等专业保险机构。支持注册在自贸试验区内的法人寿险机构创新发展。支持自贸试验区内保险机构大力开展跨境人民币再保险。鼓励各类保险机构在自贸试验区创新特殊风险分散机制，开展特殊风险保险业务。鼓励保险公司创新保险产品，不断拓展责任保险服务领域。建立完善巨灾保险制度。支持专业性保险中介机构等服务机构以及从事再保险业务的社会组织和个人在自贸试验区依法开展相关业务，为保险业发展提供专业技术配套服务。探索与“一带一路”沿线国家的金融合作。支持符合条件的“一带一路”沿线国家的金融机构在自贸试验区以人民币进行新设、增资或参股自贸试验区金融机构等直接投资活动。进一步简化经常项目外汇收支手续，在真实、合法交易基础上，自贸试验区内货物贸易外汇管理分类等级为 A 类企业的外汇收入无需开立待核查账户。银行按照“了解客户、了解业务、尽职审查”的展业三原则办理经常项目收结汇、购付汇手续。

17. 发展新兴金融业态。积极引进设立各类金融总部、专业子公司、区域总部等机构。支持民营资本依法合规进入金融业,依法设立财务公司、汽车金融公司和消费金融公司等金融机构,支持符合条件的境内纯中资民营企业发起设立民营银行。地方可结合实际试点设立地方资产管理公司和并购基金等。研究探索自贸试验区内金融机构在依法合规、风险可控的前提下,依托各类跨境投融资工具,研发跨市场投资理财产品。支持自贸试验区发展科技金融,按照国务院统一部署,积极争取纳入投贷联动试点,促进创业创新。鼓励通过社会资本设立融资担保基金,缓解中小微企业融资难。支持符合条件的内地和港澳台机构在自贸试验区设立金融租赁公司、融资租赁公司,鼓励在飞机、船舶及其零部件、机器人、农机、医疗设备及基础设施等领域开展业务,支持其在符合相关规定前提下,设立项目公司开展境内外融资租赁业务。支持在海关特殊监管区域内开展飞机融资租赁。允许自贸试验区内符合条件的融资租赁业务收取外币租金。进一步推进内资融资租赁企业试点,注册在自贸试验区内的内资融资租赁试点企业由自贸试验区所在省级商务主管部门和同级国家税务局审核;加强事中事后监管,探索建立融资租赁企业设立和变更的备案制度、违反行业管理规定的处罚制度、失信和经营异常企业公示制度、属地监管部门对企业定期抽查检查制度。支持租赁业境外融资,鼓励各类租赁公司扩大跨境人民币资金使用范围。鼓励国内期货交易所在自贸试验区的海关特殊监管区域内开展期货保税交易、仓单质押融资等业务。支持证券业经营机构在自贸试验区内依法设立分支机构或专业子公司。支持商业保理业务发展,探索适合商业保理业务发展的监管模式。

18. 探索创新金融监管机制。探索建立与自贸试验区相适应的新型风险监管体系。落实风险为本的原则,探索建立跨境资金流动风险监管机制,强化开展反洗钱、反恐怖融资、反逃税工作,防止非法资金跨境、跨区流动。鼓励金融行业协会、自律组织独立或者联合依法开展专业调解,建立调解与仲裁、诉讼的对接机制,加大对金融消费者维权的支持力度。支持建立健全金融消费者教育服务体系,积极创新自贸试验区特色多元化金融消费者教育产品和方式。

(五)实施内陆与沿海沿边沿江协同开放战略。

19. 增强产业辐射带动能力。探索形成有利于高端制造业和现代服务业向自贸试验区集聚集群发展的体制机制。探索自贸试验区与周边地区产业合作新路径,促进区域产业合理布局、优势互补、错位发展。促进研发设计、生产销售和物流配送等环节协同配合。建立市场化运作的产业基金,建立产业协作发展和收益分享机制。发挥川酒优势,在自贸试验区内探索白酒产销体制创新。深化中国国际酒业博览会功能,依托现有交易场所开展国际性酒类产品展示、投资、技术等交易，打造中国白酒创新创业集聚地。依法合规开展大宗商品现货交易，加快推进大宗商品现货市场发展，强化监管、创新制度、探索经验。推动西部地区区域金融合作，依托现有交易场所在西部地区开展产权、技术、排污权、碳排放权等交易。鼓励企业跨区域兼并重组，在基础设施、公共设施建设运营领域，推广政府和社会资本合作等投融资模式。构建自贸试验区与陕滇黔渝藏等西部地区、东部发达地区和长江经济带的国家级开发区协同合作机制，探索共建产业合作园区。探索自贸试验区与其他长江经济带自贸试验区协同开放机制，实现成果共享、监管互认、业务互通。积极承接东部地区优势产业转移，着力打造与东部产业配套协作的高端制造业、现代服务业和临港产业基地。

20. 畅通国际开放通道。依托双流航空枢纽、成都国际铁路港、川南临港口岸，构建与"一带一路"沿线相关国家和长江经济带空、铁、公、水联运的综合物流服务体系。支持成都国际铁路港建设国家对外开放口岸，依托中欧班列（成都）等打造国际铁路运输重要枢纽，推进与泛欧泛亚国家（地区）枢纽城市的互联互通。积极探索与"一带一路"沿线国家相关机构在运输安全、环境保护、通关查验等方面建立合作机制。加快推进国际航空枢纽建设，大力发展临空经济。支持国际航班代码共享，鼓励符合条件的航空公司新开、加密、优化国际（地区）国内航线。构建国际（地区）国内有效衔接、相互支撑的航线网络和航班时刻分配机制。允许设立符合条件的全货运基地航空公司。优化多种运输方式衔接、中转流程，完善多式联运标准和服务规则，探索与沿海沿边沿江重要枢纽城市高效联运新模式，加速构建集高铁、地铁、城际铁路、高速公路于一体的综合交通体系，建设中欧陆空联运基地。推进内陆地区国际多式联运示范建设，试点签发具备物权凭证性质的多式联运提单，探索多式联运"一单制"。在交通运输领域，完善快件处理设施和绿色通道。加快发展快递等现代物流业。

21. 打造沿江开放口岸。支持川南临港片区设立国家对外开放口岸，加快建设高等级航道，促进与长江主要港口的协同开放合作。打造长江口岸现代航运服务系统，推进水运口岸"单一窗口"试点。支持开展内外贸同船运输、国轮捎带业务。大力发展船舶交易、航运物流信息、船员培训、船舶维修等航运服务业。创新长江船舶登记制度，优化船舶运营、检验与登记业务流程，简化入区申报手续，试行电子数据自动填报，加快智能物流网络建设。推进与沿海沿江口岸信息对接互联。大力发展长江航运金融服务，探索组建专业化地方法人航运保险机构，鼓励境内外航运服务中介机构设立营业机构。

（六）激活创新创业要素。

22. 优化创新创业制度环境。建立完善技术类无形资产交易制度，制定技术类国有无形资产管理办法。加强国际科技合作平台建设。在海关特殊监管区域内创新企业研发进口设备及材料监管模式，降低企业研发成本。

23. 创新科技金融服务机制。建立科技企业信用评价体系和标准，引导金融机构探索完善科技企业信用风险管理机制。引导境内外资本为创新创业项目提供投融资支持，拓宽创新创业项目境外融资渠道。

24. 整合全球创新创业要素。加强与发达国家（地区）在高端技术、重点技术领域的联合研究和技术引进。引导国内外知名孵化机构和优秀平台运营团队参与构建“众创空间—孵化器—加速器—产业园”全链条创新创业体系。探索本土高校自主扩大海外留学生招生规模，与国外高校合作开展学科建设。开展海外人才离岸创新创业试点，完善创新创业人才社会服务机制。

四、保障机制

（一）强化法制保障。

自贸试验区需要暂时调整实施有关行政法规、国务院文件和经国务院批准的部门规章的部分规定的，按规定程序办理。各有关部门要支持自贸试验区在各领域深化改革开放试点、加大压力测试、加强监管、防控风险，做好与相关法律立改废释的衔接，及时解决试点过程中的制度保障问题。四川省要通过地方立法，建立与试点要求相适应的自贸试验区管理制度。

（二）完善配套税收政策。

落实现有相关税收政策，充分发挥现有政策的支持促进作用。中国（上海）自由贸易试验区、中国（广东）自由贸易试验区、中国（天津）自由贸易试验区和中国（福建）自由贸易试验区已经试点的税收政策原则上可在自贸试验区进行试点，其中，促进贸易的选择性征收关税、其他相关进出口税收等政策在自贸试验区内的海关特殊监管区域进行试点。自贸试验区内的海关特殊监管区域范围和税收政策适用范围维持不变。此外，在符合税制改革方向和国际惯例，以及不导致利润转移和税基侵蚀的前提下，积极研究完善境外所得税收抵免的税收政策。

（三）加强组织实施。

按照党中央、国务院统一部署，在国务院自由贸易试验区工作部际联席会议统筹协调下，由四川省完善试点任务组织实施保障机制，按照总体筹划、分步实施、率先突破、逐步完善的原则加快实施。按照既有利于整体推进自贸试验区建设，又有利于发挥各片区积极性的原则，建立精简高效、统筹协调的自贸试验区管理体系。各有关部门要大力支持，及时制定实施细则或办法，加强指导和服务,共同推进相关体制机制创新,把自贸试验区建设好、管理好。在实施过程中,要创新思路、寻找规律、解决问题、积累经验;要充分发挥地方和部门的积极性,因地制宜、突出特色,做好对比试验和互补试验;要抓好改革措施的落实,重大事项要及时向国务院请示报告。

(四)总结推广可复制的试点经验。

自贸试验区要及时总结改革创新经验和成果。国务院自由贸易试验区工作部际联席会议办公室要会同四川省人民政府及有关部门,及时总结评估自贸试验区改革开放创新试点任务实施效果,加强各领域试点经验系统集成,并委托第三方机构进行独立评估。对试点效果好、风险可控且可复制可推广的成果,实施分类审查程序后复制推广至全国其他地区。

国务院关于印发中国(陕西)自由贸易试验区总体方案的通知

(2017 年 3 月 15 日　国发〔2017〕21 号)

现将《中国(陕西)自由贸易试验区总体方案》印发给你们,请认真贯彻执行。

中国(陕西)自由贸易试验区总体方案

建立中国(陕西)自由贸易试验区(以下简称自贸试验区)是党中央、国务院作出的重大决策,是新形势下全面深化改革、扩大开放和加快推进"一带一路"建设、深入推进西部大开发的重大举措。为全面有效推进自贸试验区建设,制定本方案。

一、总体要求

(一)指导思想。

全面贯彻党的十八大和十八届三中、四中、五中、六中全会精神,深入贯彻习近平总书记系列重要讲话精神和治国理政新理念新思想新战略,认真落实党中央、国务院决策部署,统筹推进"五位一体"总体布局和协调推进"四个全面"战略布局,坚持稳中求进工作总基调,牢固树立和贯彻落实创新、协调、绿色、开放、共享的发展理念，进一步解放思想、先行先试，以开放促改革、促发展，立足于推进“一带一路”建设和西部大开发，为全面深化改革和扩大开放探索新途径、积累新经验，发挥示范带动、服务全国的积极作用。

（二）战略定位。

以制度创新为核心，以可复制可推广为基本要求，全面落实党中央、国务院关于更好发挥“一带一路”建设对西部大开发带动作用、加大西部地区门户城市开放力度的要求，努力将自贸试验区建设成为全面改革开放试验田、内陆型改革开放新高地、“一带一路”经济合作和人文交流重要支点。

（三）发展目标。

经过三至五年改革探索，形成与国际投资贸易通行规则相衔接的制度创新体系，营造法治化、国际化、便利化的营商环境，努力建成投资贸易便利、高端产业聚集、金融服务完善、人文交流深入、监管高效便捷、法治环境规范的高水平高标准自由贸易园区，推动“一带一路”建设和西部大开发战略的深入实施。

二、区位布局

（一）实施范围。

自贸试验区的实施范围119.95平方公里，涵盖三个片区：中心片区87.76平方公里（含陕西西安出口加工区A区0.75平方公里、B区0.79平方公里，西安高新综合保税区3.64平方公里和陕西西咸保税物流中心〔B型〕0.36平方公里），西安国际港务区片区26.43平方公里（含西安综合保税区6.17平方公里），杨凌示范区片区5.76平方公里。

自贸试验区土地开发利用须遵守土地利用、环境保护、城乡规划法律法规，符合土地利用总体规划，并符合节约集约用地的有关要求。

（二）功能划分。

按区域布局划分，自贸试验区中心片区重点发展战略性新兴产业和高新技术产业，着力发展高端制造、航空物流、贸易金融等产业，推进服务贸易促进体系建设，拓展科技、教育、文化、旅游、健康医疗等人文交流的深度和广度，打造面向“一带一路”的高端产业高地和人文交流高地；西安国际港务区片区重点发展国际贸易、现代物流、金融服务、旅游会展、电子商务等产业，建设“一带一路”国际中转内陆枢纽港、开放型金融产业创新高地及欧亚贸易和人文交流合作新平台；杨凌示范区片区以农业科技创新、示范推广为重点，通过全面扩大农业领域国际合作交流，打造“一带一路”现代农业国际合作中心。

按海关监管方式划分，自贸试验区内的海关特殊监管区域重点探索以贸易便利化为主要内容的制度创新，开展保税加工、保税物流、保税服务等业务；

非海关特殊监管区域重点探索投资体制改革,创新内陆地区开放发展机制,完善事中事后监管,推动金融制度创新,积极发展现代服务业和先进制造业。

三、主要任务和措施

(一)切实转变政府职能。

1. 改革创新政府管理方式。按照法治化、国际化、便利化的要求,积极探索建立与国际高标准投资和贸易规则体系相适应的行政管理体系,推动政府管理由注重事前审批转为注重事中事后监管。深化商事制度改革。实施“多证合一”综合审批服务运行模式,建立“一口受理、并联审批”工作机制。推动税收服务创新,包括一窗国地办税、一厅自助办理、培训辅导点单、缴纳方式多元、业务自主预约、税银信息互动、税收遵从合作、创新网上服务等举措。打造事前诚信承诺、事中评估分类、事后联动奖惩的全链条信用监管体系。完善社会信用体系,推动各部门间依法履职信息的联通和共享。健全守信激励和失信惩戒机制。配合商务部开展经营者集中反垄断审查。建立优质、高效、便捷的法律服务体系,建设网上法律服务平台,为自贸试验区内企业提供律师、公证、司法鉴定等综合性法律服务。推动与“一带一路”沿线国家执法联络网络建设。

2. 开展知识产权综合管理改革试点。紧扣创新发展需求,发挥专利、商标、版权等知识产权的引领作用,打通知识产权创造、运用、保护、管理、服务全链条,建立高效的知识产权综合管理体制,构建便民利民的知识产权公共服务体系,探索支撑创新发展的知识产权运行机制,推动形成权界清晰、分工合理、责权一致、运转高效、法治保障的体制机制。探索建立自贸试验区跨部门知识产权执法协作机制,完善纠纷调解、援助、仲裁工作机制。探索建立重点产业快速协同保护机制。

(二)深化投资领域改革。

3. 提升利用外资水平。对外商投资实行准入前国民待遇加负面清单管理制度,着力构建与负面清单管理方式相适应的事中事后监管制度。外商投资准入特别管理措施(负面清单)之外领域的外商投资项目(国务院规定对国内投资项目保留核准的除外)和外商投资企业设立及变更实行备案制,由自贸试验区负责办理。进一步减少或取消外商投资准入限制,提高开放度和透明度,做好对外开放的压力测试和风险测试。鼓励外资更多投向高端装备制造、新一代信息技术、新材料、生物医药等先进制造业领域。鼓励跨国公司在自贸试验区设立地区总部、研发中心、销售中心、物流中心和结算中心。积极有效引进境外资金、先进技术和高端人才,提升利用外资综合质量。外商在自贸试验区内投资适用《自由贸易试验区外商投资准入特别管理措施(负面清单)》和《自由贸易试验区外商投资国家安全审查试行办法》。探索强化外商投资实际控制人管理,建立外商投资信息报告制度和外商投资信息公示平台,充分发挥国家企业信用信息公示系统作用,提升外商投资全周期监管的科学性、规范性和透明度。完善投资者权益保障机制,允许符合条件的境外投资者自由转移其投资收益。

4. 构建对外投资促进体系。将自贸试验区建设成为企业"走出去"的窗口和综合服务平台。对一般境外投资项目和设立企业实行备案制,属省级管理权限的,由自贸试验区负责备案管理。确立企业对外投资主体地位,支持企业开展多种形式的对外直接投资。建立对外投资合作"一站式"服务平台。加强境外投资事中事后监管和服务,完善境外资产和人员安全风险防范和应急保障体系。

(三)推动贸易转型升级。

5. 拓展新型贸易方式。积极培育贸易新型业态和功能,形成以技术、品牌、质量、服务为核心的外贸竞争新优势。鼓励企业统筹开展国际国内贸易,实现内外贸一体化发展。支持进口先进技术和资源类商品。扶持和培育外贸综合服务企业,为中小企业提供通关、融资、退税、保险等服务。

探索创新服务贸易发展模式,扩大服务贸易双向开放。建立以政府部门"服务清单"制度为核心的服务贸易服务体系,建立一批具有项目对接、海外市场拓展、技术共享等功能的服务贸易公共服务平台。大力发展生产性服务贸易,引导出口企业从生产型企业向生产服务型企业转变,推动金融、保险、物流、信息、研发设计等资本和技术密集型服务出口。推进企业依托海关特殊监管区域开展面向国内外市场的高技术、高附加值的检测维修等保税服务业务。巩固提高旅游、航空运输等传统服务业竞争力,大力促进文化艺术、数字出版、动漫游戏开发、软件开发测试、中医药、技术等服务贸易发展。打造服务外包产业集聚区,培育一批领头企业和国际品牌,提高服务外包产业国际竞争力。支持知识产权服务业集聚发展,完善挂牌竞价、交易、信息检索、政策咨询、价值评估等功能,推动知识产权跨境交易便利化。

6. 创新通关监管服务模式。不断探索海关监管和检验检疫制度创新,鼓励企业参与"自主报税、自助通关、自动审放、重点稽核"等监管制度创新试点。依托电子口岸公共平台,开展国际贸易"单一窗口"建设,完善货物进出口和运输工具进出境的应用功能,进一步优化口岸监管执法流程和通关流程,实现贸易许可、资质登记平台功能。将出口退税申报功能纳入"单一窗口"建设项目,将涉及贸易监管的部门逐步纳入"单一窗口"管理平台。

完善海关特殊监管区域功能。自贸试验区海关特殊监管区域内实施"一线放开”、“二线安全高效管住”的通关监管服务模式。在确保有效监管前提下，在海关特殊监管区域探索建立货物状态分类监管模式。对注册在自贸试验区海关特殊监管区域内的融资租赁企业进出口飞机、船舶等大型设备涉及跨关区的，在确保有效监管和执行现行相关税收政策的前提下，按物流实际需要，实行海关异地委托监管。在执行现行税收政策的前提下，提升超大超限货物的通关、运输、口岸服务等综合能力。在严格执行货物进出口税收政策的前提下，允许在自贸试验区内的海关特殊监管区域设立保税展示交易平台。加快形成贸易便利化创新举措的标准化制度规范，覆盖到所有符合条件的企业。

完善通关合作机制。开展货物通关、贸易统计、原产地证书核查、“经认证的经营者”互认、检验检测认证等方面合作，逐步实现信息互换、监管互认、执法互助。支持自贸试验区与“一带一路”沿线国家开展海关、检验检疫、认证认可、标准计量等方面的合作与交流，探索与“一带一路”沿线国家开展贸易供应链安全与便利合作。推进自贸试验区内各区域之间通关一体化。

（四）深化金融领域开放创新。

7. 推动金融制度创新。探索建立与自贸试验区相适应的本外币账户管理体系，促进跨境贸易、投融资便利化。推动人民币作为自贸试验区与“一带一路”沿线国家跨境贸易和投资计价、结算的主要货币。拓展跨境电子商务人民币结算。推行自贸试验区内跨国企业集团跨境双向人民币资金池业务。支持自贸试验区内符合互认条件的基金产品参与内地与香港基金产品互认。自贸试验区内银行可按有关规定发放境外项目人民币贷款。

支持自贸试验区内符合条件的企业按规定开展境外证券投资。支持开展人民币跨境再保险业务，培育发展再保险市场。大力发展自贸试验区国际航运、国际贸易等重点产业责任保险、信用保险、融资租赁保险。取消对自贸试验区内保险支公司高管人员任职资格的事前审批，由省级保监机构实施备案管理。支持商业保理业务发展，探索适合商业保理发展的外汇管理模式。

8. 增强金融服务功能。支持符合条件的“一带一路”沿线国家的金融机构在自贸试验区内以人民币直接投资设立或参股金融机构。支持符合条件的法人在自贸试验区内依法设立金融租赁公司、财务公司、汽车金融公司、消费金融公司等金融机构。支持符合条件的境内纯中资民营企业发起设立民营银行。支持全国性中资商业银行、陕西本地银行、符合条件的外资银行在自贸试验区内新设分行或营业机构。允许外商投资在自贸试验区内新设一家合资证券公司。进一步推进内资融资租赁企业试点，注册在自贸试验区内的内资融资租赁试点企业由自贸试验区所在省级商务主管部门和同级国家税务局审核；加强事中事后监管，探索建立融资租赁企业设立和变更的备案制度、违反行业管理规定的处罚制度、失信和经营异常企业公示制度、属地监管部门对企业定期抽查检查制度。

鼓励自贸试验区内银行业金融机构为能源、科技、文化、绿色环保等领域企业提供高效优质金融服务。放宽跨国公司外汇资金集中运营管理准入条件。进一步简化资金池管理,允许经银行审核真实、合法的电子单证办理经常项目集中收付汇、轧差净额结算业务。进一步简化经常项目外汇收支手续,在真实、合法交易基础上,自贸试验区内货物贸易外汇管理分类等级为A类企业的外汇收入无需开立待核查账户。银行按照"了解客户、了解业务、尽职审查"的展业三原则办理经常项目收结汇、购付汇手续。允许自贸试验区内符合条件的融资租赁业务收取外币租金。

允许外资股权投资管理机构、外资创业投资管理机构在自贸试验区内发起管理人民币股权投资和创业投资基金。地方可结合实际,引入社会资本在自贸试验区内设立多币种的产业股权投资基金、产业结构调整基金、创业投资基金和服务贸易创新发展引导基金,为符合产业导向的企业提供融资支持服务。鼓励金融机构创新金融产品和服务,为"轻资产"服务贸易企业提供融资便利。鼓励各类金融机构创新供应链融资、贸易融资等业务。

9. 建立健全金融风险防范体系。落实风险为本的原则,探索建立跨境资金流动风险监管机制,强化开展反洗钱、反恐怖融资、反逃税工作,防止非法资金跨境、跨区流动,切实防范开放环境下的金融风险。

(五)扩大与"一带一路"沿线国家经济合作。

10. 创新互联互通合作机制。健全政府对话、企业合作、民间互动的多层次、多领域合作机制。按照共商、共建、共享的原则,构筑全方位立体化开放大通道,建设"一带一路"交通、商贸、快递物流中心。创新航空港、陆港联动发展机制。完善集疏运体系,加密航线航班,增加国际货运航线航班。在自贸试验区内组建符合条件的本地货运航空公司,大力发展空港货运物流,打造国家航空运输枢纽。拓展西安陆路口岸铁路监管功能,推动国际中转集拼业务发展。提升中欧班列(西安)辐射能力,推动将中欧班列(西安)纳入中欧"安智贸"试点计划。深入发展多式联运,引进航运及国际船舶运输服务等经纪公司。引导多式联运企业联盟合作,在设施共享、单证统一、规则衔接、信息互联等方面先行先试。建设国际邮件互换局(交换站)。加快西安领事馆区建设。

11. 创新国际产能合作模式。系统推进与"一带一路"沿线国家产能合作机制建设。发挥金融对"一带一路"经济合作的推动作用,地方可根据实际需要,引入社会资本推动设立"走出去"发展引导基金。

推动合作园区建设。按照开放、共享的原则,加强境外经贸合作区、产业集聚区、农业合作区等建设，开启“两国双园”国际产能合作新模式。

打造绿色丝绸之路。制定鼓励绿色消费的经济政策，落实绿色产品认证制度，建立政府监督、企业自律、公众参与的环保监督机制。支持自贸试验区内的企业按照绿色低碳要求和循环经济理念设计发展战略、生产流程、营销模式、企业文化，打造绿色低碳企业集群和国家级绿色品牌企业。鼓励自贸试验区内绿色低碳龙头企业“走出去”，建设国际产能合作绿色产业园区。加强自贸试验区内重点产业知识产权海外布局和风险防控。

12. 创新现代农业交流合作机制。打造农业领域国际合作交流创新平台，积极推进国际旱作农业交流与合作，组建面向“一带一路”沿线国家的现代农业合作联盟和全球农业智库联盟，拓展在农业新技术、新品种、新业态以及节水农业、设施农业、农业装备制造等领域的国际合作。创立国家（杨凌）农业技术标准创新基地，承担农业技术标准的制定工作，提升“杨凌农科”品牌标准的国际化水平。创新中外农业高等教育和职业教育联合办学模式，开展面向“一带一路”沿线国家的援外农业技术培训。支持杨凌示范区片区加快建设国家现代农业国际创新园和“星创天地”。深化农业金融改革创新，允许引进符合条件的国外专业保险公司，开展涉农保险业务。支持建设“一带一路”现代农业国际合作中心。

（六）创建与“一带一路”沿线国家人文交流新模式。

13. 创新科技合作机制。建立健全政府间科技创新合作及对话机制。发挥企业创新主体作用，引导企业成为“一带一路”科技创新合作的投入、执行和收益主体，形成骨干企业先导带动、中小企业大规模参与的合作局面，并吸引社会力量参与。积极发现与“一带一路”沿线国家产业发展的契合点和共振点，引导各类创新主体在沿线国家共建创新平台，深化产学研合作，鼓励企业设立海外研发中心。发挥民间组织作用，鼓励通过青年交往、志愿者互派、学术往来与交流等方式，丰富民间科技交往内容，鼓励民间科技组织广泛开展各类科技公益活动。探索建设信息丝绸之路。以信息基础设施为载体，开辟以通信和互联网产业为抓手的新型国际贸易之路，推动“一带一路”信息文明的创新与传播。

14. 创新教育合作机制。拓展与“一带一路”沿线国家跨境教育合作空间，推动教育资源共享，建设智力丝绸之路。围绕“一带一路”建设需求，调整优化相关院校的学科及专业设置，推进面向“一带一路”沿线国家的教育培训基地建设。在自贸试验区设立国际汉唐学院和中国书法学院。允许获得硕士及以上学位的优秀外国留学生毕业后直接在自贸试验区工作，完善留学生实习居留、工作居留和创新创业奖励制度。

15. 创新文化交流合作机制。加强与“一带一路”沿线国家合作，构建全方位、多层次、宽领域的对外文化交流新格局。保护和传承中华老字号，大力推动中医药、中华传统餐饮、工艺美术等企业“走出去”。与“一带一路”沿线国家共同开展文物保护与考古研究工作，开展博物馆国际交流与合作，建设以丝绸之路文化为主题的智慧博物馆国际合作交流平台和历史文化研究交流平台。依托自贸试验区开展陕西文物国际展示、国际交流试点。鼓励社会资本以多种形式参与文化产业和文化园区建设。鼓励民营文化企业健康快速发展。加强对非物质文化遗产、民间文艺、传统知识的普查、保护和合理利用，振兴传统工艺，推进文化创意、设计服务与相关产业融合发展，打造“国风秦韵”等具有国际影响力的文化品牌。建设中影丝路国际电影城等一批文化产业项目，推出一批具有国际影响力的文化艺术精品。依托现有交易场所，在国家政策法规允许范围内开展文化艺术品交易业务。

发展对外文化贸易。积极推动文化产品和服务出口，减少对文化出口的行政审批事项。拓展艺术品交易市场功能。对完全针对国外外语市场开展出版业务的非公有制企业、中外合资企业给予特殊政策扶持。依托海关特殊监管区域政策功能，促进文化产业发展。加快西安国家数字出版基地、西安印刷包装产业基地建设，创建国家级出版物物流基地。开展文化产品跨境电子商务试点，依托现有交易场所开展文化产品跨境电子交易，鼓励文化企业借助电子商务等新型交易模式拓展国际业务。试点以政府和社会资本合作（PPP）等模式推动对外文化投资。加强文化知识产权保护。积极推进文化金融改革创新。

16. 创新旅游合作机制。深化旅游业资源开放、信息共享、行业监管、公共服务、旅游安全、标准化服务等方面的国际合作，提升旅游服务水平。允许在自贸试验区内注册的符合条件的中外合资旅行社，从事除台湾地区以外的出境旅游服务。吸引外商投资旅行社在自贸试验区内设立公司运营总部。积极与“一带一路”沿线国家签订旅游合作框架协议、旅游合作备忘录等整体性协议，合作举办国际旅游展会。推动中医药健康旅游发展。

17. 创新医疗卫生合作机制。发挥陕西医疗资源、医学教育、医学科研及区位优势，在卫生合作机制、重点传染病防控、重大慢性非传染性疾病防治、突发急性传染病防控与紧急医学救援、能力建设与人才培养、传统医药、卫生体制和政策、卫生发展援助、健康产业发展等重点领域，与“一带一路”沿线国家进行广泛合作。允许“一带一路”沿线国家与国内中医药服务机构在自贸试验区内投资中医理疗、康复、培训、宣传、国际推广等机构，搭建中医药健康养生国际综合服务平台。

（七）推动西部大开发战略深入实施。

18. 带动区域开放型经济发展。充分利用自贸试验区的载体和平台作用，在积极承接外向型产业转移的同时，将陕西的科技、产业优势向西部其他地区辐射。培育建设产业集群发展带，推动关中—天水、新疆天山北坡、呼包银榆等重点经济区域协同开放、一体发展，形成西部地区新增长极。联合西部地区相关省份开展多式联运，畅通沟通境内外、连接东中西的新亚欧大陆桥国际经济走廊。建立西部地区联合对外合作交流平台，以资源优势为重点，以资源加工工业为主体，强化国际国内交流，带动西部贫困地区、民族地区开放战略实施。加强区域口岸合作，推动陆港联动，实现口岸功能延伸，提升对外开放、公共卫生安全保障能力。推动检验检疫部门与地方卫生部门等加强联防联控合作，防止传染病跨境传播。

19. 推动区域创新发展。积极鼓励自贸试验区各科研院所与西部地区各类企业合作，推进协同创新。及时总结推广“双创”示范、系统推进全面创新改革及知识产权保护的经验，推动有条件的地区建设具有强大带动力的创新型城市和区域创新中心，培育一批知识产权试点示范城市和知识产权强市、强县。创新军民融合发展机制，建立军民成果双向转化“人才池”和“专利池”。建立重点产业专利导航工作机制，建设国家知识产权服务业聚集区。积极推动国家军民融合知识产权运营工作，依托国家知识产权运营军民融合特色试点平台，探索国防专利横向流通转化、国防专利解密与普通专利跟进保护有机衔接、普通专利参与军品研发生产等机制，促进军民科技成果共享共用。推动西部地区军民技术相互有效利用，开展军民两用技术联合攻关，推动产业化发展。

20. 促进区域产业转型升级。通过自贸试验区高端产业集聚，促进西部地区优化现代服务业、先进制造业和战略性新兴产业布局，创新区域经济合作模式。以产业链为纽带，促进西部地区在研发设计、生产销售和物流配送等环节的协同配合，支持西部地区企业通过跨区域兼并重组实现产业转型升级。

21. 构建服务区域发展的人才高地。率先在自贸试验区建立健全高层次人才评价机制、简化高层次人才评价认定程序、完善符合条件的外国籍高层次人才签证及居留政策等，推动境内外专业人才双向流动，为外国籍高层次人才来陕工作开辟绿色通道，简化手续，在出入境、工作、停居留等方面提供便利，积累经验并向西部地区推广。联合打造西部优质人才载体，提升西部地区高层次人才发展及创业创新平台建设水平。建设面向西部地区的高层次人才综合服务体系，大力发展人力资源服务业。

四、保障机制

（一）强化法制保障。

自贸试验区需要暂时调整实施有关行政法规、国务院文件和经国务院批准的部门规章的部分规定的，按规定程序办理。各有关部门要支持自贸试验区在各领域深化改革开放试点、加大压力测试、加强监管、防控风险，做好与相关法律立改废释的衔接，及时解决试点过程中的制度保障问题。陕西省要通过地方立法，建立与试点要求相适应的自贸试验区管理制度。

（二）完善配套税收政策。

落实现有相关税收政策，充分发挥现有政策的支撑促进作用。中国（上海）自由贸易试验区、中国（广东）自由贸易试验区、中国（天津）自由贸易试验区和中国（福建）自由贸易试验区已经试点的税收政策原则上可在自贸试验区进行试点，其中促进贸易的选择性征收关税、其他相关进出口税收等政策在自贸试验区内的海关特殊监管区域进行试点。自贸试验区内的海关特殊监管区域范围和税收政策适用范围维持不变。此外，在符合税制改革方向和国际惯例，以及不导致利润转移和税基侵蚀的前提下，积极研究完善境外所得税收抵免的税收政策。

（三）加强组织实施。

按照党中央、国务院统一部署，在国务院自由贸易试验区工作部际联席会议统筹协调下，由陕西省完善试点任务组织实施保障机制，按照总体筹划、分步实施、率先突破、逐步完善的原则加快实施；按照既有利于合力推进自贸试验区建设，又有利于各片区独立自主运作的原则，建立精简高效、统一管理、分级负责的自贸试验区管理体系。各有关部门要大力支持，及时制定实施细则或办法，加强指导和服务，共同推进相关体制机制创新，把自贸试验区建设好、管理好。在实施过程中，要创新思路、寻找规律、解决问题、积累经验；要充分发挥地方和部门的积极性，因地制宜、突出特色，做好对比试验和互补试验；要抓好改革措施的落实，重大事项要及时向国务院请示报告。

（四）总结推广可复制的试点经验。

自贸试验区要及时总结改革创新经验和成果。国务院自由贸易试验区工作部际联席会议办公室要会同陕西省人民政府及有关部门，及时总结评估自贸试验区改革开放创新试点任务实施效果，加强各领域试点经验系统集成，并委托第三方机构进行独立评估。对试点效果好、风险可控且可复制可推广的成果，实施分类审查程序后复制推广至全国其他地区。

国务院办公厅关于转发国家发展改革委住房城乡建设部生活垃圾分类制度实施方案的通知

（2017 年 3 月 18 日　国办发〔2017〕26 号）

国家发展改革委、住房城乡建设部《生活垃圾分类制度实施方案》已经国务院同意，现转发给你们，请认真贯彻执行。

生活垃圾分类制度实施方案

随着经济社会发展和物质消费水平大幅提高，我国生活垃圾产生量迅速增长，环境隐患日益突出，已经成为新型城镇化发展的制约因素。遵循减量化、资源化、无害化的原则，实施生活垃圾分类，可以有效改善城乡环境，促进资源回收利用，加快"两型社会"建设，提高新型城镇化质量和生态文明建设水平。为切实推动生活垃圾分类，根据党中央、国务院有关工作部署，特制定以下方案。

一、总体要求

（一）指导思想。全面贯彻党的十八大和十八届三中、四中、五中、六中全会精神，深入贯彻习近平总书记系列重要讲话精神和治国理政新理念新思想新战略，统筹推进"五位一体"总体布局和协调推进"四个全面"战略布局，牢固树立和贯彻落实创新、协调、绿色、开放、共享的发展理念，加快建立分类投放、分类收集、分类运输、分类处理的垃圾处理系统，形成以法治为基础、政府推动、全民参与、城乡统筹、因地制宜的垃圾分类制度，努力提高垃圾分类制度覆盖范围，将生活垃圾分类作为推进绿色发展的重要举措，不断完善城市管理和服务，创造优良的人居环境。

（二）基本原则。

政府推动，全民参与。落实城市人民政府主体责任，强化公共机构和企业示范带头作用，引导居民逐步养成主动分类的习惯，形成全社会共同参与垃圾分类的良好氛围。

因地制宜，循序渐进。综合考虑各地气候特征、发展水平、生活习惯、垃圾成分等方面实际情况，合理确定实施路径，有序推进生活垃圾分类。

完善机制，创新发展。充分发挥市场作用，形成有效的激励约束机制。完善相关法律法规标准，加强技术创新，利用信息化手段提高垃圾分类效率。

协同推进，有效衔接。加强垃圾分类收集、运输、资源化利用和终端处置等环节的衔接，形成统一完整、能力适应、协同高效的全过程运行系统。

（三）主要目标。到2020年底，基本建立垃圾分类相关法律法规和标准体系，形成可复制、可推广的生活垃圾分类模式，在实施生活垃圾强制分类的城市，生活垃圾回收利用率达到35%以上。

二、部分范围内先行实施生活垃圾强制分类

（一）实施区域。2020年底前，在以下重点城市的城区范围内先行实施生活垃圾强制分类。

1. 直辖市、省会城市和计划单列市。

2. 住房城乡建设部等部门确定的第一批生活垃圾分类示范城市，包括：河北省邯郸市、江苏省苏州市、安徽省铜陵市、江西省宜春市、山东省泰安市、湖北省宜昌市、四川省广元市、四川省德阳市、西藏自治区日喀则市、陕西省咸阳市。

3. 鼓励各省（区）结合实际，选择本地区具备条件的城市实施生活垃圾强制分类，国家生态文明试验区、各地新城新区应率先实施生活垃圾强制分类。

（二）主体范围。上述区域内的以下主体，负责对其产生的生活垃圾进行分类。

1. 公共机构。包括党政机关，学校、科研、文化、出版、广播电视等事业单位，协会、学会、联合会等社团组织，车站、机场、码头、体育场馆、演出场馆等公共场所管理单位。

2. 相关企业。包括宾馆、饭店、购物中心、超市、专业市场、农贸市场、农产品批发市场、商铺、商用写字楼等。

（三）强制分类要求。实施生活垃圾强制分类的城市要结合本地实际，于2017年底前制定出台办法，细化垃圾分类类别、品种、投放、收运、处置等方面要求；其中，必须将有害垃圾作为强制分类的类别之一，同时参照生活垃圾分类及其评价标准，再选择确定易腐垃圾、可回收物等强制分类的类别。未纳入分类的垃圾按现行办法处理。

1. 有害垃圾。

（1）主要品种。包括：废电池（镉镍电池、氧化汞电池、铅蓄电池等），废荧光灯管（日光灯管、节能灯等），废温度计，废血压计，废药品及其包装物，废油漆、溶剂及其包装物，废杀虫剂、消毒剂及其包装物，废胶片及废相纸等。

(2)投放暂存。按照便利、快捷、安全原则，设立专门场所或容器，对不同品种的有害垃圾进行分类投放、收集、暂存，并在醒目位置设置有害垃圾标志。对列入《国家危险废物名录》(环境保护部令第39号)的品种，应按要求设置临时贮存场所。

(3)收运处置。根据有害垃圾的品种和产生数量，合理确定或约定收运频率。危险废物运输、处置应符合国家有关规定。鼓励骨干环保企业全过程统筹实施垃圾分类、收集、运输和处置；尚无终端处置设施的城市，应尽快建设完善。

2. 易腐垃圾。

(1)主要品种。包括：相关单位食堂、宾馆、饭店等产生的餐厨垃圾，农贸市场、农产品批发市场产生的蔬菜瓜果垃圾、腐肉、肉碎骨、蛋壳、畜禽产品内脏等。

(2)投放暂存。设置专门容器单独投放，除农贸市场、农产品批发市场可设置敞开式容器外，其他场所原则上应采用密闭容器存放。餐厨垃圾可由专人清理，避免混入废餐具、塑料、饮料瓶罐、废纸等不利于后续处理的杂质，并做到“日产日清”。按规定建立台账制度(农贸市场、农产品批发市场除外)，记录易腐垃圾的种类、数量、去向等。

(3)收运处置。易腐垃圾应采用密闭专用车辆运送至专业单位处理，运输过程中应加强对泄露、遗撒和臭气的控制。相关部门要加强对餐厨垃圾运输、处理的监控。

3. 可回收物。

(1)主要品种。包括：废纸，废塑料，废金属，废包装物，废旧纺织物，废弃电器电子产品，废玻璃，废纸塑铝复合包装等。

(2)投放暂存。根据可回收物的产生数量，设置容器或临时存储空间，实现单独分类、定点投放，必要时可设专人分拣打包。

(3)收运处置。可回收物产生主体可自行运送，也可联系再生资源回收利用企业上门收集，进行资源化处理。

三、引导居民自觉开展生活垃圾分类

城市人民政府可结合实际制定居民生活垃圾分类指南，引导居民自觉、科学地开展生活垃圾分类。前述对有关单位和企业实施生活垃圾强制分类的城市，应选择不同类型的社区开展居民生活垃圾强制分类示范试点，并根据试点情况完善地方性法规，逐步扩大生活垃圾强制分类的实施范围。本方案发布前已制定地方性法规、对居民生活垃圾分类提出强制要求的，从其规定。

（一）单独投放有害垃圾。居民社区应通过设立宣传栏、垃圾分类督导员等方式，引导居民单独投放有害垃圾。针对家庭源有害垃圾数量少、投放频次低等特点，可在社区设立固定回收点或设置专门容器分类收集、独立储存有害垃圾，由居民自行定时投放，社区居委会、物业公司等负责管理，并委托专业单位定时集中收运。

（二）分类投放其他生活垃圾。根据本地实际情况，采取灵活多样、简便易行的分类方法。引导居民将“湿垃圾”（滤出水分后的厨余垃圾）与“干垃圾”分类收集、分类投放。有条件的地方可在居民社区设置专门设施对“湿垃圾”就地处理，或由环卫部门、专业企业采用专用车辆运至餐厨垃圾处理场所，做到“日产日清”。鼓励居民和社区对“干垃圾”深入分类，将可回收物交由再生资源回收利用企业收运和处置。有条件的地区可探索采取定时定点分类收运方式，引导居民将分类后的垃圾直接投入收运车辆，逐步减少固定垃圾桶。

四、加强生活垃圾分类配套体系建设

（一）建立与分类品种相配套的收运体系。完善垃圾分类相关标志，配备标志清晰的分类收集容器。改造城区内的垃圾房、转运站、压缩站等，适应和满足生活垃圾分类要求。更新老旧垃圾运输车辆，配备满足垃圾分类清运需求、密封性好、标志明显、节能环保的专用收运车辆。鼓励采用“车载桶装”等收运方式，避免垃圾分类投放后重新混合收运。建立符合环保要求、与分类需求相匹配的有害垃圾收运系统。

（二）建立与再生资源利用相协调的回收体系。健全再生资源回收利用网络，合理布局布点，提高建设标准，清理取缔违法占道、私搭乱建、不符合环境卫生要求的违规站点。推进垃圾收运系统与再生资源回收利用系统的衔接，建设兼具垃圾分类与再生资源回收功能的交投点和中转站。鼓励在公共机构、社区、企业等场所设置专门的分类回收设施。建立再生资源回收利用信息化平台，提供回收种类、交易价格、回收方式等信息。

（三）完善与垃圾分类相衔接的终端处理设施。加快危险废物处理设施建设，建立健全非工业源有害垃圾收运处理系统，确保分类后的有害垃圾得到安全处置。鼓励利用易腐垃圾生产工业油脂、生物柴油、饲料添加剂、土壤调理剂、沼气等，或与秸秆、粪便、污泥等联合处置。已开展餐厨垃圾处理试点的城市，要在稳定运营的基础上推动区域全覆盖。尚未建成餐厨（厨余）垃圾处理设施的城市，可暂不要求居民对厨余“湿垃圾”单独分类。严厉打击和防范“地沟油”生产流通。严禁将城镇生活垃圾直接用作肥料。加快培育大型龙头企业，推动再生资源规范化、专业化、清洁化处理和高值化利用。鼓励回收利用企业将再生资源送钢铁、有色、造纸、塑料加工等企业实现安全、环保利用。

（四）探索建立垃圾协同处置利用基地。统筹规划建设生活垃圾终端处理利用设施，积极探索建立集垃圾焚烧、餐厨垃圾资源化利用、再生资源回收利用、垃圾填埋、有害垃圾处置于一体的生活垃圾协同处置利用基地，安全化、清洁化、集约化、高效化配置相关设施，促进基地内各类基础设施共建共享，实现垃圾分类处理、资源利用、废物处置的无缝高效衔接，提高土地资源节约集约利用水平，缓解生态环境压力，降低“邻避”效应和社会稳定风险。

五、强化组织领导和工作保障

（一）加强组织领导。省级人民政府、国务院有关部门要加强对生活垃圾分类工作的指导，在生态文明先行示范区、卫生城市、环境保护模范城市、园林城市和全域旅游示范区等创建活动中，逐步将垃圾分类实施情况列为考核指标；因地制宜探索农村生活垃圾分类模式。实施生活垃圾强制分类的城市人民政府要切实承担主体责任，建立协调机制，研究解决重大问题，分工负责推进相关工作；要加强对生活垃圾强制分类实施情况的监督检查和工作考核，向社会公布考核结果，对不按要求进行分类的依法予以处罚。

（二）健全法律法规。加快完善生活垃圾分类方面的法律制度，推动相关城市出台地方性法规、规章，明确生活垃圾强制分类要求，依法推进生活垃圾强制分类。发布生活垃圾分类指导目录。完善生活垃圾分类及站点建设相关标准。

（三）完善支持政策。按照污染者付费原则，完善垃圾处理收费制度。发挥中央基建投资引导带动作用，采取投资补助、贷款贴息等方式，支持相关城市建设生活垃圾分类收运处理设施。严格落实国家对资源综合利用的税收优惠政策。地方财政应对垃圾分类收运处理系统的建设运行予以支持。

（四）创新体制机制。鼓励社会资本参与生活垃圾分类收集、运输和处理。积极探索特许经营、承包经营、租赁经营等方式，通过公开招标引入专业化服务公司。加快城市智慧环卫系统研发和建设，通过“互联网+”等模式促进垃圾分类回收系统线上平台与线下物流实体相结合。逐步将生活垃圾强制分类主体纳入环境信用体系。推动建设一批以企业为主导的生活垃圾资源化产业技术创新战略联盟及技术研发基地，提升分类回收和处理水平。通过建立居民“绿色账户”、“环保档案”等方式，对正确分类投放垃圾的居民给予可兑换积分奖励。探索“社工+志愿者”等模式，推动企业和社会组织开展垃圾分类服务。

（五）动员社会参与。树立垃圾分类、人人有责的环保理念，积极开展多种形式的宣传教育,普及垃圾分类知识,引导公众从身边做起、从点滴做起。强化国民教育,着力提高全体学生的垃圾分类和资源环境意识。加快生活垃圾分类示范教育基地建设,开展垃圾分类收集专业知识和技能培训。建立垃圾分类督导员及志愿者队伍,引导公众分类投放。充分发挥新闻媒体的作用,报道垃圾分类工作实施情况和典型经验,形成良好社会舆论氛围。

国务院办公厅关于印发贯彻实施《深化标准化工作改革方案》重点任务分工(2017-2018年)的通知

(2017年3月21日　国办发〔2017〕27号)

《贯彻实施〈深化标准化工作改革方案〉重点任务分工(2017-2018年)》已经国务院同意,现印发给你们,请认真贯彻实施。

贯彻实施《深化标准化工作改革方案》重点任务分工(2017-2018年)

为贯彻实施《国务院关于印发深化标准化工作改革方案的通知》(国发〔2015〕13号),协同有序推进标准化工作改革,确保第二阶段(2017-2018年)各项重点任务落到实处,现提出如下分工。

一、基本建立统一的强制性国家标准体系。根据强制性标准整合精简结论,对拟废止的强制性标准公告废止;对拟转化为推荐性标准的强制性标准公告转化,使其不再具有强制执行效力,尽快完成文本修改;对拟整合或修订的强制性标准,分批提出修订项目计划,推进整合修订工作。制定《强制性国家标准管理办法》,完善强制性标准管理制度。强制性标准要守住底线,保障人身健康和生命财产安全、国家安全、生态环境安全以及满足社会经济管理基本要求。(质检总局、国家标准委牵头,各有关部门、各省级人民政府按职责分工负责)

二、加快构建协调配套的推荐性标准体系。落实推荐性标准集中复审意见,做好后续废止、修订、转化等相关工作,有效解决标准滞后老化问题。进一步明晰各层级推荐性标准制定范围,厘清各类标准间的关系,将推荐性标准范围严格限定为政府职责范围内的公益类标准,逐步缩减现有推荐性标准的数量和规模,为市场自主制定的标准留出发展空间。适应需求结构的变化,着力提高推荐性标准供给质量。加强行业标准、地方标准备案协调性审查,及时做好备案标准信息维护工作。(国家标准委、各有关部门、各省级人民政府按职责分工负责)

三、发展壮大团体标准。组织制定团体标准管理办法,明确制定原则,严格制定程序,构建团体标准自我声明和信息公开制度、团体标准化良好行为评价规范,建立第三方评估、社会公众监督和政府监管相结合的评价监督机制,推动团体标准制定主体诚信自律。扩大团体标准试点,逐步形成一批有知名度和影响力的团体标准制定机构。鼓励社会团体发挥对市场需求反应快速的优势,制定一批满足市场和创新需要的团体标准,优化标准供给结构,促进新技术、新产业、新业态加快成长。鼓励在产业政策制定以及行政管理、政府采购、认证认可、检验检测等工作中适用团体标准。(国家标准委、民政部牵头,各有关部门、各省级人民政府按职责分工负责)

四、进一步放开搞活企业标准。全面实施企业产品和服务标准自我声明公开和监督制度,逐步取消企业产品标准备案管理。鼓励标准化专业机构对企业公开的标准开展比对和评价,发布企业标准排行榜。建立实施企业标准领跑者制度。培育标准创新型企业。探索建立企业标准化需求直通车机制。支持标准化服务业发展,完善企业标准信息公共服务平台,服务大众创业、万众创新。(质检总局、国家标准委牵头,各有关部门、各省级人民政府按职责分工负责)

开展以随机抽查、比对评价为主的企业标准公开事中事后监管,对依据标准生产的产品或提供的服务开展监督检查,并将结果纳入全国企业质量信用档案数据库。(质检总局、工商总局等有关部门、各省级人民政府按职责分工负责)

五、增强中国标准国际影响力。深度参与国际标准化治理,增强标准国际话语权。建立中外标准化专家合作交流机制,鼓励中国专家积极参与国际标准化组织工作。实施标准联通"一带一路"行动计划,与沿线重点国家在国际标准制定、标准化合作示范项目建设等方面开展务实合作。探索建立企业参与国际标准化活动快速通道,鼓励企业积极参与国际标准制修订、承担国际标准组织技术机构领导职务和秘书处工作,将国有企业在国际标准化活动中取得的重大工作成果纳入考核体系。鼓励和规范外资企业参与标准化工作。探索建立中外城市间标准化合作机制。组织翻译一批国际产能和装备制造以及对外经贸合作急需标准，推进重点领域标准中外文版同步制定工作，推动中国标准海外应用。积极开展中外标准比对分析，加快提升国际国内标准水平一致性程度，主要消费品领域与国际标准一致性程度达到95%以上，装备制造业部分重点领域国际标准转化率达到90%以上。（国家标准委牵头，各有关部门、各省级人民政府按职责分工负责）

六、全面推进军民标准融合。大力实施军民标准通用化工程，推动军用装备和设施采用先进适用的民用标准，将先进适用的军用标准转化为民用标准，军地协作制定一批军民通用标准。建设军民标准化信息资源共享平台，开展军民标准化技术组织共建共享，加大国防和军队技术专家参与全国专业标准化技术委员会的范围和力度。明确军民通用标准的制修订程序，逐步形成军民标准融合发展的长效机制。（中央军委装备发展部、国家标准委、工业和信息化部、国家国防科工局牵头，各有关部门按职责分工负责）

七、提升标准化科学管理水平。强化科技与标准的互动支撑，加大科技研发对标准研制的支持力度，开展科技成果转化为技术标准试点，加快推进国家技术标准创新基地建设。（科技部、国家标准委牵头，各有关部门、各省级人民政府按职责分工负责）

加强标准化管理机制创新，探索建立有利于发展新产业、培育新动能的标准化工作模式和运行机制。充分运用信息化手段，提高标准制定效率，缩短标准制定周期。加强标准立项评估工作，强化标准制修订过程监督，建立标准实施评估机制，健全标准全生命周期管理。加强标准化技术委员会动态管理，完善考核评估机制，公开考核评估结果，强化结果应用。（国家标准委、各有关部门、各省级人民政府按职责分工负责）

八、推动公益类标准向社会公开。研究制定国家标准公开工作实施方案，在遵守国际（国外）标准组织版权政策前提下，免费向社会公开强制性国家标准和推荐性国家标准文本。推动行业标准、地方标准文本向社会免费公开。加强全国标准信息网络平台建设，提供标准信息的公益性服务。（国家标准委牵头，各有关部门、各省级人民政府按职责分工负责）

九、加快标准化法治建设。加快推进《中华人民共和国标准化法》修订工作，争取尽快出台，实现改革于法有据。（国务院法制办、质检总局、国家标准委牵头负责）

加快《中华人民共和国标准化法》配套规章立改废工作，协调推动各有关部门、各地方标准化立法工作，推进标准化法治体系建设。（国家标准委、各有关部门、各省级人民政府按职责分工负责）

十、推动地方标准化工作改革发展。健全地方政府标准化协调推进机制，确保机制有效运行。完善支持标准化发展的政策激励机制。大力推进“标准化+”行动,促进标准化与各领域融合发展,强化农业现代化、新型城镇化、生态文明建设、行政许可、政务公开和基本公共服务等方面标准化工作。严格依据强制性标准开展监督检查和行政执法,探索开展标准实施评估。深化京津冀、长三角等重点区域标准化协作,发挥城市标准化创新联盟等平台机制作用,统筹协调跨区域跨领域的重大标准化问题。支持有条件的地方开展标准化改革试点。(国家标准委、各有关部门、各省级人民政府按职责分工负责)

十一、加强标准化人才队伍建设。推进标准化学历教育,加强标准化人才培养。建设高水平标准化智库,吸纳国内外顶尖人才为标准化发展提供智力支撑。着力培养标准化管理人才,造就一批理论与实践并重、既懂专业又善于标准化管理的综合型人才。鼓励和支持行业协会、高等院校、科研院所设立标准化相关研究机构,大力培育标准化科研人才。探索建立企业和高等院校、职业学校、标准化科研机构联合培养人才的市场化机制,将标准化知识纳入职业技术工人培训内容,加强企业标准化人才队伍建设。加快落实国际标准化人才培训规划,选拔培养一批懂专业、懂外语、懂规则的国际标准化人才。(教育部、人力资源社会保障部、国家标准委牵头,各有关部门、各省级人民政府按职责分工负责)

十二、强化标准化经费保障。各级财政应根据工作需要统筹安排标准化工作经费,对强制性标准整合精简、推荐性标准优化完善以及标准国际化等重点任务给予积极支持。广泛吸纳社会各方资金,鼓励社会资本以市场化方式设立标准化专项基金,探索建立标准创新融资增信制度,形成市场化、多元化投入机制,支持标准化创新发展。(财政部、质检总局、国家标准委牵头,各有关部门、各省级人民政府按职责分工负责)

各地区、各有关部门要按照国务院统一部署,加强对标准化工作的组织领导和统筹协调,落实责任分工,确保各项任务按时保质完成。

国务院关于印发全面深化中国(上海)自由贸易试验区改革开放方案的通知

(2017年3月30日　国发〔2017〕23号)

现将《全面深化中国(上海)自由贸易试验区改革开放方案》印发给你们,请认真贯彻执行。

全面深化中国(上海)自由贸易试验区改革开放方案

建设中国(上海)自由贸易试验区(以下简称自贸试验区)是党中央、国务院在新形势下全面深化改革和扩大开放的战略举措。自贸试验区建设三年多来取得重大进展,总体达到预期目标。为贯彻落实党中央、国务院决策部署,对照国际最高标准、最好水平的自由贸易区,全面深化自贸试验区改革开放,加快构建开放型经济新体制,在新一轮改革开放中进一步发挥引领示范作用,制定本方案。

一、总体要求

(一)指导思想。全面贯彻党的十八大和十八届三中、四中、五中、六中全会精神,深入贯彻习近平总书记系列重要讲话精神和治国理政新理念新思想新战略,认真落实党中央、国务院决策部署,统筹推进“五位一体”总体布局和协调推进“四个全面”战略布局,坚持稳中求进工作总基调,坚定践行新发展理念,坚持以制度创新为核心,继续解放思想、勇于突破、当好标杆,进一步对照国际最高标准、查找短板弱项,大胆试、大胆闯、自主改,坚持全方位对外开放,推动贸易和投资自由化便利化,加大压力测试,切实有效防控风险,以开放促改革、促发展、促创新;进一步加强与上海国际金融中心和具有全球影响力的科技创新中心建设的联动,不断放大政策集成效应,主动服务“一带一路”建设和长江经济带发展,形成经济转型发展新动能和国际竞争新优势;更大力度转变政府职能,加快探索一级地方政府管理体制创新,全面提升政府治理能力;发挥先发优势,加强改革系统集成,力争取得更多可复制推广的制度创新成果,进一步彰显全面深化改革和扩大开放试验田作用。

(二)建设目标。到2020年,率先建立同国际投资和贸易通行规则相衔接的制度体系,把自贸试验区建设成为投资贸易自由、规则开放透明、监管公平高效、营商环境便利的国际高标准自由贸易园区,健全各类市场主体平等准入和有序竞争的投资管理体系、促进贸易转型升级和通关便利的贸易监管服务体系、深化金融开放创新和有效防控风险的金融服务体系、符合市场经济规则和治理能力现代化要求的政府管理体系,率先形成法治化、国际化、便利化的营商环境和公平、统一、高效的市场环境。强化自贸试验区改革同上海市改革的联动,各项改革试点任务具备条件的在浦东新区范围内全面实施,或在上海市推广试验。

二、加强改革系统集成，建设开放和创新融为一体的综合改革试验区

加强制度创新的系统性、整体性、协同性，围绕深化投资管理体制改革、优化贸易监管服务体系、完善创新促进机制，统筹各环节改革，增强各部门协同，注重改革举措的配套组合，有效破解束缚创新的瓶颈，更大程度激发市场活力。

（三）建立更加开放透明的市场准入管理模式。实施市场准入负面清单和外商投资负面清单制度。在完善市场准入负面清单的基础上，对各类市场主体实行一致管理的，进一步优化、简化办事环节和流程，对业务牌照和资质申请统一审核标准和时限，促进公平竞争。进一步提高外商投资负面清单的透明度和市场准入的可预期性。实施公平竞争审查制度，清理和取消资质资格获取、招投标、权益保护等方面存在的差别化待遇，实现各类市场主体依法平等准入清单之外的行业、领域和业务。

（四）全面深化商事登记制度改革。保障企业登记自主权，尊重企业自主经营的权利。开展企业名称登记制度改革，除涉及前置审批事项或企业名称核准与企业登记不在同一机关外，企业名称不再预先核准。放宽住所（经营场所）登记条件，有效释放场地资源。优化营业执照的经营范围等登记方式。推行全程电子化登记和电子营业执照改革试点。探索建立普通注销登记制度和简易注销登记制度相互配套的市场主体退出制度。开展“一照多址”改革试点。

（五）全面实现“证照分离”。深化“先照后证”改革，进一步加大探索力度。把涉及市场准入的许可审批事项适时纳入改革试点，能取消的全部取消，需要保留审批的，按照告知承诺和加强市场准入管理等方式进一步优化调整，在改革许可管理方式、完善风险防范措施的基础上，进一步扩大实行告知承诺的领域。加强许可管理与企业设立登记管理的衔接，实现统一社会信用代码在各许可管理环节的“一码贯通”。实施生产许可“一企一证”，探索取消生产许可证产品检验。

（六）建成国际先进水平的国际贸易“单一窗口”。借鉴联合国国际贸易“单一窗口”标准，实施贸易数据协同、简化和标准化。纳入海港、空港和海关特殊监管区域的物流作业功能，通过银行机构或非银行支付机构建立收费账单功能，便利企业办理支付和查询。实现物流和监管等信息的交换共享，为进出口货物质量安全追溯信息的管理和查询提供便利。推动将国际贸易“单一窗口”覆盖领域拓展至服务贸易，逐步纳入技术贸易、服务外包、维修服务等，待条件成熟后逐步将服务贸易出口退（免）税申报纳入“单一窗口”管理。与

国家层面“单一窗口”标准规范融合对接,推进长江经济带跨区域通关业务办理,加强数据衔接和协同监管。

(七)建立安全高效便捷的海关综合监管新模式。深化实施全国海关通关一体化、“双随机、一公开”监管以及“互联网+海关”等举措,进一步改革海关业务管理方式,对接国际贸易“单一窗口”,建立权责统一、集成集约、智慧智能、高效便利的海关综合监管新模式。综合应用大数据、云计算、互联网和物联网技术,扩大“自主报税、自助通关、自动审放、重点稽核”试点范围。深化“一线放开”、“二线安全高效管住”改革,强化综合执法,推进协同治理,探索设立与“区港一体”发展需求相适应的配套管理制度。创新加工贸易出口货物专利纠纷担保放行方式。支持海关特殊监管区域外的企业开展高附加值、高技术、无污染的维修业务。深入实施货物状态分类监管,研究将试点从物流仓储企业扩大到贸易、生产加工企业,具备条件时,在上海市其他符合条件的海关特殊监管区域推广实施。

(八)建立检验检疫风险分类监管综合评定机制。完善进口商品风险预警快速反应机制,加强进口货物不合格风险监测,实施消费品等商品召回制度。建立综合应用合格评定新机制,设立国家质量基础检验检疫综合应用示范园区。在制定发布不适用于第三方检验结果采信目录清单基础上,积极推进扩大商品和项目的第三方检验结果采信。探索扩大检验鉴定结果国际互认的范围。

(九)建立具有国际竞争力的创新产业监管模式。优化生物医药全球协同研发的试验用特殊物品的准入许可,完善准入许可的内容和方式。完善有利于提升集成电路全产业链国际竞争力的海关监管模式。研究制定再制造旧机电设备允许进口目录,在风险可控的前提下,试点数控机床、工程设备、通信设备等进口再制造。探索引入市场化保险机制,提高医药生产等领域的监管效率。

(十)优化创新要素的市场配置机制。完善药品上市许可持有人制度。允许自贸试验区内医疗器械注册申请人委托上海市医疗器械生产企业生产产品。健全完善更加符合社会主义市场经济规律、人才成长规律和人才发展流动规律的人才认定标准和推荐方式,标准统一、程序规范的外国人来华工作许可制度及高效、便捷的人才签证制度,吸引更多外籍高层次人才参与创新创业,为其提供出入境和停居留便利,并按规定享受我国鼓励创新创业的相关政策。根据法律法规规定,支持持有外国人永久居留证的外籍高层次人才创办科技型企业,给予与中国籍公民同等待遇。深化上海股权托管交易中心“科技创新板”试点,完善对科创企业的金融服务。支持外资企业设立联合创新平台，协同本土中小微企业开展创新成果产业化项目推进。深化推进金融中心与科技创新中心建设相结合的科技金融模式创新。

（十一）健全知识产权保护和运用体系。充分发挥专利、商标、版权等知识产权引领作用，打通知识产权创造、运用、保护、管理和服务的全链条，提升知识产权质量和效益。以若干优势产业为重点，进一步简化和优化知识产权审查和注册流程，创新知识产权快速维权工作机制。探索互联网、电子商务、大数据等领域的知识产权保护规则。建立健全知识产权服务标准，完善知识产权服务体系。完善知识产权纠纷多元解决机制。支持企业运用知识产权进行海外股权投资。创新发展知识产权金融服务。深化完善有利于激励创新的知识产权归属制度。

三、加强同国际通行规则相衔接，建立开放型经济体系的风险压力测试区

按照国际最高标准，为推动实施新一轮高水平对外开放进行更为充分的压力测试，探索开放型经济发展新领域，形成适应经济更加开放要求的系统试点经验。

（十二）进一步放宽投资准入。最大限度缩减自贸试验区外商投资负面清单，推进金融服务、电信、互联网、文化、文物、维修、航运服务等专业服务业和先进制造业领域对外开放。除特殊领域外，取消对外商投资企业经营期限的特别管理要求。对符合条件的外资创业投资企业和股权投资企业开展境内投资项目，探索实施管理新模式。完善国家安全审查、反垄断审查等投资审查制度。

（十三）实施贸易便利化新规则。优化口岸通关流程，推进各环节监管方式改革，探索公布涵盖各通关环节的货物平均放行时间。最大限度实现覆盖船舶抵离、港口作业、货物通关等口岸作业各环节的全程无纸化，推进贸易领域证书证明的电子化管理。深化亚太示范电子口岸网络试点。推动实施原产地预裁定制度。根据自由贸易协定规定，推动实施原产地自主声明制度。推进企业信用等级的跨部门共享，对高信用等级企业降低查验率。深化完善安全预警和国际竞争力提升的产业安全保障机制。

（十四）创新跨境服务贸易管理模式。在风险可控的前提下，加快推进金融保险、文化旅游、教育卫生等高端服务领域的贸易便利化。提高与服务贸易相关的货物暂时进口便利，拓展暂时进口货物单证制度适用范围，延长单证册的有效期。探索兼顾安全和效率的数字产品贸易监管模式。大力发展中医药服务贸易，扩大中医药服务贸易国际市场准入，推动中医药海外创新发展。深化国际船舶登记制度创新，进一步便利国际船舶管理企业从事海员外派服务。在合适领域分层次逐步取消或放宽对跨境交付、自然人移动等模式的服务贸易限制措施。探索完善服务贸易统计体系,建立服务贸易监测制度。

(十五)进一步深化金融开放创新。加强与上海国际金融中心建设的联动,积极有序实施《进一步推进中国(上海)自由贸易试验区金融开放创新试点加快上海国际金融中心建设方案》。加快构建面向国际的金融市场体系,建设人民币全球服务体系,有序推进资本项目可兑换试点。加快建立金融监管协调机制,提升金融监管能力,防范金融风险。

(十六)设立自由贸易港区。在洋山保税港区和上海浦东机场综合保税区等海关特殊监管区域内,设立自由贸易港区。对标国际最高水平,实施更高标准的"一线放开"、"二线安全高效管住"贸易监管制度。根据国家授权实行集约管理体制,在口岸风险有效防控的前提下,依托信息化监管手段,取消或最大程度简化入区货物的贸易管制措施,最大程度简化一线申报手续。探索实施符合国际通行做法的金融、外汇、投资和出入境管理制度,建立和完善风险防控体系。

四、进一步转变政府职能,打造提升政府治理能力的先行区

加强自贸试验区建设与浦东新区转变一级地方政府职能的联动,系统推进简政放权、放管结合、优化服务改革,在行政机构改革、管理体制创新、运行机制优化、服务方式转变等方面改革创新,全面提升开放环境下政府治理能力。

(十七)健全以简政放权为重点的行政管理体制。加快推进简政放权,深化行政审批制度改革。以厘清政府、市场、社会关系为重点,进一步取消和简化审批事项,最大限度地给市场放权。推动实现市场准入、执业资格等领域的管理方式转变。深化大部门制改革,在市场监管、经济发展、社会管理和公共服务、改革和法制、环保和城建五个职能模块,按照精简高效原则形成跨部门的协同机制。

(十八)深化创新事中事后监管体制机制。按照探索建立新的政府经济管理体制要求,深化分类综合执法改革,围绕审批、监管、执法适度分离,完善市场监管、城市管理领域的综合执法改革。推进交通运输综合行政执法改革,加强执法协调。将异常名录信息归集范围扩大到市场监管以外的行政部门,健全跨部门"双告知、双反馈、双跟踪"许可办理机制和"双随机、双评估、双公示"监管协同机制。落实市场主体首负责任制,在安全生产、产品质量、环境保护等领域建立市场主体社会责任报告制度和责任追溯制度。鼓励社会力量参与市场监督,建立健全会计、审计、法律、检验检测认证等第三方专业机构参与市场监管的制度安排。

(十九)优化信息互联共享的政府服务体系。加快构建以企业需求为导向、大数据分析为支撑的“互联网+政务服务”体系。建立央地协同、条块衔接的信息共享机制,明确部门间信息互联互通的边界规则。以数据共享为基础,再造业务流程,实现市场准入“单窗通办”、“全网通办”,个人事务“全区通办”,政务服务“全员协办”。探索建立公共信用信息和金融信用信息互补机制。探索形成市场主体信用等级标准体系,培育发展信用信息专业服务市场。

五、创新合作发展模式,成为服务国家“一带一路”建设、推动市场主体走出去的桥头堡

坚持“引进来”和“走出去”有机结合,创新经贸投资合作、产业核心技术研发、国际化融资模式,探索搭建“一带一路”开放合作新平台,建设服务“一带一路”的市场要素资源配置功能枢纽,发挥自贸试验区在服务“一带一路”战略中的辐射带动作用。

(二十)以高标准便利化措施促进经贸合作。对接亚太示范电子口岸网络,积极推进上海国际贸易“单一窗口”与“一带一路”沿线口岸的信息互换和服务共享。率先探索互联互通监管合作新模式,在认证认可、标准计量等方面开展多双边合作交流。加快建设门户复合型国际航空枢纽。促进上海港口与21世纪海上丝绸之路航线港口的合作对接,形成连接国内外重点口岸的亚太供应链中心枢纽。建立综合性对外投资促进机构和境外投资公共信息服务平台,在法律查明和律师服务、商事纠纷调解和仲裁、财务会计和审计服务等方面开展业务合作。打造“一带一路”产权交易中心与技术转移平台,促进“一带一路”产业科技合作。积极推进能源、港口、通信、高端装备制造等领域的国际产能合作和建设能力合作。

(二十一)增强“一带一路”金融服务功能。推动上海国际金融中心与“一带一路”沿线国家和地区金融市场的深度合作、互联互通。加强与境外人民币离岸市场战略合作,稳妥推进境外机构和企业发行人民币债券和资产证券化产品,支持优质境外企业利用上海资本市场发展壮大,吸引沿线国家央行、主权财富基金和投资者投资境内人民币资产,为“一带一路”重大项目提供融资服务。大力发展海外投资保险、出口信用保险、货物运输保险、工程建设保险等业务,为企业海外投资、产品技术输出、承接“一带一路”重大工程提供综合保险服务。支持金砖国家新开发银行的发展。

(二十二)探索具有国际竞争力的离岸税制安排。适应企业参与国际竞争和服务“一带一路”建设的需求,在不导致税基侵蚀和利润转移的前提下,基于真实贸易和服务背景,结合服务贸易创新试点工作,研究探索服务贸易创新试点扩围的税收政策安排。

六、服务全国改革开放大局，形成更多可复制推广的制度创新成果

紧紧把握自贸试验区的基本定位，坚持先行先试，充分发挥各方面的改革创新主动性和创造性，为全面深化改革和扩大开放，取得更多制度创新成果。

（二十三）加快形成系统性的改革经验和模式。把理念创新、体制机制创新、政策创新和加强风险防控等方面的改革试点经验作为重点，加强试点经验的总结和系统集成。对于市场准入、贸易便利化、创新发展体制机制等领域的改革，加快形成可以在全国复制推广的经验。对于进一步扩大开放、对接高标准国际经贸规则等压力测试事项，积极探索经验，为国家推进构建多双边经贸合作新格局做好政策储备。对于政府管理模式创新等改革事项，在改革理念和组织推进等方面总结形成可供其他地区借鉴的改革经验。

七、抓好工作落实

在国务院自由贸易试验区工作部际联席会议统筹协调下，充分发挥地方和部门的积极性，抓好改革措施的落实。按照总体筹划、分步实施、率先突破、逐步完善的原则，各有关部门要大力支持，及时制定实施细则或办法，加强指导和服务；对涉及法律法规调整的改革事项，及时强化法制保障，做好与相关法律立改废释的衔接，共同推进相关体制机制创新，并注意加强监管、防控风险。上海市要把握基本定位，强化使命担当，创新思路、寻找规律、解决问题、积累经验，完善工作机制，系统推进改革试点任务的落实，继续当好全国改革开放排头兵、创新发展先行者。重大事项要及时向国务院请示报告。

国务院关于建立粮食生产功能区和重要农产品生产保护区的指导意见

（2017 年 3 月 31 日　国发〔2017〕24 号）

近年来，国家出台了一系列强农惠农富农政策，实现了粮食连年丰收，重要农产品生产能力不断增强。但是，我国农业生产基础还不牢固，工业化、城镇化发展和农业生产用地矛盾不断凸显，保障粮食和重要农产品供给任务仍然艰巨。为优化农业生产布局，聚焦主要品种和优势产区，实行精准化管理，现就建立粮食生产功能区和重要农产品生产保护区（以下统称“两区”）提出如下意见。

一、总体要求

（一）指导思想。全面贯彻党的十八大和十八届三中、四中、五中、六中全会精神，深入贯彻习近平总书记系列重要讲话精神和治国理政新理念新思想新战略，认真落实党中央、国务院决策部署，统筹推进“五位一体”总体布局和协调推进“四个全面”战略布局，牢固树立和贯彻落实创新、协调、绿色、开放、共享的发展理念，实施藏粮于地、藏粮于技战略，以确保国家粮食安全和保障重要农产品有效供给为目标，以深入推进农业供给侧结构性改革为主线，以主体功能区规划和优势农产品布局规划为依托，以永久基本农田为基础，将“两区”细化落实到具体地块，优化区域布局和要素组合，促进农业结构调整，提升农产品质量效益和市场竞争力，为推进农业现代化建设、全面建成小康社会奠定坚实基础。

（二）基本原则。

——坚持底线思维、科学划定。按照“确保谷物基本自给、口粮绝对安全”的要求和重要农产品自给保障水平，综合考虑消费需求、生产现状、水土资源条件等因素，科学合理划定水稻、小麦、玉米生产功能区和大豆、棉花、油菜籽、糖料蔗、天然橡胶生产保护区，落实到田头地块。

——坚持统筹兼顾、持续发展。围绕保核心产能、保产业安全，正确处理中央与地方、当前与长远、生产与生态之间的关系，充分调动各方面积极性，形成建设合力，确保农业可持续发展和生态改善。

——坚持政策引导、农民参与。完善支持政策和制度保障体系，充分尊重农民自主经营的意愿和保护农民土地的承包经营权，积极引导农民参与“两区”划定、建设和管护，鼓励农民发展粮食和重要农产品生产。

——坚持完善机制、建管并重。建立健全激励和约束机制，加强“两区”建设和管护工作，稳定粮食和重要农产品种植面积，保持种植收益在合理水平，确保“两区”建得好、管得住，能够长久发挥作用。

（三）主要目标。力争用3年时间完成10.58亿亩“两区”地块的划定任务，做到全部建档立卡、上图入库，实现信息化和精准化管理；力争用5年时间基本完成“两区”建设任务，形成布局合理、数量充足、设施完善、产能提升、管护到位、生产现代化的“两区”，国家粮食安全的基础更加稳固，重要农产品自给水平保持稳定，农业产业安全显著增强。

1. 粮食生产功能区。划定粮食生产功能区9亿亩，其中6亿亩用于稻麦生产。以东北平原、长江流域、东南沿海优势区为重点，划定水稻生产功能区3.4亿亩；以黄淮海地区、长江中下游、西北及西南优势区为重点，划定小麦生产功能区3.2亿亩（含水稻和小麦复种区6000万亩）；以松嫩平原、三江平原、辽河平原、黄淮海地区以及汾河和渭河流域等优势区为重点，划定玉米生产功能区4.5亿亩（含小麦和玉米复种区1.5亿亩）。

2. 重要农产品生产保护区。划定重要农产品生产保护区 2.38 亿亩(与粮食生产功能区重叠 8000 万亩)。以东北地区为重点,黄淮海地区为补充,划定大豆生产保护区 1 亿亩(含小麦和大豆复种区 2000 万亩);以新疆为重点,黄河流域、长江流域主产区为补充,划定棉花生产保护区 3500 万亩;以长江流域为重点,划定油菜籽生产保护区 7000 万亩(含水稻和油菜籽复种区 6000 万亩);以广西、云南为重点,划定糖料蔗生产保护区 1500 万亩;以海南、云南、广东为重点,划定天然橡胶生产保护区 1800 万亩。

二、科学合理划定"两区"

(四)科学确定划定标准。粮食生产功能区和大豆、棉花、油菜籽、糖料蔗生产保护区划定应同时具备以下条件:水土资源条件较好,坡度在 15 度以下的永久基本农田;相对集中连片,原则上平原地区连片面积不低于 500 亩,丘陵地区连片面积不低于 50 亩;农田灌排工程等农业基础设施比较完备,生态环境良好,未列入退耕还林还草、还湖还湿、耕地休耕试点等范围;具有粮食和重要农产品的种植传统,近三年播种面积基本稳定。优先选择已建成或规划建设的高标准农田进行"两区"划定。天然橡胶生产保护区划定的条件:风寒侵袭少、海拔高度低于 900 米的宜胶地块。

(五)自上而下分解任务。根据全国"两区"划定总规模和各省(区、市)现有永久基本农田保护面积、粮食和重要农产品种植面积等因素,将划定任务分解落实到各省(区、市)。各省(区、市)人民政府要按照划定标准和任务,综合考虑当地资源禀赋、发展潜力、产销平衡等情况,将本省(区、市)"两区"面积细化分解到县(市、区)。要将产粮大县作为粮食生产功能区划定的重点县。

(六)以县为基础精准落地。县级人民政府要根据土地利用、农业发展、城乡建设等相关规划,按照全国统一标准和分解下达的"两区"划定任务,结合农村土地承包经营权确权登记颁证和永久基本农田划定工作,明确"两区"具体地块并统一编号,标明"四至"及拐点坐标、面积以及灌排工程条件、作物类型、承包经营主体、土地流转情况等相关信息。依托国土资源遥感监测"一张图"和综合监管平台,建立电子地图和数据库,建档立卡、登记造册。

(七)审核和汇总划定成果。各省(区、市)人民政府要及时组织开展"两区"划定成果的核查验收工作,在公告公示无异议后,将有关情况报送农业部、国家发展改革委、国土资源部,同时抄送财政部、住房城乡建设部、水利部。农业部、国土资源部要指导各省(区、市)建立"两区"电子地图和数据库,形成全国"两区"布局"一张图"。农业部、国家发展改革委要会同有关部门汇总全国"两区"划定成果并向国务院报告。

三、大力推进"两区"建设

(八)强化综合生产能力建设。依据高标准农田建设规划和土地整治规划等,按照集中连片、旱涝保收、稳产高产、生态友好的要求,积极推进"两区"范围内的高标准农田建设。加强"两区"范围内的骨干水利工程和中小型农田水利设施建设,因地制宜兴建"五小水利"工程,大力发展节水灌溉,打通农田水利"最后一公里"。加强天然橡胶生产基地建设,加快老龄残次、低产低质胶园更新改造,强化胶树抚育和管护,提高橡胶产出水平和质量。

(九)发展适度规模经营。加大"两区"范围内的新型经营主体培育力度,优化支持方向和领域,使其成为"两区"建设的骨干力量。以"两区"为平台,重点发展多种形式的适度规模经营,健全农村经营管理体系,加强对土地经营权流转和适度规模经营的管理服务。引导和支持"两区"范围内的经营主体根据市场需要,优化生产结构,加强粮食产后服务体系建设,增加绿色优质农产品供给。

(十)提高农业社会化服务水平。适应现代农业发展的要求,着力深化"两区"范围内的基层农技推广机构改革,抓紧构建覆盖全程、综合配套、便捷高效的农业社会化服务体系,提升农技推广和服务能力。以"两区"为重点,深入开展绿色高产高效创建,加快优良品种、高产栽培技术普及应用,提升农作物生产全程机械化水平,积极推广"互联网+"、物联网、云计算、大数据等现代信息技术。

四、切实强化"两区"监管

(十一)依法保护"两区"。根据农业法、土地管理法、基本农田保护条例、农田水利条例等法律法规要求,完善"两区"保护相关制度,将宝贵的水土资源保护起来。各省(区、市)要根据当地实际需要,积极推动制定"两区"监管方面的地方性法规或政府规章。严格"两区"范围内永久基本农田管理,确保其数量不减少、质量不降低。

(十二)落实管护责任。各省(区、市)要按照"谁使用、谁受益、谁管护"的原则,将"两区"地块的农业基础设施管护责任落实到经营主体,督促和指导经营主体加强设施管护。创新农田水利工程建管模式,鼓励农民、农村集体经济组织、农民用水合作组织、新型经营主体等参与建设、管理和运营。

(十三)加强动态监测和信息共享。综合运用现代信息技术,建立"两区"监测监管体系,定期对"两区"范围内农作物品种和种植面积等进行动态监测,深入分析相关情况,实行精细化管理。建立"两区"信息报送制度,及时更新"两区"电子地图和数据库。建立健全数据安全保障机制,落实责任主体,在保证信息安全的前提下,开放"两区"电子地图和数据库接口,实现信息互通、资源共享。

（十四）强化监督考核。农业部、国家发展改革委要会同国土资源部等部门结合粮食安全省长责任制，对各省（区、市）“两区”划定、建设和管护工作进行评价考核，评价考核结果与“两区”扶持政策相挂钩。各省（区、市）要切实抓好“两区”的监督检查，将相关工作作为地方政府绩效考评的重要内容，并建立绩效考核和责任追究制度。

五、加大对“两区”的政策支持

（十五）增加基础设施建设投入。把“两区”作为农业固定资产投资安排的重点领域，现有的高标准农田、大中型灌区续建配套及节水改造等农业基础设施建设投资要积极向“两区”倾斜。创新“两区”建设投融资机制，吸引社会资本投入，加快建设步伐。

（十六）完善财政支持政策。完善均衡性转移支付机制，健全粮食主产区利益补偿机制，逐步提高产粮大县人均财力保障水平。进一步优化财政支农结构，创新资金投入方式和运行机制，推进“两区”范围内各类涉农资金整合和统筹使用。率先在“两区”范围内建立以绿色生态为导向的农业补贴制度。

（十七）创新金融支持政策。鼓励金融机构完善信贷管理机制，创新金融支农产品和服务，拓宽抵质押物范围，在符合条件的“两区”范围内探索开展粮食生产规模经营主体营销贷款试点，加大信贷支持。完善政府、银行、保险公司、担保机构联动机制，深化小额贷款保证保险试点，优先在“两区”范围内探索农产品价格和收入保险试点。推动“两区”农业保险全覆盖，健全大灾风险分散机制。

六、加强组织领导

（十八）明确部门分工。国务院有关部门要加强指导、协调和监督检查，确保各项任务落实到位。国家发展改革委要会同有关部门做好统筹协调，适时组织第三方评估。财政部要会同有关部门加强财政补贴资金的统筹和整合，优化使用方向。农业部、国土资源部要会同有关部门确定各省（区、市）“两区”划定任务，制定相关划定、验收、评价考核操作规程和管理办法，做好上图入库工作。人民银行、银监会、保监会要创新和完善“两区”建设金融支持政策。

（十九）落实地方责任。各省（区、市）人民政府对“两区”划定、建设和管护工作负总责，要成立由政府负责同志牵头、各有关部门参加的协调机制，逐级签订责任书，层层落实责任；要根据当地实际情况，细化制定具体实施办法、管理细则，出台相关配套政策，抓好工作落实。

国务院办公厅关于印发 2017年食品安全重点工作安排的通知

（2017年4月6日　国办发〔2017〕28号）

《2017年食品安全重点工作安排》已经国务院同意，现印发给你们，请认真贯彻执行。

2017年食品安全重点工作安排

食品安全关系广大人民群众身体健康和生命安全，加强食品安全工作是各级党委政府的重大政治任务。2016年，全国食品安全形势总体稳定向好，但问题依然复杂严峻。为贯彻党中央、国务院关于食品安全工作的决策部署，落实“四个最严”要求，强化源头严防、过程严管、风险严控监管措施，加快解决人民群众普遍关心的突出问题，提高食品安全治理能力和保障水平，推进供给侧结构性改革和全面小康社会建设，现就2017年食品安全重点工作作出如下安排：

一、加强食品安全法治建设

完善办理危害食品安全刑事案件的司法解释，推动掺假造假行为直接入刑。（中央政法委牵头，高法院、高检院、公安部、农业部、国家卫生计生委、海关总署、质检总局、食品药品监管总局配合）加快完善食品安全相关法律制度，抓紧修订食品安全法实施条例，基本完成食品安全法配套规章制修订，落实处罚到人。推动地方食品生产经营小作坊、小摊贩、小餐饮管理办法在年内全部出台。启动农产品质量安全法修订，贯彻落实新修订的农药管理条例。研究制定餐厨垃圾回收和资源化处理相关法规。（食品药品监管总局、农业部、国家发展改革委、国务院法制办按职责分工负责）修订出台学校食堂与外购学生集中用餐食品安全管理规定。（教育部牵头，国家卫生计生委、食品药品监管总局配合）制定食品相关产品监管办法，抓紧修订进出口食品安全管理办法。（质检总局牵头，国家卫生计生委、食品药品监管总局配合）加强食品安全法治教育，各级食品安全监管人员、各类食品生产经营单位负责人、主要从业人员全年接受不少于40小时的食品安全集中培训。完善食品安全行政执法程序，加强行政处罚法律适用的指导。规范执法行为，强化执法监督，开展执法检查，做好行政复议和应诉工作。（国务院有关部门、各省级人民政府负责）

二、完善食品安全标准

推动食品安全标准与国际标准对接。继续完善食品安全标准体系，制修订一批重点急需的重金属污染、有机污染物、婴幼儿配方食品、特殊医学用途配方食品、保健食品等食品安全国家标准及其检测方法。加强标准的宣传、培训与跟踪评价，强化标准制定、执行和监管的衔接。加强地方食品安全标准制修订与管理，指导地方清理标准，建立地方标准目录。（国家卫生计生委牵头，农业部、质检总局、食品药品监管总局、国家粮食局配合）加强食品中非法添加物质的检验方法研究。（科技部、国家卫生计生委、食品药品监管总局按职责分工负责）加快制定蔬菜及特色农产品的农药残留和小品种畜禽水产品的兽药残留限量标准，新制定农药残留标准1000项、兽药残留标准100项，全面清理整合和修订农药兽药残留检测方法。颁布进口农产品的农药兽药残留限量标准制定规范，启动分类制定“一律”限量标准。（农业部牵头，质检总局配合）完善粮食质量安全标准体系。（国家粮食局牵头，质检总局配合）

三、净化农业生产环境

启动土壤污染状况详查，推动土壤污染防治立法和土壤环境质量标准修订，落实大气、水、土壤污染防治行动计划，开展土壤污染综合防治先行区建设和土壤污染治理与修复技术应用试点。年底前出台农用地土壤环境管理办法，发布农用地土壤环境质量标准。（环境保护部负责）严格控制在优先保护类耕地集中区域新建有色金属冶炼、石油加工、化工、焦化、电镀、制革等行业企业，现有相关行业企业要采用新技术、新工艺，加快提标升级改造步伐。（环境保护部、国家发展改革委牵头，工业和信息化部配合）深入开展耕地质量保护与提升行动，推进农业面源污染防治攻坚行动。总结长株潭试点经验，加快重金属污染耕地修复和种植结构调整，指导中轻度污染耕地安全利用以及重度污染耕地食用农产品禁止生产区划定。（农业部负责）落实国务院关于加强粮食重金属污染治理的各项措施，处理好调整种植结构和保护农民利益的关系。（国家发展改革委、财政部、农业部、国家粮食局等部门会同相关省级人民政府负责）

四、加强种养环节源头治理

推行良好农业规范，在规模化生产经营主体落实生产记录台账制度。加强农药兽药安全间隔期、休药期管理。实施高毒农药定点经营、实名购买制度，禁止高毒农药用于蔬菜、瓜果、茶叶、中草药等农作物的生产，分期分批对高毒农药采取禁限用措施。实施兽用处方药管理和兽药二维码追溯制度。加大科学种养技术培训力度，指导农户依法科学合理使用农药、兽药、化肥、饲料和饲料添加剂，严禁使用“瘦肉精”、孔雀石绿、硝基呋喃等禁用物质。（农业部牵头，质检总局配合）推行病虫害、动物疫病统防统治专业化服务，扶持培育经营性服务组织。（农业部牵头，质检总局、财政部配合）推进食用农产品合格证管理试点。深入推进畜禽、水产品质量安全专项整治，集中治理农药兽药残留超标突出问题。（农业部牵头，食品药品监管总局配合）

五、严格生产经营过程监管

推进风险分级制度落地，在风险分级基础上加强日常监督检查，贯彻“双随机、一公开”原则，通过彻查隐患、抽检“亮项”、处罚到人、公开信息，曝光所有违法违规企业，倒逼生产经营者落实主体责任。坚持问题导向，加大专项检查和飞行检查力度，推行检查表格化、抽检制度化、责任网格化，落实日常检查和监督抽检两个责任。对婴幼儿配方乳粉生产企业进行食品安全生产规范体系检查。在大型食品和食品相关产品生产企业全面推行危害分析和关键控制点（HACCP）体系，鼓励获得认证。推动企业建立食品安全追溯体系。开展放心菜、放心肉超市创建活动，督促食用农产品批发市场、网络第三方平台开办者落实食品安全管理责任。鼓励有条件的地方对小摊贩、小餐饮实行集中规范管理。加强食品相关产品生产企业监管，规范标识标注。严格实施进口食品境外生产企业注册，加强对已注册企业事中事后监管。（质检总局、食品药品监管总局按职责分工负责）加强“放心粮油”供应网络质量安全监管。（国家粮食局负责）深入开展农村食品安全治理，重点排查治理农村及城乡结合部地区突出食品安全风险隐患，有针对性地强化长效机制建设。（农业部、工商总局、食品药品监管总局按职责分工负责）加大对校园及周边地区食品安全监管力度，落实学校食堂食品安全管理责任，严防发生群体性食物中毒事件。（教育部、食品药品监管总局按职责分工负责）贯彻实施铁路运营食品安全管理办法，推进列车快餐供应商资质管理，做好春暑运铁路食品安全工作。（中国铁路总公司负责）实施餐饮业食品安全提升工程，大力倡导餐饮服务单位“明厨亮灶”，落实进货查验、原料控制、环境卫生等制度，落实餐饮单位质量安全管理主体责任。加强对网络订餐的监管，及时查处网络订餐违法经营行为。（食品药品监管总局负责）

六、严密防控食品安全风险

组织实施国家食品安全风险监测计划，加大风险监测评估力度。推进部门间、地区间风险监测、评估和监督抽检信息共享，用好互联网、大数据，加强风险监测结果通报与会商研判，为风险防控提供技术支持。（国家卫生计生委牵头，农业部、质检总局、食品药品监管总局、国家粮食局配合）开展农产品质量安全风险隐患摸底排查，加强风险监测、评估和监督抽检，依法公布抽检信息。（农业部负责）对重点产品、重点问题加强监督抽检和风险监测。（食品药品监管总局、国家卫生计生委按职责分工负责）按照下管一级的原则，统筹国家、省、市、县四级抽检计划，扩大抽检覆盖面，提高问题发现率和不合格产品核查处置率。规范食品快速检测方法评价工作。建立风险预警交流工作体系，及时发布食品安全抽检信息、风险警示或消费提示。探索开展大型食品企业风险交流，完善重要信息直报制度和直报网络，加强食品安全舆情监测预警，制订国家食品安全突发事件应急预案。（食品药品监管总局负责）实施进口食品安全放心工程，加强对高风险、高关注度进口食品监管。落实进口食品进出口商备案管理制度。进一步强化国境口岸食品安全监管，加强进出口食用农产品和饲料安全监管，开展风险监控。（质检总局负责）推广食品安全责任保险，鼓励食品生产经营企业投保食品安全责任保险。（国务院食品安全办牵头，保监会配合）

七、促进食品产业转型升级

深入实施农业标准化战略，突出优质、安全和绿色导向，严格无公害农产品、绿色食品、有机农产品和农产品地理标志（“三品一标”）认证，以及良好农业规范认证，围绕市场需求调整农产品种养结构。（农业部、质检总局按职责分工负责）出台促进食品工业健康发展的指导意见，推进食品工业结构调整和转型升级。打造食品加工产业集群，引导食品加工企业向主产区、优势产区、产业园区集中，加大技术改造支持力度，促进食品工业增品种、提品质、创品牌。（国家发展改革委、工业和信息化部按职责分工负责）加快修订乳制品工业产业政策，进一步严格行业准入，推动婴幼儿配方乳粉企业兼并重组，发布实施婴幼儿配方乳粉追溯体系行业标准。（工业和信息化部牵头，国家发展改革委、农业部、食品药品监管总局配合）推广“生产基地＋中央厨房＋餐饮门店”、“生产基地＋加工企业＋商超销售”等产销模式。（农业部、食品药品监管总局、各省级人民政府按职责分工负责）加强餐厨废弃物、肉类加工废弃物和不合格畜禽产品的资源化利用和无害化处理，严防“地沟油”流向餐桌。（国家发展改革委、住房城乡建设部、农业部、工业和信息化部按职责分工负责）研究制定加快发展冷链物流保障食品安全促进消费升级的意见，完善食品冷链物流标准体系，鼓励社会力量和市场主体加强食品冷链物流基础设施建设。（国家发展改革委牵头，农业部、商务部、国家卫生计生委、质检总局、食品药品监管总局等部门配合）推进出口食品企业内外销“同线同标同

质”工程。(质检总局牵头)

八、严厉打击食品安全违法犯罪

保持高压震慑态势,加大监督检查频次,严惩食品安全违法犯罪行为。重拳整治非法添加、超范围超限量使用添加剂、滥用农药兽药等农业投入品、制假售假、私屠滥宰等违法行为。所有食品安全违法行为均应追究到人,并向社会公开被处罚人的信息。建立健全重大违法犯罪案件信息发布制度,控制产品风险和社会风险,保障公众知情权。(食品药品监管总局、农业部、公安部、国务院食品安全办按职责分工负责)加强行政执法与刑事司法的衔接。完善涉嫌犯罪案件移送、信息通报机制,解决食品安全违法犯罪案件取证难、移送难、入罪难以及检验认定经费、检验结论出具、涉案产品处置等问题。(中央政法委、食品药品监管总局牵头,农业部、质检总局、公安部、高检院配合)加大对虚假违法食品广告的查处力度。(工商总局负责)进一步加大对食品相关产品的执法打假力度。(质检总局负责)加大对重点敏感食品走私的打击力度。(海关总署负责)

九、建立统一权威的食品安全监管体制

完善食品药品安全监管体制,加强统一性、专业性和权威性,充实基层监管力量。实行综合执法的地方,要把食品药品安全监管作为首要职责。(国务院食品安全办、食品药品监管总局牵头,中央编办配合)依托现有资源,加快建设职业化食品药品检查员队伍,设置相应的专业技术岗位、技术职务,开展专业技能培训,合理确定薪酬待遇,用专业性保证权威性。(食品药品监管总局牵头,中央编办、人力资源社会保障部、财政部配合)

十、加强食品安全基础和能力建设

增强食品安全监管统一性和专业性,切实提高食品安全监管水平和能力。落实“十三五”国家食品安全规划,将规划实施情况纳入对省级人民政府的考评内容。建立规划实施情况年度监测评估机制,各相关部门要制定具体实施方案。加强基层食品安全和农产品质量安全的监管机构与技术机构能力建设,推动实现业务用房、执法车辆、执法装备配备标准化。强化各级公安机关食品药品犯罪专业侦查力量。加强食品安全和农产品质量安全检验机构管理。加强食品相关产品检验检测能力建设。(食品药品监管总局、公安部、农业部、国家卫生计生委、质检总局、国家发展改革委、财政部等部门,各省级人民政府按职责分工负责)制定鼓励政策,发挥大专院校、科研院所等社会检验检测资源作用。加强食品和农产品检验机构资质认定工作,公布食品检验复检机构名录,引入第三方检验服务。(农业部、国家卫生计生委、质检总局、食品药品监管总局按职责分工负责)继续推动食品检验检测认证机构整合。

（质检总局、中央编办牵头，食品药品监管总局配合）加强粮食质量安全检验监测体系建设，强化基层粮食质量安全检验监测能力。（国家粮食局牵头，质检总局配合）应用“互联网+”检验检测技术，推动食品安全检验检测新业态发展。通过国家科技计划（专项、基金等），开展食品安全关键技术研发和科技创新示范。（科技部负责）加快食品安全监管信息化工程项目建设，建立全国统一的食品安全信息平台。（食品药品监管总局牵头，工业和信息化部、商务部、国家卫生计生委、质检总局、国家粮食局配合）完善农产品质量安全追溯体系，试运行国家农产品质量安全追溯管理信息平台。（农业部负责）加强肉类、婴幼儿配方乳粉、蔬菜等重要产品追溯体系建设，加快推进省级重要产品追溯管理平台建设。（工业和信息化部、商务部按职责分工负责）编制食品安全2030规划纲要。编写食品安全年度报告。（国务院食品安全办牵头，国务院食品安全委员会相关成员单位配合）

十一、推动食品安全社会共治

加强食品安全新闻宣传，做好舆论监督，营造良好舆论环境。（中央宣传部负责）举办“全国食品安全宣传周”活动，展示国家食品安全示范城市和农产品质量安全县创建（“双安双创”）行动成果。深入开展食品安全法普法宣传。（国务院食品安全办牵头，国务院食品安全委员会相关成员单位配合）强化食品安全科普网点建设，推进食品安全科普工作队伍建设和示范创建，提高公众食品安全科学素养。（中国科协负责）通过多种形式开展学生食品安全教育。（教育部负责）贯彻实施食品工业企业诚信管理体系国家标准，开展食品工业企业诚信管理体系评价。（工业和信息化部负责）加强投诉举报体系能力建设，畅通投诉举报渠道。建立健全食品安全信用档案并依法及时向社会公布，加强对食品生产经营严重失信者的联合惩戒。（国务院食品安全委员会相关成员单位按职责分工负责）

十二、落实食品安全责任制

各地要把加强食品安全工作作为重大政治任务来抓，作为公共安全问题来抓，主要负责同志亲自抓，保证监管工作有责任、有岗位、有人员、有手段，支持监管部门履行职责。发挥食品安全委员会统一领导、食品安全办综合协调作用，加强各级食品安全办力量，强化食品安全工作的统筹协调，健全沟通协调机制，完善风险交流和形势会商工作机制。（各省级人民政府负责）进一步加大食品安全投入力度，加强基层监管力量和基础设施建设，推动实现基层装备标准化，保障各级食品安全监管所需经费，特别是检验检测经费。（各省级人民政府，食品药品监管总局、财政部等部门按职责分工负责）深入开展“双安双创”行动，对首批食品安全示范城市命名授牌，打造农产品质量安全县示范样板，开展第二批农产品质量安全县创建，组织召开“双安双创”现场会。（国务院食品安全办牵头，农业部、食品药品监管总局配合）推进出口食品农产品质量安全示范区建设。（质检总局负责）组织对各省级人民政府食品安全工作督查和现场考核，强化督查考核结果运用。（国务院食品安全办牵头，国务院食品安全委员会相关成员单位配合）建立食品安全工作绩效与履职评定、奖励惩处挂钩制度。（各省级人民政府负责）建立健全食品安全责任制和责任追究制度，研究制定食品安全工作问责办法。（国务院食品安全办牵头，监察部配合）依法依纪严肃追究重大食品安全事件中失职渎职责任。（监察部负责）

国务院批转国家发展改革委关于2017年深化经济体制改革重点工作意见的通知

（2017年4月13日　国发〔2017〕27号）

国务院同意国家发展改革委《关于2017年深化经济体制改革重点工作的意见》，现转发给你们，请认真贯彻执行。

关于2017年深化经济体制改革重点工作的意见

2017年是实施“十三五”规划的重要一年，是供给侧结构性改革的深化之年，做好全年经济体制改革工作意义重大。根据中央全面深化改革领导小组年度重点工作安排和《政府工作报告》部署，现就2017年深化经济体制改革重点工作提出以下意见。

一、总体要求

在以习近平同志为核心的党中央领导下，高举中国特色社会主义伟大旗帜，全面贯彻党的十八大和十八届三中、四中、五中、六中全会精神，以邓小平理论、“三个代表”重要思想、科学发展观为指导，深入贯彻习近平总书记系列重要讲话精神和治国理政新理念新思想新战略，统筹推进“五位一体”总体布局和协调推进“四个全面”战略布局，坚持稳中求进工作总基调，牢固树立和贯彻落实新发展理念，适应把握引领经济发展新常态，坚持以提高发展质量和效益为中心，坚持宏观政策要稳、产业政策要准、微观政策要活、改革政策要实、社会政策要托底的政策思路，坚持以推进供给侧结构性改革为主线，以有利于增添经济发展动力、有利于促进社会公平正义、有利于增强人民群众获得感、有利于调动广大干部群众积极性的改革为重点，持续深化经济体制改革。要坚持基本经济制度，坚持社会主义市场经济改革方向，坚持扩大开放，全面落实党的十八大以来党中央、国务院部署的改革任务，突出重点难点，突出抓好牵一发动全身的改革，推动改革精准落地，提高改革整体效能，扩大改革受益面，更好发挥改革牵引作用，更好解决经济社会发展面临的突出矛盾和问题，有效引导市场预期，增强内生发展动力，促进经济平稳健康发展和社会和谐稳定，以优异成绩迎接党的十九大胜利召开。

二、以供给侧结构性改革为主线持续深化经济体制改革

供给侧结构性改革的最终目的是满足需求，主攻方向是提高供给质量，根本途径是深化改革。要处理好政府和市场的关系、短期和长期的关系、减法和加法的关系、供给和需求的关系，加快推动各项改革落地。

*用改革的办法深入推进“三去一降一补”，推动五大任务有实质性进展。*扎实有效去产能。更多运用市场化法治化手段，持续推动钢铁、煤炭、煤电等行业化解过剩产能，严格执行环保、能耗、质量、安全等相关法律法规和标准，完善职工安置、债务处置、资产处理等政策及市场化退出机制，确保职工平稳转岗就业。因城施策去库存。把去库存和促进人口城镇化结合起来，坚持住房的居住属性，推进住房公积金制度改革，健全购租并举的住房制度，继续发展公租房等保障性住房，因地制宜、多种方式提高货币化安置比例，加快培育和发展住房租赁市场，加快建立和完善促进房地产市场平稳健康发展长效机制。积极稳妥去杠杆。把降低企业杠杆率作为重中之重，促进企业盘活存量资产，推进资产证券化，支持市场化法治化债转股，发展多层次资本市场，加大股权融资力度，强化企业特别是国有企业财务杠杆约束。多措并举降成本。通过减轻企业税费负担、继续适当降低“五险一金”有关缴费比例、降低制度性交易成本、降低用能和物流成本等措施，持续综合施策降低实体经济企业成本。精准加力补短板。创新投融资体制，进一步放开基础产业和基础设施、公用事业、公共服务等领域，进一步放宽非公有制经济市场准入，加快提升公共服务、基础设施、创新发展、资源环境等支撑能力。深入实施精准扶贫精准脱贫，创新扶贫协作机制。

*持续转变政府职能，坚持使市场在资源配置中起决定性作用和更好发挥政府作用。*把简政放权、放管结合、优化服务改革作为供给侧结构性改革的重要内容，持续增加有效制度供给。围绕重点领域关键环节持续加大简政放权

力度,做到该放则放、放而到位,降低实体经济特别是制造业的准入门槛,全面实行清单管理制度,减少政府的自由裁量权,增加市场的自主选择权。围绕营造公平竞争环境强化事中事后监管,完善社会信用体系,全面实施公平竞争审查制度,推动完善竞争有序的市场体系。围绕提高智能便捷、公平可及水平,优化政府服务,大力推行"互联网+政务服务",让企业和群众更多感受到"放管服"改革成效,着力打通"最后一公里"。

增强市场主体活力,着力振兴实体经济。以提高质量、效益和竞争力为中心,坚持品牌引领升级,广泛开展质量提升行动,加强全面质量管理,健全优胜劣汰质量竞争机制,全面提高创新供给能力,以创新引领实体经济转型升级。推进国有企业和重点行业改革,打破行业垄断和地方保护,完善产权保护制度,激发和保护企业家精神。加快培育壮大经济发展新动能,制定新兴产业监管规则,引导和促进新兴产业健康发展,进一步激发市场活力和社会创造力,增强微观主体内生动力。大力改造提升传统产业,增强企业对市场需求变化的反应和调整能力,加强激励,鼓励创新,提高资源配置效率和全要素生产率。

保障和改善民生,推动实现共享发展。完善就业政策,优化收入分配和社会保障体制机制,加快教育、医药卫生、文化、社会治理等领域改革,织密扎牢民生保障网,进一步提高社会事业和公共服务供给质量和水平,加快新型城镇化和城乡一体化体制创新,不断满足人民群众对美好生活的新期待。

三、深化"放管服"改革

以清单管理推动减权放权。制定国务院部门权力和责任清单,推进行政审批标准化、规范化。制定职业资格、行政审批中介服务、政府定价收费等方面清单。清理取消一批生产和服务许可证,加快向国际通行的产品认证管理转变。深化商事制度改革,制定企业设立后的经营许可清单,实行多证合一,扩大"证照分离"改革试点。加快扩大市场准入负面清单试点,为 2018 年全面实施市场准入负面清单制度创造条件。

完善事中事后监管制度。实现"双随机、一公开"监管全覆盖,加大事中事后监管力度,提高事中事后监管的针对性和有效性,保障市场公平竞争。推进综合行政执法,健全跨部门、跨区域执法协作机制。加快国务院部门和地方政府信息系统互联互通,形成全国统一政务服务平台。推进社会信用体系建设,充分发挥全国信用信息共享平台作用,建立健全政府部门间协同监管和联合奖惩机制,完善国家企业信用信息公示系统,加强信用监管。建立健全企业标准领跑者制度,大力培育发展团体标准,增加新兴产业标准供给,完善产品质量追溯体系,推动建立惩罚性赔偿制度。完善食品药品安全监管体制机制。

创新政府配置资源方式。落实关于创新政府配置资源方式的指导意见,深化全民所有自然资源资产有偿使用制度改革，建立公共资源目录清单，推动公共资源纳入统一平台交易，提高公共资源配置效率和效益。全面完成公务用车制度改革。

持续深化投融资体制改革。落实关于深化投融资体制改革的意见，在一定领域、区域内先行试点企业投资项目承诺制，发挥规划政策对投资的规范引导作用，探索创新以政策性条件引导、企业信用承诺、监管有效约束为核心的管理模式。出台政府投资条例。促进创业投资持续健康发展。大力推行政府和社会资本合作（PPP）模式。抓紧制定政府支持铁路等重大公益性基础设施建设和运营优惠政策。

深化价格改革。全面完成省级电网输配电价首轮改革试点，合理核定区域电网和跨省跨区电网输电价格，指导各地制定地方电网和新增配电网配电价格。深化天然气价格改革。全面推进农业水价综合改革。继续推进医疗服务价格改革，全面推开城市公立医院医药价格改革，深入开展按病种收费工作。制定出台普通旅客列车运输定价成本监审办法。深化道路客运、民航国内航线旅客票价改革。深入开展涉企收费清理规范。完善价格管理制度，修订政府定价行为规则、价格听证办法、行政事业性收费标准管理办法等规章制度。

四、深入推进国企国资改革

全面推进国企改革“1+N”文件落地见效。以提高国有企业质量和效益为中心，抓住关键环节实施突破，增强国有企业核心竞争力。基本完成国有企业公司制改革，探索在中央企业集团层面实行股权多元化，推进董事会建设，形成有效制衡的公司法人治理结构、灵活高效的市场化经营机制。深入推进中央企业兼并重组，持续推进国有企业瘦身健体、提质增效，进一步突出主业，抓紧剥离办社会职能，解决历史遗留问题。改善和加强国有资产监管，实现国有资产保值增值。加快推动国有资本投资、运营公司改革试点。坚持党管干部原则与董事会依法产生、董事会依法选择经营管理者、经营管理者依法行使用人权相结合，探索建立中央企业领导人员分类分层管理制度。研究制定改革国有企业工资决定机制的意见，启动国有企业职业经理人薪酬制度改革试点。制定实施深化东北地区国有企业改革专项工作方案。

深化国有企业混合所有制改革。按照完善治理、强化激励、突出主业、提高效率的要求，深化混合所有制改革，在电力、石油、天然气、铁路、民航、电信、军工等领域迈出实质性步伐，严格规范混合所有制改革操作流程和审批程序，严格执行重大事项请示报告制度，在引入合格非国有战略投资者、完善法人治理结构、建立市场化激励约束机制和薪酬管理体系、探索实行国家特殊管理股制度、探索企业法人治理结构与党建工作有机结合的途径和方式等方面,形成可复制可推广的经验。指导推动各地积极稳妥开展混合所有制改革试点。在纳入首批试点的中央企业所属子企业和地方国有企业,规范推进国有控股混合所有制企业员工持股试点,成熟一户、开展一户,及时进行阶段性总结。支持非公有制企业、股权投资基金等各方参与国有企业混合所有制改革,主业处于充分竞争行业和领域的商业类国有企业,积极引入其他国有资本或各类非国有资本实现股权多元化,国有资本可以绝对控股、可以相对控股,也可以参股。

加大重点行业改革力度。加快推进电力体制改革,有序放开发用电计划,扩大电力市场化交易规模,完善可再生能源消纳保障机制,加快电力交易机构股份制改造,积极培育售电侧市场主体,深入开展增量配电业务改革试点。出台实施石油天然气体制改革方案,加快研究制定改革配套政策和专项方案。全面实施盐业体制改革,打破食盐生产批发经营区域限制,完善食盐储备和监管机制,保证食盐安全稳定供应。

五、加强产权保护制度建设

推动产权保护举措落地。落实关于完善产权保护制度依法保护产权的意见,抓紧总结一批产权保护方面的好案例,剖析一批侵害产权的案例,甄别纠正一批社会反映强烈的产权纠纷申诉案件。推动民法典编纂工作,清理有违公平的法律法规条款。落实关于加强政务诚信建设的指导意见,完善政府守信践诺机制。

激发和保护企业家精神。出台激发和保护企业家精神的意见,抓紧研究制定配套政策措施,加强对优秀企业家的社会荣誉激励,完善对企业家的优质高效务实服务,健全企业家容错帮扶机制。完善支持企业家专心创新创业的政策体系,支持企业家持续创新、转型发展。加强企业家精神的培育传承。

六、深化财税体制改革

加快推进财政事权和支出责任划分改革。落实关于推进中央与地方财政事权和支出责任划分改革的指导意见,争取在部分基本公共服务领域取得突破性进展。推进省以下相关领域财政事权和支出责任划分改革。制定中央和地方收入划分总体方案,研究提出健全地方税体系方案,进一步理顺中央与地方财政分配关系,发挥中央和地方两个积极性。

深化预算管理制度改革。加大财政支出优化整合力度,清理一般公共预算中以收定支事项。将中央国有资本经营预算调入一般公共预算的比例提高到22%。深入推进政府预决算公开。制定中央部门购买服务指导性目录。建立健全各类公共资源出让收益管理和监督制度体系。加快制定出台政府会计准则制度，开展政府财务报告编制试点。

改革完善税收制度。落实和完善全面推开营改增政策，简化增值税税率结构，由四档税率简并至三档。深化资源税改革，扩大水资源税改革试点范围。

七、推进金融体制改革

深入推进利率汇率市场化改革。加快完善利率市场化形成和调控机制，推动市场基准利率和收益率曲线建设，健全国债收益率曲线。进一步完善人民币汇率市场化形成机制，增强汇率弹性，保持人民币在全球货币体系中的稳定地位。稳妥有序推进人民币国际化。稳步推进企业外债登记制管理改革，建立健全宏观审慎管理框架下的外债和资本流动管理体系。

深化金融机构和金融监管体制改革。继续引导和支持大中型商业银行设立普惠金融事业部，实行差别化考核评价办法和支持政策，做好小微企业和“三农”金融服务。推动大型商业银行完善现代金融企业制度。完善开发银行、政策性银行治理结构，合理划分业务范围，加强内部管控和外部监管。有序推动民营银行发展，支持符合规定条件的各类出资主体申请设立和投资入股非银行金融机构。推进农村信用社改革，强化服务“三农”功能。大力发展绿色金融。稳妥推进科技创新企业投贷联动试点。加快设立国家融资担保基金。积极稳妥推进金融监管体制改革，加强金融宏观审慎管理制度建设。推进统一资产管理产品标准规制。完善存款保险制度。

深化多层次资本市场改革。完善股票发行、交易和上市公司退市等基础性制度，积极发展创业板、新三板，规范发展区域性股权市场。积极配合修订证券法。修订上市公司治理准则。完善事中事后监管制度，从严从重打击资本市场的各类违法违规行为。完善债券市场基础设施，推进企业债券注册管理制改革，健全债券发行人信息披露制度，健全信用风险市场化处置机制。开展基础设施资产证券化试点。在严格控制试点规模和审慎稳妥前提下，稳步扩大银行不良资产证券化试点参与机构范围。

完善现代保险制度。加强农业保险制度建设，在部分地区对适度规模经营农户实施大灾保险，提高保险覆盖面和理赔标准，完善农业再保险体系。积极开发适应新型农业经营主体需求的保险品种，稳步开展价格保险、收入保险试点，逐步扩大“保险+期货”试点。推动地方开展覆盖洪水、台风等灾因的巨灾保险实践探索。拓宽保险资金支持实体经济和参与基础设施建设渠道。

八、完善城乡发展一体化体制机制

健全新型城镇化体制机制。深化户籍制度改革，落实人地挂钩、支持农业转移人口市民化财政政策，实现户籍人口城镇化率提高1个百分点以上，加快居住证制度全覆盖。推动各地有序扩大城镇学位供给,加快建立以居住证为主要依据的随迁子女入学政策。优化行政区划设置,推动一批具备条件的县和特大镇有序设市,出台市辖区设置标准。深入推进经济发达镇行政管理体制改革,构建符合基层政权定位、适应城镇化发展需要的新型行政管理体制。深入推进国家新型城镇化综合试点。推进建筑业改革发展。

深入推进农业供给侧结构性改革。积极稳妥推进粮食等重要农产品价格形成机制和收储制度改革,健全玉米市场化收购加补贴机制,坚持并完善稻谷、小麦最低收购价政策,完善棉花目标价格政策,调整大豆目标价格政策,促进农业结构调整优化。落实以绿色生态为导向的农业补贴制度,提高补贴政策指向性和精准性。改革财政支农投入机制,探索建立涉农资金统筹整合长效机制,将贫困县财政涉农资金整合试点推广到全部贫困县。出台实施完善粮食主产区利益补偿机制的意见。创新农业节水灌溉体制机制。

稳步推进农村集体产权制度改革。加快推进农村承包地确权登记颁证,扩大整省试点范围,细化和落实农村土地"三权分置"办法,培育新型农业经营主体和服务主体。开展土地经营权入股发展农业产业化经营试点。全面开展农村集体资产清产核资,明晰产权归属,稳妥有序、由点及面推进农村集体经营性资产股份合作制改革。扩大农村集体产权制度改革试点。统筹推进农村土地制度改革三项试点,形成可推广的改革成果。全面加快"房地一体"的农村宅基地和集体建设用地确权登记发证工作。稳妥推进农村承包土地的经营权和农民住房财产权抵押贷款试点。全面总结并推广成渝统筹城乡综合配套改革试验的经验做法。

九、健全创新驱动发展体制机制

建立健全科技创新激励机制。改革科技评价制度,制定出台科技人才评价、科研机构创新绩效评价、科研事业单位领导人员管理等改革文件,探索实行有别于行政机关和行政人员的科研机构和科研人员管理制度,激发科技人员创新创业潜能和活力。完善科技成果转移转化体系。全面完成中央财政科技计划和资金管理改革,出台国家重点研发计划管理办法及配套制度。

完善创新创业支撑政策体系。深入推进全面创新改革试验,全面开展169项重大改革举措试点,在创新激励、知识产权、军民融合等方面形成一批改革经验并加快推广。再建设一批国家自主创新示范区、高新区,进一步深化国家自主创新示范区政策试点,进一步提升高新区创新发展能力。启动科技型中小企业评价工作。持续推进大众创业、万众创新,梳理一批成熟的"双创"模式和经验在全国范围内推广,新建一批"双创"示范基地,鼓励大企业和科研院所、高校设立专业化众创空间,提升科技企业孵化器和众创空间服务能力，打造面向大众的“双创”全程服务体系。开展知识产权综合管理改革试点，完善知识产权创造、保护和运用体系。开展新一轮服务业综合改革试点。

十、加快构建开放型经济新体制

*创新外商投资管理体制。*修订外商投资产业指导目录，进一步放宽服务业、制造业、采矿业外资准入。对外资全面实施准入前国民待遇加负面清单管理模式。高标准高水平建设自由贸易试验区，持续拓展自由贸易试验区改革开放试点深度和广度，在更大范围复制推广成熟经验。促进开发区改革和创新发展。

*引导对外投资健康有序发展。*扎实推进“一带一路”建设，加快陆上经济走廊和海上合作支点建设，构建沿线大通关合作机制。深化国际产能合作，带动我国装备、技术、标准、服务走出去。加快人民币海外合作基金筹建。完善对外投资管理制度，加强对外投资真实性审查，建立对外投资黑名单制度。

*构建外贸可持续发展新机制。*支持市场采购贸易、外贸综合服务企业发展，积极培育外贸发展新动能，推进服务贸易创新发展试点，设立服务贸易创新发展引导基金。鼓励扩大出口信用保险覆盖面，不断优化费率。推广国际贸易“单一窗口”，实现全国通关一体化和通关作业无纸化。

十一、大力推进社会体制改革

*推动养老保险制度改革。*改革和完善基本养老保险制度，制定划转部分国有资本充实社保基金实施方案，在健全激励约束机制、强化基金征缴等措施基础上，研究制定基本养老保险基金中央调剂制度方案。积极发展企业年金和职业年金，开展个人税收递延型商业养老保险试点。全面放开养老服务市场，推进老龄事业发展和养老体系建设，建立以居家为基础、社区为依托、机构为补充、医养结合的多层次养老服务体系，提高养老服务质量。

*深入推进教育体制改革。*深化考试招生制度改革，积极稳妥推进高考综合改革试点，完善普通高等教育招生计划编制办法，进一步缩小高考录取率省际差距。统一城乡义务教育学生“两免一补”政策，实现相关教育经费随学生流动可携带。强化教育督导，加强教师队伍建设。出台深化产教融合的政策措施，推动职业教育、高等教育与产业链、创新链要素创新融合。深入推进教育管办评分离。

*深化医疗、医保、医药联动改革。*全面推开城市公立医院综合改革，全部取消药品加成，推进现代医院管理制度建设。推进公立医院人事制度改革，创新机构编制管理，建立以公益性为导向的考核评价机制，开展公立医院薪酬制度改革试点。健全医疗保险稳定可持续筹资和报销比例调整机制，提高城乡居民医保财政补助标准，同步提高个人缴费标准，扩大用药保障范围。改进个

人账户，开展门诊统筹。深化医保支付方式改革，推进基本医保全国联网和异地就医结算，基本实现异地安置退休人员和符合规定的转诊人员就医住院医疗费用直接结算。继续推进城乡居民医保制度整合和政策统一。开展生育保险和基本医疗保险合并实施试点。在85%以上的地市开展分级诊疗试点和家庭签约服务，全面启动多种形式的医疗联合体建设试点。进一步改革完善药品生产流通使用政策，逐步推行公立医疗机构药品采购"两票制"。深化药品医疗器械审评审批制度改革。出台支持社会力量提供多层次多样化医疗服务的政策措施。

加快构建现代公共文化服务体系。坚持保基本、补短板，以县为单位全面落实基本公共文化服务标准，以标准化促进基本公共文化服务均等化。完善公共文化服务设施运管机制，创新公共文化服务供给方式，鼓励社会力量参与公共文化服务体系建设。

深化事业单位和社会组织改革。在事业单位分类的基础上，积极开展承担行政职能事业单位改革试点，稳步推进从事生产经营活动事业单位转企改制，建立健全与不同类别相适应的财政支持、财务、资产、收入分配、社会保障等配套政策，提高公益服务质量和效率。总结评估行业协会商会与行政机关脱钩改革试点经验，扩大试点范围，促进行业协会商会成为依法设立、自主办会、服务为本、治理规范、行为自律的社会组织。

十二、深化生态文明体制改革

完善主体功能区制度。研究提出完善主体功能区战略和制度的意见，调整修订主体功能区规划，推动形成陆域海域全覆盖的主体功能区布局。建立健全资源环境承载能力监测预警长效机制，开展长江经济带资源环境承载能力评价和预警。以主体功能区规划为基础统筹各类空间性规划，推进"多规合一"。编制国家级、省级国土规划。指导浙江、福建、广西等9省区开展省级空间规划试点，研究制定编制市县空间规划的意见。健全重点生态功能区产业准入负面清单制度。

深化生态文明建设试点示范。推进国家生态文明试验区建设，编制国家生态文明试验区（江西）实施方案和国家生态文明试验区（贵州）实施方案。健全国土空间用途管制制度，开展自然生态空间用途管制试点。稳步推进三江源、大熊猫、东北虎豹等9个国家公园体制试点，出台国家公园体制总体方案。开展健全国家自然资源资产管理体制试点。

完善生态环境保护制度。加快建立覆盖所有固定污染源的控制污染物排放许可制。健全生态环境监测、环境保护督察制度。创新河湖管护体制机制，强化河湖执法监督，全面推行河长制。加强围填海管控和海岸线保护与利用管理，实施国家海洋督查制度。启动全国碳排放权交易市场。健全全面保护天然林制度，继续推进新一轮退耕还林还草和退耕还湿试点。

*深入推进国有林场和国有林区改革。*基本完成国有林场改革主要任务。因地制宜逐步推进国有林区政企分开，创新森林资源管护机制和监管体制。研究化解国有林场林区金融债务问题。

*健全自然资源资产产权制度。*继续推动自然资源产权制度改革。全面完成不动产统一登记工作，实现登记机构、登记簿册、登记依据和信息平台"四统一"。以不动产统一登记为基础开展自然资源统一确权登记试点。制定领导干部自然资源资产离任审计暂行规定。

十三、加强改革任务落实和总结评估

*加强已出台改革方案督促落实。*完善跨部门的统筹协调机制，健全改革落实责任制，充分调动地方和基层推动改革的积极性主动性。加强对国企国资、财税、金融、投资、土地、城镇化、社会保障、生态文明、对外开放等基础性重大改革的统筹推进，抓紧细化实施方案，打通政策落实的"最后一公里"，加强督查督办和工作考核，确保改革举措落实到位、取得实效。

*加强对改革实施效果的评估。*采取自评估、第三方评估、社会调查等方式开展改革效果评估。对评估和督查反映出来的问题，要列出清单，明确整改责任，限期挂账整改。对于改革推进过程中出现的新情况新问题，有针对性地提出解决办法，及时调整完善改革措施。

*加强改革试点经验总结推广。*支持鼓励地方和基层结合实际大胆闯大胆试，建立健全试点经验总结推广工作机制，对已开展的各类试点进行认真总结，巩固改革试点成果。对经实践证明行之有效的经验和做法，及时加以总结并在更大范围推广。更多挖掘鲜活案例和典型样本，树立改革标杆，放大示范效应。

*加强改革理论提炼创新。*对党的十八大以来改革创新理论深入研究，在转变政府职能、基本经济制度新内涵、新的产权观、新型混合所有制经济理念、与现代国家治理体系相适应的现代财政制度等方面，总结提炼改革开放重大创新理论，更好发挥创新理论对深化改革的指导作用，引领改革开放实现新突破、取得新辉煌。

附件：2017 年经济体制改革重点任务分工表

附件

2017年经济体制改革重点任务分工表

序号	改 革 任 务	责 任 单 位
1	扎实有效去产能。	国家发展改革委、工业和信息化部、财政部、人力资源社会保障部、国务院国资委、国家能源局(所列部门为主要牵头单位,参加单位不一一列出,下同)
2	因城施策去库存。	住房城乡建设部
3	积极稳妥去杠杆。	国家发展改革委、人民银行、财政部、银监会
4	多措并举降成本。	国家发展改革委、工业和信息化部、财政部、人民银行
5	精准加力补短板。	国家发展改革委
6	深入实施精准扶贫精准脱贫。	国务院扶贫办
7	全面实施公平竞争审查制度。	国家发展改革委、财政部、商务部、工商总局等
8	大力推行“互联网+政务服务”。	国务院办公厅、国家发展改革委
9	广泛开展质量提升行动,加强全面质量管理。	质检总局
10	制定国务院部门权力和责任清单。	中央编办
11	制定职业资格、行政审批中介服务、政府定价收费等方面清单。	人力资源社会保障部、国务院审改办、国家发展改革委按职责分工负责
12	清理取消一批生产和服务许可证。	质检总局、工业和信息化部、国务院审改办
13	深化商事制度改革,制定企业设立后的经营许可清单,实行多证合一,扩大“证照分离”改革试点。	工商总局、国务院审改办、国家发展改革委、质检总局等按职责分工负责
14	加快扩大市场准入负面清单试点。	国家发展改革委、商务部
15	实现“双随机、一公开”监管全覆盖。	工商总局牵头,海关总署、质检总局、食品药品监管总局等按职责分工负责
16	推进综合行政执法,健全跨部门、跨区域执法协作机制。	中央编办、国务院法制办
17	推进社会信用体系建设。	国家发展改革委、人民银行

续表

序号	改　革　任　务	责　任　单　位
18	建立健全企业标准领跑者制度，增加新兴产业标准供给，完善产品质量追溯体系，推动建立惩罚性赔偿制度。	质检总局
19	完善食品药品安全监管体制机制。	国务院食品安全办、食品药品监管总局
20	落实关于创新政府配置资源方式的指导意见。	国家发展改革委、财政部、国土资源部、国务院国资委等
21	全面完成公务用车制度改革。	国家发展改革委、国管局
22	落实关于深化投融资体制改革的意见，在一定领域、区域内先行试点企业投资项目承诺制。出台政府投资条例。促进创业投资持续健康发展。	国家发展改革委、国务院法制办、财政部、证监会
23	大力推行政府和社会资本合作(PPP)模式。	财政部、国家发展改革委按职责分工负责
24	抓紧制定政府支持铁路等重大公益性基础设施建设和运营优惠政策。	国家发展改革委、财政部、交通运输部、国家铁路局
25	深化价格改革。	国家发展改革委、财政部、水利部、农业部、交通运输部、中国民航局等
26	基本完成国有企业公司制改革。	国务院国资委、财政部、国土资源部、税务总局、工商总局
27	深入推进中央企业兼并重组，持续推进国有企业瘦身健体、提质增效，抓紧剥离办社会职能，解决历史遗留问题。	国务院国资委、财政部
28	改善和加强国有资产监管。	国务院国资委、财政部
29	加快推动国有资本投资、运营公司改革试点。	财政部、国务院国资委
30	探索建立中央企业领导人员分类分层管理制度。	国务院国资委、人力资源社会保障部、中央组织部

续表

序号	改革任务	责任单位
31	研究制定改革国有企业工资决定机制的意见，启动国有企业职业经理人薪酬制度改革试点。	人力资源社会保障部、财政部、国务院国资委
32	制定实施深化东北地区国有企业改革专项工作方案。	国务院国资委、国家发展改革委、财政部
33	深化国有企业混合所有制改革。	国家发展改革委、国务院国资委、财政部、证监会
34	加快推进电力体制改革。	国家发展改革委
35	出台实施石油天然气体制改革方案。	国家发展改革委
36	全面实施盐业体制改革。	国家发展改革委、工业和信息化部
37	落实关于完善产权保护制度依法保护产权的意见。	国家发展改革委、公安部、国土资源部、国务院法制办等
38	激发和保护企业家精神。	国家发展改革委、工业和信息化部、人力资源社会保障部、国务院国资委、全国工商联等
39	加快推进中央与地方财政事权和支出责任划分改革。	财政部
40	深化预算管理制度改革。	财政部
41	改革完善税收制度。	财政部、税务总局
42	加快完善利率市场化形成和调控机制。	人民银行、财政部
43	进一步完善人民币汇率市场化形成机制。稳妥有序推进人民币国际化。	人民银行、国家外汇局
44	稳步推进企业外债登记制管理改革，建立健全宏观审慎管理框架下的外债和资本流动管理体系。	国家发展改革委、人民银行、国家外汇局
45	继续引导和支持大中型商业银行设立普惠金融事业部，实行差别化考核评价办法和支持政策，做好小微企业和“三农”金融服务。	银监会、人民银行

续表

序号	改革任务	责任单位
46	推动大型商业银行完善现代金融企业制度。完善开发银行、政策性银行治理结构。	人民银行、财政部、银监会
47	有序推动民营银行发展，支持符合规定条件的各类出资主体申请设立和投资入股非银行金融机构。	银监会
48	大力发展绿色金融。	人民银行、财政部、国家发展改革委、环境保护部、银监会、证监会、保监会
49	稳妥推进科技创新企业投贷联动试点。	银监会、科技部、人民银行
50	加快设立国家融资担保基金。	财政部、人民银行、银监会
51	积极稳妥推进金融监管体制改革。	中央编办、人民银行、银监会、证监会、保监会、财政部、国家发展改革委
52	完善股票发行、交易和上市公司退市等基础性制度，积极发展创业板、新三板，规范发展区域性股权市场。	证监会
53	积极配合修订证券法。	证监会、国务院法制办、人民银行
54	修订上市公司治理准则。完善事中事后监管制度，从严从重打击资本市场的各类违法违规行为。	证监会
55	完善债券市场基础设施，推进企业债券注册管理制改革，健全债券发行人信息披露制度，健全信用风险市场化处置机制。	人民银行、国家发展改革委、证监会按职责分工负责
56	开展基础设施资产证券化试点。	人民银行、证监会
57	在严格控制试点规模和审慎稳妥前提下，稳步扩大银行不良资产证券化试点参与机构范围。	人民银行、银监会
58	完善现代保险制度。	保监会、财政部

续表

序号	改革任务	责任单位
59	深化户籍制度改革，落实人地挂钩、支持农业转移人口市民化财政政策，实现户籍人口城镇化率提高1个百分点以上，加快居住证制度全覆盖。	公安部、国家发展改革委、财政部、国土资源部
60	推动各地有序扩大城镇学位供给，加快建立以居住证为主要依据的随迁子女入学政策。	教育部、国家发展改革委、住房城乡建设部、国土资源部、人力资源社会保障部
61	优化行政区划设置，推动一批具备条件的县和特大镇有序设市，出台市辖区设置标准。	民政部
62	深入推进经济发达镇行政管理体制改革。	中央编办
63	深入推进国家新型城镇化综合试点。	国家发展改革委
64	推进建筑业改革发展。	住房城乡建设部
65	积极稳妥推进粮食等重要农产品价格形成机制和收储制度改革。	国家发展改革委、财政部、国家粮食局、农业部
66	落实以绿色生态为导向的农业补贴制度。	财政部、农业部
67	改革财政支农投入机制。	财政部、国家发展改革委
68	出台实施完善粮食主产区利益补偿机制的意见。	财政部、国家发展改革委、农业部
69	创新农业节水灌溉体制机制。	水利部、国家发展改革委、财政部
70	加快推进农村承包地确权登记颁证。细化和落实农村土地“三权分置”办法。	农业部
71	开展土地经营权入股发展农业产业化经营试点。	农业部

续表

序号	改革任务	责任单位
72	全面开展农村集体资产清产核资，明晰产权归属，稳妥有序、由点及面推进农村集体经营性资产股份合作制改革。扩大农村集体产权制度改革试点。	农业部
73	统筹推进农村土地制度改革三项试点。全面加快“房地一体”的农村宅基地和集体建设用地确权登记发证工作。	国土资源部
74	稳妥推进农村承包土地的经营权和农民住房财产权抵押贷款试点。	人民银行、银监会
75	全面总结并推广成渝统筹城乡综合配套改革试验的经验做法。	国家发展改革委
76	制定出台科技人才评价、科研机构创新绩效评价、科研事业单位领导人员管理等改革文件。	科技部
77	完善科技成果转移转化体系。	科技部
78	全面完成中央财政科技计划和资金管理改革，出台国家重点研发计划管理办法及配套制度。	科技部、财政部
79	深入推进全面创新改革试验。	国家发展改革委、科技部
80	再建设一批国家自主创新示范区、高新区。启动科技型中小企业评价工作。	科技部
81	梳理一批成熟的“双创”模式和经验在全国范围内推广，新建一批“双创”示范基地，鼓励大企业和科研院所、高校设立专业化众创空间。	国家发展改革委、科技部按职责分工负责
82	开展知识产权综合管理改革试点。	国家知识产权局、工商总局、新闻出版广电总局
83	开展新一轮服务业综合改革试点。	国家发展改革委

续表

序号	改 革 任 务	责 任 单 位
84	修订外商投资产业指导目录。对外资全面实施准入前国民待遇加负面清单管理模式。	国家发展改革委、商务部
85	高标准高水平建设自由贸易试验区。	商务部
86	促进开发区改革和创新发展。	国家发展改革委、科技部、国土资源部、住房城乡建设部、商务部、海关总署
87	扎实推进“一带一路”建设。	国家发展改革委、外交部、商务部
88	深化国际产能合作。	国家发展改革委、商务部、外交部
89	加快人民币海外合作基金筹建。	人民银行、国家发展改革委、财政部
90	完善对外投资管理制度。	国家发展改革委、商务部
91	支持市场采购贸易、外贸综合服务企业发展,积极培育外贸发展新动能,推进服务贸易创新发展试点,设立服务贸易创新发展引导基金。	商务部、财政部
92	鼓励扩大出口信用保险覆盖面,不断优化费率。	财政部、商务部、保监会
93	推广国际贸易“单一窗口”,实现全国通关一体化和通关作业无纸化。	海关总署、公安部、交通运输部、质检总局、国家铁路局
94	改革和完善基本养老保险制度。	人力资源社会保障部、财政部
95	开展个人税收递延型商业养老保险试点。	财政部、税务总局、保监会
96	全面放开养老服务市场,推进老龄事业发展和养老体系建设,建立以居家为基础、社区为依托、机构为补充、医养结合的多层次养老服务体系,提高养老服务质量。	民政部、全国老龄办、国家发展改革委、财政部、人力资源社会保障部、国家卫生计生委等按职责分工负责

续表

序号	改 革 任 务	责 任 单 位
97	深入推进教育体制改革。深化考试招生制度改革,积极稳妥推进高考综合改革试点。统一城乡义务教育学生“两免一补”政策。深入推进教育管办评分离。	教育部、财政部
98	深化医疗、医保、医药联动改革。	国家卫生计生委、人力资源社会保障部、财政部、中央编办、食品药品监管总局、国家发展改革委等按职责分工负责
99	加快构建现代公共文化服务体系。	文化部、国家发展改革委、新闻出版广电总局、财政部等按职责分工负责
100	积极开展承担行政职能事业单位改革试点,稳步推进从事生产经营活动事业单位转企改制,建立健全与不同类别相适应的财政支持、财务、资产、收入分配、社会保障等配套政策。	中央编办牵头,财政部、人力资源社会保障部等按职责分工负责
101	总结评估行业协会商会与行政机关脱钩改革试点经验,扩大试点范围。	国家发展改革委、民政部
102	完善主体功能区制度。	国家发展改革委、国土资源部、环境保护部、住房城乡建设部、国家海洋局
103	推进国家生态文明试验区建设。	国家发展改革委
104	健全国土空间用途管制制度,开展自然生态空间用途管制试点。	国土资源部
105	稳步推进三江源、大熊猫、东北虎豹等9个国家公园体制试点,出台国家公园体制总体方案。	国家发展改革委、中央编办、国家林业局、环境保护部等
106	开展健全国家自然资源资产管理体制试点。	中央编办、国家发展改革委
107	加快建立覆盖所有固定污染源的控制污染物排放许可制。健全生态环境监测、环境保护督察制度。	环境保护部
108	创新河湖管护体制机制。	水利部

续表

序号	改 革 任 务	责 任 单 位
109	加强围填海管控和海岸线保护与利用管理，实施国家海洋督查制度。	国家海洋局
110	启动全国碳排放权交易市场。	国家发展改革委
111	健全全面保护天然林制度，继续推进新一轮退耕还林还草和退耕还湿试点。	国家林业局、国家发展改革委、财政部等按职责分工负责
112	深入推进国有林场和国有林区改革。	国家发展改革委、国家林业局牵头，中央编办、财政部、银监会等按职责分工负责
113	继续推动自然资源产权制度改革。	国土资源部
114	全面完成不动产统一登记工作。开展自然资源统一确权登记试点。	国土资源部
115	制定领导干部自然资源资产离任审计暂行规定。	审计署

国务院关于做好当前和今后一段时期就业创业工作的意见

（2017 年 4 月 13 日　国发〔2017〕28 号）

就业是 13 亿多人口最大的民生，也是经济发展最基本的支撑。党中央、国务院坚持把就业放在经济社会发展的优先位置，强力推进简政放权、放管结合、优化服务改革，营造鼓励大众创业、万众创新的良好环境，加快培育发展新动能，就业局势保持总体稳定。但也要看到，当前经济社会发展中还存在不少困难和问题，部分地区、行业、群体失业风险有所上升，招工难与就业难并存的结构性矛盾加剧，新就业形态迅速发展对完善就业政策提出了新要求。面对就业形势的新变化和新挑战，必须把就业作为重中之重，坚持实施就业优先战略和更加积极的就业政策，坚决打好稳定和扩大就业的硬仗，稳住就业基本盘，在经济转型中实现就业转型，以就业转型支撑经济转型。现就进一步做好就业创业工作提出以下意见。

一、坚持实施就业优先战略

（一）促进经济增长与扩大就业联动。稳增长的主要目的是保就业，要创新宏观调控方式，把稳定和扩大就业作为区间调控的下限，保持宏观政策连续性稳定性，促进经济中高速增长，增强对就业拉动能力。若城镇新增就业大幅下滑、失业率大幅攀升，要加大财政政策和货币政策调整实施力度，促进经济企稳向好，确保就业稳定。加强经济政策与就业政策衔接，在制定财税、金融、产业、贸易、投资等重大政策时，要综合评价对就业岗位、就业环境、失业风险等带来的影响，促进经济增长与扩大就业联动、结构优化与就业转型协同。（国家发展改革委、财政部、工业和信息化部、商务部、人民银行、税务总局等负责。列第一位者为牵头单位，下同）

（二）促进产业结构、区域发展与就业协同。优化发展环境，推进实施政府和社会资本合作，大力发展研究设计、电子商务、文化创意、全域旅游、养老服务、健康服务、人力资源服务、服务外包等现代服务业。完善多元化产业体系，既注重发展资本、技术和知识密集的先进制造业、战略性新兴产业，又要支持劳动密集型产业发展，降低实体经济成本，推进传统产业绿色改造，创造更多就业机会。结合区域发展战略实施，引导东部地区产业向中西部和东北地区有序转移，落实完善中西部地区外商投资优势产业目录，支持中西部地区利用外资，引导劳动者到重点地区、重大工程、重大项目、重要领域就业。（国家发展改革委、科技部、工业和信息化部、民政部、财政部、人力资源社会保障部、商务部、文化部、国家卫生计生委、国家旅游局等负责）

（三）发挥小微企业就业主渠道作用。落实小微企业降税减负等一系列扶持政策和清理规范涉企收费有关政策。着力推进小微企业创新发展，推动小微企业创业创新示范基地建设，搭建公共服务示范平台。加大科研基础设施、大型科研仪器向小微企业开放力度，为小微企业产品研发、试制提供支持。鼓励高校、科研院所及企业向小微企业转移科技成果，有条件的地区可推动开放共享一批基础性专利或购买一批技术资源，支持小微企业协同创新。（工业和信息化部、国家发展改革委、教育部、科技部、财政部、税务总局、国家知识产权局等负责）

（四）缓解重点困难地区就业压力。促进资源型城市转型发展，实施替代产业培育行动计划，扶持劳动密集型产业、服务业和小微企业发展。补齐基础设施短板，加大对商贸流通、交通物流、信息网络等建设和改造项目的倾斜力度，完善公共服务设施，实施西部和东北地区人力资源市场建设援助计划。强化人才支撑，加大招才引智力度，引导科研院所、博士后工作站、高校在具备条件的资源型城市布局，对急需紧缺人才可提供研究场地、科研经费、安家补助等政策支持。对地处偏远、资源枯竭、不适宜居住的独立工矿区,有组织地开展跨地区劳务对接。对去产能任务重、待岗职工多、失业风险大的困难地区,实施就业援助行动。(国家发展改革委、教育部、科技部、工业和信息化部、财政部、人力资源社会保障部、交通运输部、商务部、全国总工会、共青团中央、全国妇联等负责)

二、支持新就业形态发展

(五)支持新兴业态发展。以新一代信息和网络技术为支撑,加强技术集成和商业模式创新,推动平台经济、众包经济、分享经济等创新发展。改进新兴业态准入管理,加强事中事后监管。将鼓励创业创新发展的优惠政策面向新兴业态企业开放,符合条件的新兴业态企业均可享受相关财政、信贷等优惠政策。推动政府部门带头购买新兴业态企业产品和服务。(国家发展改革委、工业和信息化部、财政部、商务部、人民银行、工商总局等负责)

(六)完善适应新就业形态特点的用工和社保等制度。支持劳动者通过新兴业态实现多元化就业,从业者与新兴业态企业签订劳动合同的,企业要依法为其参加职工社会保险,符合条件的企业可按规定享受企业吸纳就业扶持政策。其他从业者可按灵活就业人员身份参加养老、医疗保险和缴纳住房公积金,探索适应灵活就业人员的失业、工伤保险保障方式,符合条件的可享受灵活就业、自主创业扶持政策。加快建设"网上社保",为新就业形态从业者参保及转移接续提供便利。建立全国住房公积金异地转移接续平台,为跨地区就业的缴存职工提供异地转移接续服务。(人力资源社会保障部、财政部、住房城乡建设部等负责)

三、促进以创业带动就业

(七)优化创业环境。持续推进"双创",全面落实创业扶持政策,深入推进简政放权、放管结合、优化服务改革。深化商事制度改革,全面实施企业"五证合一、一照一码"、个体工商户"两证整合",部署推动"多证合一"。进一步减少审批事项,规范改进审批行为。指导地方结合实际整合市场监管职能和执法力量,推进市场监管领域综合行政执法改革,着力解决重复检查、多头执法等问题。(国家发展改革委、中央编办、工商总局等按职责分工负责)

(八)发展创业载体。加快创业孵化基地、众创空间等建设,试点推动老旧商业设施、仓储设施、闲置楼宇、过剩商业地产转为创业孵化基地。整合部门资源,发挥孵化基地资源集聚和辐射引领作用,为创业者提供指导服务和政策扶持,对确有需要的创业企业,可适当延长孵化周期。各地可根据创业孵化基地入驻实体数量和孵化效果,给予一定奖补。(人力资源社会保障部、国家发展改革委、科技部、财政部、住房城乡建设部等负责)

（九）加大政策支持。继续实施支持和促进重点群体创业就业的税收政策。对首次创办小微企业或从事个体经营并正常经营1年以上的高校毕业生、就业困难人员，鼓励地方开展一次性创业补贴试点工作。对在高附加值产业创业的劳动者，创业扶持政策要给予倾斜。（财政部、人力资源社会保障部、税务总局等负责）

（十）拓宽融资渠道。落实好创业担保贷款政策，鼓励金融机构和担保机构依托信用信息，科学评估创业者还款能力，改进风险防控，降低反担保要求，健全代偿机制，推行信贷尽职免责制度。促进天使投资、创业投资、互联网金融等规范发展，灵活高效满足创业融资需求。有条件的地区可通过财政出资引导社会资本投入，设立高校毕业生就业创业基金，为高校毕业生创业提供股权投资、融资担保等服务。（人民银行、国家发展改革委、财政部、人力资源社会保障部、银监会、证监会等负责）

四、抓好重点群体就业创业

（十一）鼓励高校毕业生多渠道就业。实施高校毕业生就业创业促进计划，健全涵盖校内外各阶段、就业创业全过程的服务体系，促进供需对接和精准帮扶。教育引导高校毕业生树立正确的就业观念，促进他们更好参与到就业创业活动中，敢于通过创业实现就业。实施高校毕业生基层成长计划，引导鼓励高校毕业生到城乡基层、中小微企业就业，落实学费补偿、助学贷款代偿、资金补贴等政策，建立高校毕业生“下得去、留得住、干得好、流得动”的长效机制。鼓励高校毕业生到社会组织就业，对于吸纳高校毕业生就业的社会组织，符合条件的可同等享受企业吸纳就业扶持政策。鼓励科研项目单位吸纳高校毕业生参与研究，按规定将社会保险补助纳入劳务费列支，劳务费不设比例限制。鼓励大学生应征入伍，落实好学费资助、助学贷款代偿、优抚安置等政策。合理安排机关事业单位招录（招聘）和高校毕业生基层服务项目招募时间，优化录用（聘用）流程，为高校毕业生求职就业提供便利。支持高校毕业生到国际组织实习任职。加大就业见习力度，允许就业见习补贴用于见习单位为见习人员办理人身意外伤害保险以及对见习人员的指导管理费用，艰苦边远地区、老工业基地、国家级贫困县可将见习对象范围扩大到离校未就业中职毕业生。加大对困难高校毕业生的帮扶力度，将求职创业补贴补助范围扩展到贫困残疾人家庭、建档立卡贫困家庭高校毕业生和特困人员中的高校毕业生。促进留学回国人员就业创业，实施留学人员回国创新创业启动支持计划，鼓励留学人员以知识产权等无形资产入股方式创办企业。简化留学人员学历认证等手续，降低服务门槛，依法为全国重点引才计划引进人才及由政府主管部门认定的海外高层次留学人才申请永久居留提供便利。实施有效的人才引进和扶持政策，吸引更多人才回流，投身创业创新。（人力资源社会保障部、教育部、工业和信息化部、公安部、财政部、民政部、人民银行、工商总局、国家知识产权局、全国总工会、共青团中央、中国残联等负责）

（十二）稳妥安置化解钢铁煤炭煤电行业过剩产能企业职工。鼓励去产能企业多渠道分流安置职工，支持企业尽最大努力挖掘内部安置潜力，对不裁员或少裁员的，降低稳岗补贴门槛，提高稳岗补贴标准。促进分流职工转岗就业创业，对单位新增岗位吸纳去产能分流人员的，按规定给予企业吸纳就业扶持政策；对自主创业的分流人员，要优先安排入驻各类创业孵化基地，落实创业扶持政策；对确实难以安置的就业困难人员，新增及腾退的公益性岗位要优先安置。要将符合条件的去产能企业下岗职工纳入现行就业创业政策扶持范围。积极稳妥、依法依规处理劳动关系，对本轮化解钢铁煤炭煤电行业过剩企业产能职工因解除劳动合同依法取得的一次性补偿收入，符合相关税收法律法规规定条件的，可享受相关个人所得税政策。稳妥做好国有企业瘦身健体、提质增效、剥离企业办社会职能过程中的职工安置工作。（人力资源社会保障部、国家发展改革委、工业和信息化部、财政部、国务院国资委、税务总局、全国总工会等负责）

（十三）健全城乡劳动者平等就业制度。农村转移劳动者在城镇常住并处于无业状态的，可在城镇常住地进行失业登记。公共就业服务机构要为其提供均等化公共就业服务和普惠性就业政策，并逐步使外来劳动者与当地户籍人口享有同等的就业扶持政策。对在农村常住并处于无地无业状态的劳动者，有条件的地区可探索为其在农村常住地进行失业登记，并提供相应的就业服务和政策扶持。加大对发展潜力大、吸纳农业转移人口多的县城和重点镇用地计划指标倾斜，大力发展特色县域经济、魅力小镇、乡村旅游和农村服务业，为农村劳动者就地就近转移就业创造空间。促进农民工返乡创业，大力发展农民合作社、种养大户、家庭农场、建筑业小微作业企业、“扶贫车间”等生产经营主体，其中依法办理工商登记注册的可按规定享受小微企业扶持政策，对吸纳贫困家庭劳动力就业并稳定就业 1 年以上的，地方可酌情给予一定奖补。鼓励金融机构按照商业化可持续发展原则，运用扶贫再贷款优先支持带动建档立卡贫困户就业发展的企业及家庭农场、专业大户、农民合作社等经济主体。适应新生代农民工就业创业特点，推进职业培训对新生代农民工全覆盖，创新培训内容和方式，多渠道、广领域拓宽就业创业渠道，引导新生代农民工到以“互联网 +”为代表的新产业、新业态就业创业。推动农村劳动力有序外出就业，对人力资源服务机构、劳务经纪人等市场主体开展有组织劳务输出的，给予就业创业服务补贴。加大对贫困人口特别是易地扶贫搬迁贫困人口转移就业的支持力度，确保他们搬得出、稳得住、能致富。（人力资源社会保障部、国家发展改革委、财政部、国土资源部、农业部、人民银行、国家旅游局、国务院扶贫办等按职责分工负责）

（十四）完善就业援助长效机制。全面落实各项扶持政策，促进结构调整、转型升级中的失业人员再就业。合理确定就业困难人员范围，强化分类帮扶和实名制动态管理，确保零就业家庭、有劳动能力的成员均处于失业状态的低保家庭至少有一人稳定就业。加强社会保障与就业联动，对实现就业的低保对象，在核算其家庭收入时可扣减必要的就业成本，增强其就业意愿和就业稳定性。（人力资源社会保障部、民政部、财政部、中国残联负责）

（十五）促进退役军人就业创业。认真做好军队转业干部安置工作，大力扶持自主择业军队转业干部就业创业，积极开展就业服务、职业培训、创业孵化等服务活动，按规定落实相关扶持政策。加大退役士兵安置工作力度，对符合政府安排工作条件的，要采取刚性措施，确保岗位落实、妥善安置。对自主就业的，要强化教育培训，落实优惠政策，提高就业创业成功率。（人力资源社会保障部、民政部等按职责分工负责）

五、强化教育培训和就业创业服务

（十六）提高教育培训质量。坚持面向市场、服务发展、促进就业的人力资源开发导向，着力化解就业结构性矛盾。深入推进高校创新创业教育改革，加快高校学科专业结构调整优化，健全专业预警和动态调整机制，深化课程体系、教学内容和教学方式改革。更好发挥职业教育和职业培训作用，推进职业教育和职业培训精准对接产业发展需求、精准契合受教育者需求，加快发展现代职业教育，着力提高学生的就业能力和创造能力。实施现代职业教育质量提升计划、产教融合发展工程、高技能人才振兴计划和大国工匠培训支持计划，统筹普通高中和中等职业教育协调发展，提高中等职业教育招生比例，大力发展技工教育，大规模开展职业培训，广泛开展岗位练兵、技术比武、技能竞赛、师徒帮教等活动，加快培育大批具有专业技能和工匠精神的高素质劳动者和技术技能人才，确保企业职工教育经费足额提取并合理使用。健全技能人才多元化评价机制，完善技能人才职业技能等级认定政策并做好与职业资格制度的衔接，建立职业资格、职业技能等级与相应职称比照认定制度，用人单位聘用的高级工、技师、高级技师可比照相应层级工程技术人员享受同等待遇。（教育部、国家发展改革委、财政部、人力资源社会保障部、全国总工会、共青团中央等按职责分工负责）

（十七）完善职业培训补贴方式。根据产业发展和市场需求，定期发布重点产业职业培训需求、职业资格和职业技能等级评定指导目录，对指导目录内的职业培训和技能鉴定，完善补贴标准，简化审核流程。创新培训模式，探索职业培训包模式，充分运用职业培训补贴，支持优质培训机构开发数字培训课程，支持平台开展网上创业培训，支持培训机构引进国外优质资源或开展联合办学。在现行职业培训补贴直接补贴个人方式基础上，可根据去产能企业失业人员、建档立卡贫困人口的特点，创新培训组织形式，采取整建制购买培训项目、直接补贴培训机构等方式开展集中培训。依法参加失业保险3年以上、当年取得职业资格证书或职业技能等级证书的企业职工，可申请参保职工技能提升补贴，所需资金按规定从失业保险基金中列支。（人力资源社会保障部、财政部等负责）

（十八）强化公共就业创业服务。着力推进公共就业创业服务专业化，合理布局服务网点，完善服务功能，细化服务标准和流程，增强主动服务、精细服务意识。创新服务理念和模式，根据不同群体、企业的特点，提供个性化、专业化的职业指导、就业服务和用工指导。加强公共就业创业服务从业人员职业化建设，建立定期培训、持证上岗制度。落实政府购买基本公共就业创业服务制度，充分运用就业创业服务补贴政策，支持公共就业创业服务机构和高校开展招聘活动和创业服务，支持购买社会服务，为劳动者提供职业指导、创业指导、信息咨询等专业化服务。加强公共就业创业服务信息化建设，在充分利用现有平台基础上，建立"互联网+"公共就业创业服务平台，推动服务向移动端、自助终端等延伸，扩大服务对象自助服务范围，推广网上受理、网上办理、网上反馈，实现就业创业服务和管理全程信息化。（人力资源社会保障部、财政部等负责）

（十九）推进人力资源市场建设。加强人力资源市场法治化建设，逐步形成完善的市场管理法规体系。深化人力资源市场整合改革，统筹建设统一规范、竞争有序的人力资源市场体系，打破城乡、地区、行业分割和身份、性别、残疾、院校等歧视。规范招人用人制度和职业中介服务，密切关注女性平等就业情况，促进妇女、残疾人等公平就业。建立与经济社会发展需求相适应的人力资源供求预测和信息发布制度。开展人力资源市场诚信体系建设，加快出台人力资源市场各类标准，创新事中事后监管方式，营造规范有序的市场环境。推进流动人员人事档案管理服务信息化建设。大力发展人力资源服务业，实施人力资源服务业发展推进计划。简化劳动者求职手续，有条件的地区可建立入职定点体检和体检结果互认机制，尽力避免手续过于繁琐、重复体检。（人力资源社会保障部、国家发展改革委、国家卫生计生委、工商总局、全国妇联、中国残联等负责）

六、切实加强组织实施

（二十）强化政府责任。各地要切实履行政府促进就业责任，政府主要负责同志为本地区就业工作第一责任人。完善就业工作目标责任制，纳入党政领导班子工作实绩考核。按照中央与地方财政事权和支出责任划分的原则，合理安排就业资金支出，加强资金使用管理和监督，提高资金使用效益。（人力资源社会保障部、国家发展改革委、财政部等负责）

（二十一）狠抓政策落实。加强政策宣传，强化督查问责和政策落实情况评估。健全激励机制和容错纠错机制，对抓落实有力有效的，加大政策和资金倾斜力度，适时予以表彰；对大胆探索、担当尽责、不谋私利，但在依法依规履行职责过程中由于难以预见因素出现失误或错误的，可容错免责；对不履行或者不正确履行职责的，依纪依法严肃问责。（人力资源社会保障部、监察部、财政部等负责）

（二十二）加强统计监测和形势研判。完善统计监测制度，探索建立新就业形态、劳动者创业等统计监测指标。扩大就业数据信息来源，加强就业数据与宏观经济数据的比对分析，充分利用大数据技术开展就业监测，为加强形势研判、落实完善政策、实施精准服务提供有力支撑。（国家统计局、教育部、人力资源社会保障部、国家发展改革委、工业和信息化部、农业部、商务部、工商总局等负责）

（二十三）防范化解失业风险。增强风险意识和底线思维，根据就业失业重点指标、人力资源市场供求、宏观经济运行等变化，及早发现异常情况和潜在风险，按照分级预警、分层响应、分类施策的原则，制定应对规模性失业风险预案。对出现严重规模性失业风险的地区，省级人民政府可通过提高稳岗补贴标准、开展以工代赈、组织跨地区劳务对接、合理降低企业人工成本、阶段性延长领取失业保险金期限、开展生活帮扶等措施，化解失业风险。（人力资源社会保障部、国家发展改革委、财政部、民政部、商务部、人民银行、工商总局等负责）

各地区、各有关部门要结合实际，进一步细化政策措施，抓好贯彻落实，为保持就业局势稳定、加快推进经济转型升级提供有力保障。

国务院关于印发矿产资源权益金制度改革方案的通知

（2017 年 4 月 13 日　国发〔2017〕29 号）

现将《矿产资源权益金制度改革方案》印发给你们，请认真贯彻执行。

矿产资源权益金制度改革方案

为落实党中央、国务院决策部署，更好地发挥矿产资源税费制度对维护国家权益、调节资源收益、筹集财政收入的重要作用，推进生态文明领域国家治理体系和治理能力现代化，现就矿产资源权益金制度改革制定以下方案。

一、总体要求

（一）指导思想。全面贯彻党的十八大和十八届三中、四中、五中、六中全会精神，深入贯彻习近平总书记系列重要讲话精神和治国理政新理念新思想新战略，认真落实党中央、国务院决策部署，统筹推进“五位一体”总体布局和协调推进“四个全面”战略布局，坚持稳中求进工作总基调，牢固树立和贯彻落实新发展理念，适应把握引领经济发展新常态，按照《生态文明体制改革总体方案》要求，坚持以推进供给侧结构性改革为主线，以维护和实现国家矿产资源权益为重点，以营造公平的矿业市场竞争环境为目的，建立符合我国特点的新型矿产资源权益金制度。

（二）基本原则。一是坚持维护国家矿产资源权益，完善矿产资源税费制度，推进矿业权竞争性出让，营造公平竞争的市场环境，合理调节矿产资源收入，有效遏制私挖乱采、贱卖资源行为。二是坚持落实矿业企业责任，督促企业高效利用资源、治理恢复环境，促进资源集约节约利用，同时按照“放管服”改革要求，加强事中事后监管，维护企业合法权益。三是坚持稳定中央和地方财力格局，兼顾矿产资源国家所有与矿产地利益，合理确定中央与地方矿产资源收入分配比例。

二、主要措施

（一）在矿业权出让环节，将探矿权采矿权价款调整为矿业权出让收益。将现行只对国家出资探明矿产地收取、反映国家投资收益的探矿权采矿权价款,调整为适用于所有国家出让矿业权、体现国家所有者权益的矿业权出让收益。以拍卖、挂牌方式出让的,竞得人报价金额为矿业权出让收益;以招标方式出让的,依据招标条件,综合择优确定竞得人,并将其报价金额确定为矿业权出让收益。以协议方式出让的,矿业权出让收益按照评估价值、类似条件的市场基准价就高确定。矿业权出让收益在出让时一次性确定,以货币资金方式支付,可以分期缴纳。具体征收办法由财政部会同国土资源部另行制定。同时,加快推进矿业权出让制度改革,实现与矿产资源权益金制度有机衔接。全面实现矿业权竞争性出让,严格限制协议出让行为,合理调整矿业权审批权限。

矿业权出让收益中央与地方分享比例确定为4:6,兼顾矿产资源国家所有与矿产地利益,保持现有中央和地方财力格局总体稳定,与我国矿产资源主要集中在中西部地区的国情相适应,同时有效抑制私挖乱采、贱卖资源行为。

(二)*在矿业权占有环节,将探矿权采矿权使用费整合为矿业权占用费。*将现行主要依据占地面积、单位面积按年定额征收的探矿权采矿权使用费,整合为根据矿产品价格变动情况和经济发展需要实行动态调整的矿业权占用费,有效防范矿业权市场中的“跑马圈地”、“圈而不探”行为,提高矿产资源利用效率。

矿业权占用费中央与地方分享比例确定为2:8,不再实行探矿权采矿权使用费按照登记机关分级征收的办法。具体办法由财政部会同国土资源部制定。

(三)*在矿产开采环节,组织实施资源税改革。*贯彻落实党中央、国务院决策部署,做好资源税改革组织实施工作,对绝大部分矿产资源品目实行从价计征,使资源税与反映市场供求关系的资源价格挂钩,建立税收自动调节机制,增强税收弹性。同时,按照清费立税原则,将矿产资源补偿费并入资源税,取缔违规设立的各项收费基金,改变税费重复、功能交叉状况,规范税费关系。

(四)*在矿山环境治理恢复环节,将矿山环境治理恢复保证金调整为矿山环境治理恢复基金。*按照“放管服”改革的要求,将现行管理方式不一、审批动用程序复杂的矿山环境治理恢复保证金,调整为管理规范、责权统一、使用便利的矿山环境治理恢复基金,由矿山企业单设会计科目,按照销售收入的一定比例计提,计入企业成本,由企业统筹用于开展矿山环境保护和综合治理。有关部门根据各自职责,加强事中事后监管,建立动态监管机制,督促企业落实矿山环境治理恢复责任。

三、配套政策

(一)将矿业权出让收益、矿业权占用费纳入一般公共预算管理,并按照矿产资源法、物权法、预算法和《国务院关于印发推进财政资金统筹使用方案的通知》(国发〔2015〕35 号)等有关规定精神,由各级财政统筹用于地质调查和矿山生态保护修复等方面支出。

(二)取消国有地勘单位探矿权采矿权价款转增国家资本金政策,营造公平竞争的市场环境,维护国家矿产资源权益,推动国有地勘单位加快转型,促进实现市场化运作。已转增国家资本金的探矿权采矿权价款可不再补缴,由国家出资的企业履行国有资本保值增值责任,并接受履行国有资产出资人职责的机构监管。

(三)建立健全矿业权人信用约束机制。建立以企业公示、社会监督、政府抽查、行业自律为主要特点的矿业权人信息公示制度,将矿山环境治理恢复与土地复垦方案、矿产资源税费缴纳情况纳入公示内容,设置违法"黑名单",形成政府部门协同联动、行业组织自律管理、信用服务机构积极参与、社会舆论广泛监督的治理格局。

四、组织实施

各地区、各有关部门要充分认识矿产资源权益金制度改革的重要性和紧迫性,按照党中央、国务院决策部署,进一步加强对改革工作的组织领导。财政部、国土资源部要牵头建立矿产资源权益金制度改革部际协调机制,强化统筹协调,明确职责分工,会同有关部门抓紧制定矿产资源权益金征收使用的具体管理办法,妥善做好新旧政策的过渡衔接。各省级政府要切实承担起组织推进本地区矿产资源权益金制度改革的主体责任,扎实稳妥推进各项改革。各地区、各有关部门要强化对改革工作的检查指导,及时发现问题、解决问题,确保矿产资源权益金制度改革顺利实施,重大情况及时报告党中央、国务院。

国务院办公厅关于加快发展冷链物流保障食品安全促进消费升级的意见

(2017 年 4 月 13 日　国办发〔2017〕29 号)

随着我国经济社会发展和人民群众生活水平不断提高,冷链物流需求日趋旺盛,市场规模不断扩大,冷链物流行业实现了较快发展。但由于起步较晚、基础薄弱,冷链物流行业还存在标准体系不完善、基础设施相对落后、专业化水平不高、有效监管不足等问题。为推动冷链物流行业健康规范发展,保障生鲜农产品和食品消费安全,根据食品安全法、农产品质量安全法和《物流业发展中长期规划(2014—2020年)》等,经国务院同意,提出以下意见。

一、总体要求

(一)指导思想。全面贯彻党的十八大和十八届三中、四中、五中、六中全会精神,深入贯彻习近平总书记系列重要讲话精神,认真落实党中央、国务院决策部署,紧紧围绕统筹推进"五位一体"总体布局和协调推进"四个全面"战略布局,牢固树立和贯彻落实创新、协调、绿色、开放、共享的发展理念,深入推进供给侧结构性改革,充分发挥市场在资源配置中的决定性作用,以体制机制创新为动力,以先进技术和管理手段应用为支撑,以规范有效监管为保障,着力构建符合我国国情的"全链条、网络化、严标准、可追溯、新模式、高效率"的现代化冷链物流体系,满足居民消费升级需要,促进农民增收,保障食品消费安全。

(二)基本原则。

市场为主,政府引导。强化企业市场主体地位,激发市场活力和企业创新动力。发挥政府部门在规划、标准、政策等方面的引导、扶持和监管作用,为冷链物流行业发展创造良好环境。

问题导向,补齐短板。聚焦农产品产地"最先一公里"和城市配送"最后一公里"等突出问题,抓两头、带中间,因地制宜、分类指导,形成贯通一、二、三产业的冷链物流产业体系。

创新驱动,提高效率。大力推广现代冷链物流理念,深入推进大众创业、万众创新,鼓励企业利用现代信息手段,创新经营模式,发展供应链等新型产业组织形态,全面提高冷链物流行业运行效率和服务水平。

完善标准,规范发展。加快完善冷链物流标准和服务规范体系,制修订一批冷链物流强制性标准。加强守信联合激励和失信联合惩戒,推动企业优胜劣汰,促进行业健康有序发展。

(三)发展目标。到2020年,初步形成布局合理、覆盖广泛、衔接顺畅的冷链基础设施网络,基本建立"全程温控、标准健全、绿色安全、应用广泛"的冷链物流服务体系,培育一批具有核心竞争力、综合服务能力强的冷链物流企业,冷链物流信息化、标准化水平大幅提升,普遍实现冷链服务全程可视、可追溯,生鲜农产品和易腐食品冷链流通率、冷藏运输率显著提高,腐损率明显降低,食品质量安全得到有效保障。

二、健全冷链物流标准和服务规范体系

按照科学合理、便于操作的原则系统梳理和修订完善现行冷链物流各类标准,加强不同标准间以及与国际标准的衔接,科学确定冷藏温度带标准,形成覆盖全链条的冷链物流技术标准和温度控制要求。依据食品安全法、农产品质量安全法和标准化法，率先研究制定对鲜肉、水产品、乳及乳制品、冷冻食品等易腐食品温度控制的强制性标准并尽快实施。（国家卫生计生委、食品药品监管总局、农业部、国家标准委、国家发展改革委、商务部、国家邮政局负责）积极发挥行业协会和骨干龙头企业作用，大力发展团体标准，并将部分具有推广价值的标准上升为国家或行业标准。鼓励大型商贸流通、农产品加工等企业制定高于国家和行业标准的企业标准。（国家标准委、商务部、国家发展改革委、国家卫生计生委、工业和信息化部、国家邮政局负责）研究发布冷藏运输车辆温度监测装置技术标准和检验方法，在相关国家标准修订中明确冷藏运输车辆温度监测装置要求，为冷藏运输车辆的温度监测性能评测和检验提供依据。（工业和信息化部、交通运输部负责）针对重要管理环节研究建立冷链物流服务管理规范。建立冷链物流全程温度记录制度，相关记录保存时间要超过产品保质期六个月以上。（食品药品监管总局、国家卫生计生委、农业部负责）组织开展冷链物流企业标准化示范工程，加强冷链物流标准宣传和推广实施。（国家标准委、相关行业协会负责）

三、完善冷链物流基础设施网络

加强对冷链物流基础设施建设的统筹规划，逐步构建覆盖全国主要产地和消费地的冷链物流基础设施网络。鼓励农产品产地和部分田头市场建设规模适度的预冷、贮藏保鲜等初加工冷链设施，加强先进冷链设备应用，加快补齐农产品产地“最先一公里”短板。鼓励全国性、区域性农产品批发市场建设冷藏冷冻、流通加工冷链设施。在重要物流节点和大中型城市改造升级或适度新建一批冷链物流园区，推动冷链物流行业集聚发展。加强面向城市消费的低温加工处理中心和冷链配送设施建设，发展城市“最后一公里”低温配送。健全冷链物流标准化设施设备和监控设施体系，鼓励适应市场需求的冷藏库、产地冷库、流通型冷库建设，推广应用多温层冷藏车等设施设备。鼓励大型食品生产经营企业和连锁经营企业建设完善停靠接卸冷链设施，鼓励商场超市等零售终端网点配备冷链设备，推广使用冷藏箱等便利化、标准化冷链运输单元。（国家发展改革委、财政部、商务部、交通运输部、农业部、食品药品监管总局、国家邮政局、国家标准委按职责分工负责）

四、鼓励冷链物流企业经营创新

大力推广先进的冷链物流理念与技术，加快培育一批技术先进、运作规范、核心竞争力强的专业化规模化冷链物流企业。鼓励有条件的冷链物流企业与农产品生产、加工、流通企业加强基础设施、生产能力、设计研发等方面的资源共享，优化冷链流通组织，推动冷链物流服务由基础服务向增值服务延伸。（国家发展改革委、交通运输部、农业部、商务部、国家邮政局负责）鼓励连锁经营企业、大型批发企业和冷链物流企业利用自有设施提供社会化的冷链物流服务，开展冷链共同配送、“生鲜电商+冷链宅配”、“中央厨房+食材冷链配送”等经营模式创新，完善相关技术、标准和设施，提高城市冷链配送集约化、现代化水平。（国家发展改革委、商务部、食品药品监管总局、国家邮政局、国家标准委负责）鼓励冷链物流平台企业充分发挥资源整合优势，与小微企业、农业合作社等深度合作，为小型市场主体创业创新创造条件。（国家发展改革委、商务部、供销合作总社负责）充分发挥铁路长距离、大规模运输和航空快捷运输的优势，与公路冷链物流形成互补协同的发展格局。积极支持中欧班列开展国际冷链运输业务。（相关省级人民政府，国家铁路局、中国民航局、中国铁路总公司负责）

五、提升冷链物流信息化水平

鼓励企业加强卫星定位、物联网、移动互联等先进信息技术应用，按照规范化标准化要求配备车辆定位跟踪以及全程温度自动监测、记录和控制系统，积极使用仓储管理、运输管理、订单管理等信息化管理系统，按照冷链物流全程温控和高时效性要求，整合各作业环节。鼓励相关企业建立冷链物流数据信息收集、处理和发布系统，逐步实现冷链物流全过程的信息化、数据化、透明化、可视化，加强对冷链物流大数据的分析和利用。大力发展“互联网+”冷链物流，整合产品、冷库、冷藏运输车辆等资源，构建“产品+冷链设施+服务”信息平台，实现市场需求和冷链资源之间的高效匹配对接，提高冷链资源综合利用率。推动构建全国性、区域性冷链物流公共信息服务和质量安全追溯平台，并逐步与国家交通运输物流公共信息平台对接，促进区域间、政企间、企业间的数据交换和信息共享。（国家发展改革委、交通运输部、商务部、农业部、工业和信息化部负责）

六、加快冷链物流技术装备创新和应用

加强生鲜农产品、易腐食品物流品质劣变和腐损的生物学原理及其与物流环境之间耦合效应等基础性研究，夯实冷链物流发展的科技基础。鼓励企业向国际低能耗标准看齐，利用绿色、环境友好的自然工质，使用安全环保节能的制冷剂和制冷工艺，发展新型蓄冷材料，采用先进的节能和蓄能设备。（科技部、工业和信息化部负责）加大科技创新力度，加强对延缓产品品质劣变和减少腐损的核心技术工艺、绿色防腐技术与产品、新型保鲜减震包装材料、移动式等新型分级预冷装置、多温区陈列销售设备、大容量冷却冷冻机械、节能环保多温层冷链运输工具等的自主研发。（科技部负责）冷链物流企业要从正规厂商采购或租赁标准化、专业化的设施设备和运输工具。加速淘汰不规范、高能耗的冷库和冷藏运输车辆，取缔非法改装的冷藏运输车辆。鼓励

第三方认证机构从运行状况、能效水平、绿色环保等方面对冷链物流设施设备开展认证。结合冷链物流行业发展趋势，积极推动冷链物流设施和技术装备标准化，提高冷藏运输车辆专业化、轻量化水平，推广标准冷藏集装箱，促进冷链物流各作业环节以及不同交通方式间的有序衔接。（交通运输部、商务部、工业和信息化部、中国民航局、国家铁路局、国家邮政局、中国铁路总公司按职责分工负责）

七、加大行业监管力度

有关部门要依据相关法律法规、强制性标准和操作规范，健全冷链物流监管体系，在生产和贮藏环节重点监督保质期、温度控制等，在销售终端重点监督冷藏、冷冻设施和贮存温度控制等，探索建立对运输环节制冷和温控记录设备合规合法使用的监管机制，将从源头至终端的冷链物流全链条纳入监管范围。加强对冷链各环节温控记录和产品品质的监督和不定期抽查。（食品药品监管总局、质检总局、交通运输部、农业部负责）研究将配备温度监测装置作为冷藏运输车辆出厂的强制性要求，在车辆进入营运市场、年度审验等环节加强监督管理。（工业和信息化部、交通运输部按职责分工负责）充分发挥行业协会、第三方征信机构和各类现有信息平台的作用，完善冷链物流企业服务评价和信用评价体系，并研究将全程温控情况等技术性指标纳入信用评价体系。各有关部门要根据监管职责建立冷链物流企业信用记录，并加强信用信息共享和应用，将企业信用信息归集至全国信用信息共享平台，通过“信用中国”网站和国家企业信用信息公示系统依法向社会及时公开。探索对严重违法失信企业开展联合惩戒。（国家发展改革委、交通运输部、商务部、民政部、食品药品监管总局、质检总局、工商总局、国家邮政局等按职责分工负责）

八、创新管理体制机制

国务院各有关部门要系统梳理冷链物流领域相关管理规定和政策法规，按照简政放权、放管结合、优化服务的要求，在确保行业有序发展、市场规范运行的基础上，进一步简化冷链物流企业设立和开展业务的行政审批事项办理程序，加快推行“五证合一、一照一码”、“先照后证”和承诺制，加快实现不同区域、不同领域之间管理规定的协调统一，加快建设开放统一的全国性冷链物流市场。地方各级人民政府要加强组织领导，强化部门间信息互通和协同联动，统筹抓好涉及本区域的相关管理规定清理等工作。结合冷链产品特点，积极推进国际贸易“单一窗口”建设，优化查验流程，提高通关效率。利用信息化手段完善现有监管方式，发挥大数据在冷链物流监管体系建设运行中的作用，通过数据收集、分析和管理完善事中事后监管。（各省级人民政府，国家发展改革委、交通运输部、公安部、商务部、食品药品监管总局、国家卫生计生

委、工商总局、海关总署、质检总局、国家邮政局、中国民航局、国家铁路局按职责分工负责）

九、完善政策支持体系

要加强调查研究和政策协调衔接，加大对冷链物流理念和重要性的宣传力度，提高公众对全程冷链生鲜农产品质量的认知度。（国家发展改革委、农业部、商务部、食品药品监管总局、国家卫生计生委负责）拓宽冷链物流企业的投融资渠道，引导金融机构对符合条件的冷链物流企业加大投融资支持，创新配套金融服务。（人民银行、银监会、证监会、保监会、国家开发银行负责）大中型城市要根据冷链物流等设施的用地需求，分级做好物流基础设施的布局规划，并与城市总体规划、土地利用总体规划做好衔接。永久性农产品产地预冷设施用地按建设用地管理，在用地安排上给予积极支持。（国土资源部、住房城乡建设部负责）针对制约冷链物流行业发展的突出短板，探索鼓励社会资本通过设立产业发展基金等多种方式参与投资建设。（国家发展改革委、商务部、农业部负责）冷链物流企业用水、用电、用气价格与工业同价。（国家发展改革委负责）加强城市配送冷藏运输车辆的标识管理。（交通运输部、商务部负责）指导完善和优化城市配送冷藏运输车辆的通行和停靠管理措施。（公安部、交通运输部、商务部负责）继续执行鲜活农产品“绿色通道”政策。（交通运输部、国家发展改革委负责）对技术先进、管理规范、运行高效的冷链物流园区优先考虑列入示范物流园区，发挥示范引领作用。（国家发展改革委、国土资源部、住房城乡建设部负责）加强冷链物流人才培养，支持高等学校设置冷链物流相关专业和课程，发展职业教育和继续教育，形成多层次的教育、培训体系。（教育部负责）

十、加强组织领导

各地区、各有关部门要充分认识冷链物流对保障食品质量安全、促进农民增收、推动相关产业发展、促进居民消费升级的重要作用，加强对冷链物流行业的指导、管理和服务，把推动冷链物流行业发展作为稳增长、促消费、惠民生的一项重要工作抓紧抓好。国家发展改革委要会同有关部门建立工作协调机制，及时研究解决冷链物流发展中的突出矛盾和重大问题，加强业务指导和督促检查，确保各项政策措施的贯彻落实。

国务院办公厅关于进一步加强“地沟油”治理工作的意见

（2017 年 4 月 15 日　国办发〔2017〕30 号）

“地沟油”一般是指用餐厨废弃物、肉类加工废弃物和检验检疫不合格畜禽产品等非食品原料生产、加工的油脂。近年来，各地区、各有关部门按照《国务院办公厅关于加强地沟油整治和餐厨废弃物管理的意见》（国办发〔2010〕36 号）要求，不断加大打击力度、强化源头治理，以餐厨废弃物为原料制售“地沟油”的违法犯罪活动得到遏制。但“地沟油”综合整治长效机制尚未完全建立，制售“地沟油”的违法犯罪问题仍时有发生。经国务院同意，现就进一步加强“地沟油”治理工作提出如下意见。

一、高度重视“地沟油”治理工作

各地区、各有关部门要认真贯彻落实《中华人民共和国食品安全法》、《中华人民共和国农产品质量安全法》、《中华人民共和国动物防疫法》、《生猪屠宰管理条例》、《城市生活垃圾管理办法》等要求，以原料来源控制和油脂加工监管为重点，既要从严监管执法，加强源头治理，杜绝“地沟油”流向餐桌；也要加大政策扶持力度，建立长效机制，合力推动餐厨废弃物、肉类加工废弃物和检验检疫不合格畜禽产品的无害化处理和资源化利用。要把“地沟油”治理作为“十三五”期间食品安全重点工作任务，力争取得突破。（各省级人民政府、各有关部门按照职责分工负责）

二、强化企业主体责任

餐饮企业、行政企事业单位食堂以及屠宰企业、肉类加工企业等单位应当按照规定单独收集、存放本单位产生的餐厨废弃物、肉类加工废弃物或检验检疫不合格畜禽产品，建立相关制度及台账。有条件的单位要自建无害化处理设施，按照处理规范进行无害化处理并如实记录。不具备条件的单位，其产生的餐厨废弃物，由符合要求的城市生活垃圾收集、运输企业运至规定的城市生活垃圾处理场所处理；对肉类加工废弃物、检验检疫不合格畜禽产品，要委托防疫条件合格的无害化处理企业处理，签订委托处理协议，明确双方权利义务，建立健全无害化处理台账，无害化处理记录和凭证保存期限不得少于两年。（农业部、国家发展改革委、住房城乡建设部、食品药品监管总局负责）

三、培育无害化处理和资源化利用企业

总结餐厨废弃物资源化利用试点经验，推动培育与城市规模相适应的废弃物无害化处理和资源化利用企业。（国家发展改革委、住房城乡建设部、农业部负责）引导废弃物无害化处理和资源化利用企业适度规模经营，符合条件的按规定享受税收优惠政策。（财政部、国家发展改革委、工业和信息化部、住房城乡建设部、农业部、税务总局负责）兴办动物和动物产品无害化处理场所应当取得动物防疫条件合格证，从事城市生活垃圾经营性处置服务应当取得城市生活垃圾经营性处置服务许可证。（农业部、住房城乡建设部负责）

四、进一步完善配套政策措施

健全餐厨废弃物、肉类加工废弃物和检验检疫不合格畜禽产品处理办法，指导地方做好屠宰环节病害猪无害化处理工作，推广无害化处理技术，规范处置行为，防止环境污染。（农业部、环境保护部负责）鼓励企业探索在餐饮企业厨房、屠宰车间、肉类加工车间和无害化处理车间等关键环节安装摄像装备，追溯废弃物流向，试点在居民家庭厨房开展厨余垃圾粉碎处理。（农业部、食品药品监管总局、住房城乡建设部负责）抓紧研究无害化处理和资源化利用实用技术，加快制定“地沟油”的科学鉴定方法。（科技部、食品药品监管总局、国家卫生计生委负责）合理布局无害化处理和资源化利用体系，组织建设无害化处理场所。（各省级人民政府负责）

五、落实监督管理责任

加大对农村地区、城乡结合部以及农贸市场、小餐饮、小作坊等的巡查力度，加强对屠宰企业、肉类加工企业、食用油生产经营企业、餐饮企业的监管，督促企业建立健全追溯体系，严格执行索证索票和进货查验制度。（农业部、质检总局、食品药品监管总局负责）查处利用网络销售假冒品牌食用油的违法行为，对监管部门认定的境内制假售假网站依法进行处置。（食品药品监管总局、工商总局、工业和信息化部负责）落实有奖举报制度，动员社会力量进行监督。（各省级人民政府负责）

六、严厉打击“地沟油”违法犯罪

进一步加强行政执法和刑事司法的衔接，健全涉嫌犯罪案件的移送通报机制，加大对制售“地沟油”违法犯罪行为的打击力度。（公安部、农业部、食品药品监管总局、住房城乡建设部、工业和信息化部、国务院食品安全办负责）

七、落实地方属地管理责任

各地区要坚持统筹规划与属地负责相结合、政府监管与市场运作相结合、集中处理与分散处理相结合，加强对“地沟油”治理工作的组织领导，进一步健全工作机制，加大督查力度，落实各方面责任和各项政策措施。县级以上地方人民政府要对本地区餐厨废弃物、肉类加工废弃物和检验检疫不合格畜禽产品的处理负总责。（各省级人民政府负责）

国务院办公厅关于推进医疗联合体建设和发展的指导意见

（2017 年 4 月 23 日　国办发〔2017〕32 号）

新一轮医药卫生体制改革实施以来，我国全民医保体系加快建立健全，基层医疗卫生机构服务条件显著改善，以全科医生为重点的基层人才队伍建设不断加强，基层服务长期薄弱的状况逐步改变，基本医疗卫生服务公平性和可及性明显提升。但要看到，强基层是一项长期艰巨的任务，我国优质医疗资源总量不足、结构不合理、分布不均衡，特别是仍面临基层人才缺乏的短板，已成为保障人民健康和深化医改的重要制约。开展医疗联合体（以下简称医联体）建设，是深化医改的重要步骤和制度创新，有利于调整优化医疗资源结构布局，促进医疗卫生工作重心下移和资源下沉，提升基层服务能力，有利于医疗资源上下贯通，提升医疗服务体系整体效能，更好实施分级诊疗和满足群众健康需求。为指导各地推进医联体建设和发展，经国务院同意，现提出以下意见。

一、总体要求

（一）指导思想。全面贯彻党的十八大和十八届三中、四中、五中、六中全会以及全国卫生与健康大会精神，认真落实党中央、国务院决策部署，统筹推进“五位一体”总体布局和协调推进“四个全面”战略布局，牢固树立和贯彻落实创新、协调、绿色、开放、共享的发展理念，坚持以人民为中心的发展思想，立足我国经济社会和医药卫生事业发展实际，以落实医疗机构功能定位、提升基层服务能力、理顺双向转诊流程为重点，不断完善医联体组织管理模式、运行机制和激励机制，逐步建立完善不同级别、不同类别医疗机构间目标明确、权责清晰、公平有效的分工协作机制，推动构建分级诊疗制度，实现发展方式由以治病为中心向以健康为中心转变。

（二）基本原则。

政府主导，统筹规划。落实政府规划、指导、协调、监管、宣传等职能，以城市和县域为重点，根据区域医疗资源结构布局和群众健康需求，按照业务相关、优势互补、双向选择、持续发展等要求，兼顾既往形成的合作关系，统筹安排医疗机构组建医联体。

坚持公益，创新机制。坚持政府办医主体责任不变，切实维护和保障基本医疗卫生事业的公益性。坚持医疗、医保、医药联动改革，创新机制，逐步破除行政区划、财政投入、医保支付、人事管理等方面的壁垒和障碍，优化资源结构布局，结合医保支付方式等改革的推进，逐步建立完善医疗机构间分工协作机制。

资源下沉，提升能力。利用三级公立医院优质资源集中的优势，通过技术帮扶、人才培养等手段，发挥对基层的技术辐射和带动作用。鼓励医联体内统一管理模式，发挥集约优势，推进区域医疗资源共享，发挥科技引领与支撑作用，提高医疗服务体系整体能力与绩效。

便民惠民，群众受益。坚持以人民健康为中心，逐步实现医疗质量同质化管理，强化基层医疗卫生机构的居民健康“守门人”能力，推进慢性病预防、治疗、管理相结合，促进医联体建设与预防、保健相衔接，方便群众就近就医，减轻疾病负担，防止因病致贫返贫，促进健康产业发展和经济转型升级，增强群众获得感。

（三）工作目标。2017年，基本搭建医联体制度框架，全面启动多种形式的医联体建设试点，三级公立医院要全部参与并发挥引领作用，综合医改试点省份每个地市以及分级诊疗试点城市至少建成一个有明显成效的医联体。探索对纵向合作的医联体等分工协作模式实行医保总额付费等多种方式，引导医联体内部初步形成较为科学的分工协作机制和较为顺畅的转诊机制。

到2020年，在总结试点经验的基础上，全面推进医联体建设，形成较为完善的医联体政策体系。所有二级公立医院和政府办基层医疗卫生机构全部参与医联体。不同级别、不同类别医疗机构间建立目标明确、权责清晰、公平有效的分工协作机制，建立责权一致的引导机制，使医联体成为服务、责任、利益、管理共同体，区域内医疗资源有效共享，基层服务能力进一步提升，有力推动形成基层首诊、双向转诊、急慢分治、上下联动的分级诊疗模式。

二、逐步形成多种形式的医联体组织模式

各地要根据本地区分级诊疗制度建设实际情况，因地制宜、分类指导，充分考虑医疗机构地域分布、功能定位、服务能力、业务关系、合作意愿等因素，充分发挥中央、地方、军队、社会各类医疗资源作用，尊重基层首创精神，探索分区域、分层次组建多种形式的医联体，推动优质医疗资源向基层和边远贫困地区流动。根据社会办医疗机构意愿，可将其纳入医联体。

（一）在城市主要组建医疗集团。在设区的市级以上城市，由三级公立医院或者业务能力较强的医院牵头，联合社区卫生服务机构、护理院、专业康复机构等，形成资源共享、分工协作的管理模式。在医联体内以人才共享、技术支持、检查互认、处方流动、服务衔接等为纽带进行合作。

（二）在县域主要组建医疗共同体。重点探索以县级医院为龙头、乡镇卫生院为枢纽、村卫生室为基础的县乡一体化管理，与乡村一体化管理有效衔接。充分发挥县级医院的城乡纽带作用和县域龙头作用，形成县乡村三级医疗卫生机构分工协作机制，构建三级联动的县域医疗服务体系。

（三）跨区域组建专科联盟。根据不同区域医疗机构优势专科资源，以若干所医疗机构特色专科技术力量为支撑，充分发挥国家医学中心、国家临床医学研究中心及其协同网络的作用，以专科协作为纽带，组建区域间若干特色专科联盟，形成补位发展模式，重点提升重大疾病救治能力。

（四）在边远贫困地区发展远程医疗协作网。大力发展面向基层、边远和欠发达地区的远程医疗协作网，鼓励公立医院向基层医疗卫生机构提供远程医疗、远程教学、远程培训等服务，利用信息化手段促进资源纵向流动，提高优质医疗资源可及性和医疗服务整体效率。

城市与农村之间可以城市三级公立医院为主体单位，在已建立的长期稳定对口支援关系基础上，通过托管区域内县级医院等多种形式组建医联体，三级公立医院可向县级医院派驻管理团队和专家团队，重点帮扶提升县级医院医疗服务能力与水平。国家级和省级公立医院除参加属地医联体外，可跨区域与若干医联体建立合作关系，组建高层次、优势互补的医联体，开展创新型协同研究、技术普及推广和人才培养，辐射带动区域医疗服务能力提升。

三、完善医联体内部分工协作机制

（一）完善组织管理和协作制度。制定医联体章程，规定主体单位与其他成员单位的责任、权利和义务，完善医疗质量管理等制度，提高管理效率。医联体可探索在医院层面成立理事会。

（二）落实医疗机构功能定位。医联体建立责任共担和利益分配机制，调动医联体内各医疗机构积极性，落实功能定位。三级医院逐步减少常见病、多发病、病情稳定的慢性病患者比例。基层医疗卫生机构和专业康复机构、护理院等为诊断明确、病情稳定的慢性病患者、康复期患者、老年病患者、晚期肿瘤患者等提供治疗、康复、护理服务。鼓励村卫生室根据当地群众就医需求，加强公共卫生和健康管理服务，做好疾病预防控制工作。

（三）扎实推进家庭医生签约服务。加强全科医生培养。以高血压、糖尿病等慢性病为重点，在医联体内加快推进家庭医生签约服务，优先覆盖老年人、孕产妇、儿童、残疾人等重点人群，以需求为导向做实家庭医生签约服务，2017 年要把所有贫困人口纳入签约服务范围。通过签约服务，鼓励和引导居民在医联体内到基层首诊，上级医院对签约患者提供优先接诊、优先检查、优先住院等服务。探索对部分慢性病签约患者提供不超过 2 个月用药量的长处方服务，有条件的地方可以根据双向转诊患者就医需求，通过延伸处方、集中配送等形式加强基层和上级医院用药衔接，方便患者就近就医取药。

（四）为患者提供连续性诊疗服务。鼓励护理院、专业康复机构等加入医联体。建立医联体内转诊机制，重点畅通向下转诊通道，将急性病恢复期患者、术后恢复期患者及危重症稳定期患者及时转诊至下级医疗机构继续治疗和康复，加强医疗卫生与养老服务相结合，为患者提供一体化、便利化的疾病诊疗—康复—长期护理连续性服务。

四、促进医联体内部优质医疗资源上下贯通

鼓励医联体内医疗机构在保持行政隶属关系和财政投入渠道不变的前提下，统筹人员调配、薪酬分配、资源共享等，形成优质医疗资源上下贯通的渠道和机制。

（一）促进人力资源有序流动。统一调配医技等资源，发挥现有资源的最大使用效率。医联体内统筹薪酬分配，充分调动医务人员积极性。鼓励医联体内二级以上医疗机构向基层医疗卫生机构派出专业技术和管理人才。在医联体（包括跨区域医联体）内，医务人员在签订帮扶或者托管协议的医疗机构内执业，不需办理执业地点变更和执业机构备案手续。

（二）提升基层医疗服务能力。充分发挥三级公立医院牵头引领作用，针对区域内疾病谱和重点疾病诊疗需求，派出医务人员通过专科共建、临床带教、业务指导、教学查房、科研和项目协作等多种方式，促进优质医疗资源共享和下沉基层。

（三）统一信息平台。加强规划设计，充分发挥信息系统对医联体的支撑作用，结合建立省、市、县三级人口健康信息平台，统筹推进医联体相关医院管理、医疗服务等信息平台建设，实现电子健康档案和电子病历的连续记录和信息共享，实现医联体内诊疗信息互联互通。医联体可以共享区域内居民健康信息数据，便捷开展预约诊疗、双向转诊、健康管理、远程医疗等服务，方便患者看病就医，提高医学科研技术水平。发挥远程医疗作用，促进医疗资源贴近城乡基层，探索实行远程医疗收费和支付政策，促进远程医疗服务可持续发展。

（四）实现区域资源共享。医联体内可建立医学影像中心、检查检验中心、消毒供应中心、后勤服务中心等，为医联体内各医疗机构提供一体化服务。

在加强医疗质量控制的基础上，医联体内医疗机构间互认检查检验结果。探索建立医联体内统一的药品招标采购、管理平台，形成医联体内处方流动、药品共享与配送机制。

五、保障政策

（一）进一步落实政府办医主体责任。加大中央基建投资支持力度，加快补齐医联体发展短板，提高区域内疑难重病诊疗能力、县级医院综合能力以及远程医疗协作水平，推动医联体更好在基层发挥作用。地方各级人民政府要落实办医主体责任，落实公立医院投入政策，建立财政补助资金与绩效评价结果挂钩机制。医联体内各医疗机构的产权归属保持不变，继续按照原渠道拨付财政补助经费。鼓励医联体通过技术支援、人才培养等方式，吸引社会办医疗机构加入并发挥作用。

（二）进一步发挥医保经济杠杆作用。发挥医保对医疗服务供需双方的引导作用。合理拉开基层医疗卫生机构、县级医院和城市大医院间报销水平差距，增强在基层看病就医的吸引力，引导参保患者有序就诊。探索对纵向合作的医联体等分工协作模式实行医保总额付费等多种付费方式，并制定相应的考核办法，引导医联体内部形成顺畅的转诊机制，促使优质医疗资源下沉。

（三）完善人员保障和激励机制。按照"允许医疗卫生机构突破现行事业单位工资调控水平，允许医疗服务收入扣除成本并按规定提取各项基金后主要用于人员奖励"的要求，完善与医联体相适应的绩效工资政策，健全与岗位职责、工作业绩、实际贡献紧密联系的分配激励机制。落实医院用人自主权，实行按需设岗、按岗聘用，建立能上能下、能进能出的灵活用人机制。创新人事管理制度，完善与医联体相适应的职称晋升办法，实行科学评价，拓展医务人员职业发展空间。

（四）建立与医联体相适应的绩效考核机制。强化考核和制度约束，建立医联体考核指标体系，重点考核医联体技术辐射带动情况、医疗资源下沉情况等，不单纯考核业务量，要将三级医院医疗资源下沉情况、与基层医疗卫生机构协作情况以及基层诊疗量占比、双向转诊比例、居民健康改善等指标纳入考核体系，引导三级医院履行责任、完善措施，主动帮扶基层，切实发挥引领作用，引导各级各类医疗机构积极参与。将考核评价结果作为人事任免、评优评先等的重要依据，并与医务人员绩效工资、进修、晋升等挂钩。

六、组织实施

（一）加强组织领导。各地各有关部门要进一步提高思想认识，把医联体建设作为深化医改的重要内容和增进人民健康福祉的有力举措，切实加强组织领导，建立部门协调推进机制，完善配套措施，确保工作顺利开展。地方各级人民政府要抓紧制定适合本地区医联体建设的实施意见或方案，明确医联体建设目标及时间进度，按时、保质完成工作任务，2017年6月底前各省（区、市）都要明确推进医联体建设的工作方案，10月底前所有三级公立医院都要启动医联体建设工作。

（二）明确部门职责。各有关部门要加强统筹协调和联动互动，及时出台配套文件，发挥政策的叠加效应，保证改革措施有效落实，以医联体建设为抓手促进公立医院改革、医保支付方式改革、分级诊疗制度建设等体制机制创新。卫生计生行政部门和中医药管理部门要加强对医联体建设的监管，明确医联体组织管理和分工协作制度，牵头制定相关技术文件。发展改革（价格）部门要完善医药价格政策。科技部门要会同卫生计生行政部门支持国家临床医学研究中心建设，促进医联体发展。财政部门要按规定落实财政补助政策。人力资源社会保障部门要加强医保医疗服务监管，推进医保支付方式改革，完善绩效工资分配机制。国家开发银行要发挥开发性金融"投贷债租证"综合金融服务优势，支持医联体及相关基础性建设。

（三）加强督查评估。国家卫生计生委要会同各有关部门通过调研、专项督查、定期评估等方式，及时掌握工作进展，指导各地有序推进医联体建设，保障医疗质量安全。要给各地改革探索留出空间，及时总结推广有益经验，发挥典型带动作用，调动地方积极性。各省级卫生计生行政部门要会同有关部门建立医联体效果评估机制和绩效考核方法，综合评估质量、安全、效率、经济与社会效益等因素，以强基层为重点，严格落实责任制和问责制，增强大医院帮扶基层和控制不合理医疗费用的动力。要坚持问题导向，防止和破解大医院垄断资源、"跑马圈地"、"虹吸"基层资源、挤压社会办医空间等问题。

（四）强化宣传培训。地方各级人民政府要开展医疗机构管理人员和医务人员的政策培训，进一步统一思想、形成共识。要充分发挥公共媒体作用，加强对分级诊疗和医联体建设的宣传，提高社会认可度和支持度，引导群众改变就医观念和习惯，逐步形成有序就医格局。

国务院办公厅关于进一步完善国有企业法人治理结构的指导意见

（2017年4月24日　国办发〔2017〕36号）

完善国有企业法人治理结构是全面推进依法治企、推进国家治理体系和治理能力现代化的内在要求,是新一轮国有企业改革的重要任务。当前,多数国有企业已初步建立现代企业制度,但从实践情况看,现代企业制度仍不完善,部分企业尚未形成有效的法人治理结构,权责不清、约束不够、缺乏制衡等问题较为突出,一些董事会形同虚设,未能发挥应有作用。根据《中共中央 国务院关于深化国有企业改革的指导意见》等文件精神,为改进国有企业法人治理结构,完善国有企业现代企业制度,经国务院同意,现提出以下意见:

一、总体要求

(一)指导思想。

全面贯彻党的十八大和十八届三中、四中、五中、六中全会精神,深入贯彻习近平总书记系列重要讲话精神和治国理政新理念新思想新战略,认真落实党中央、国务院决策部署,统筹推进"五位一体"总体布局和协调推进"四个全面"战略布局,牢固树立和贯彻落实创新、协调、绿色、开放、共享的发展理念,从国有企业实际情况出发,以建立健全产权清晰、权责明确、政企分开、管理科学的现代企业制度为方向,积极适应国有企业改革的新形势新要求,坚持党的领导、加强党的建设,完善体制机制,依法规范权责,根据功能分类,把握重点,进一步健全各司其职、各负其责、协调运转、有效制衡的国有企业法人治理结构。

(二)基本原则。

1. 坚持深化改革。尊重企业市场主体地位,遵循市场经济规律和企业发展规律,以规范决策机制和完善制衡机制为重点,坚持激励机制与约束机制相结合,体现效率原则与公平原则,充分调动企业家积极性,提升企业的市场化、现代化经营水平。

2. 坚持党的领导。落实全面从严治党战略部署,把加强党的领导和完善公司治理统一起来,明确国有企业党组织在法人治理结构中的法定地位,发挥国有企业党组织的领导核心和政治核心作用,保证党组织把方向、管大局、保落实。坚持党管干部原则与董事会依法选择经营管理者、经营管理者依法行使用人权相结合,积极探索有效实现形式,完善反腐倡廉制度体系。

3. 坚持依法治企。依据《中华人民共和国公司法》、《中华人民共和国企业国有资产法》等法律法规,以公司章程为行为准则,规范权责定位和行权方式;法无授权,任何政府部门和机构不得干预企业正常生产经营活动,实现深化改革与依法治企的有机统一。

4. 坚持权责对等。坚持权利义务责任相统一,规范权力运行、强化权利责任对等,改革国有资本授权经营体制,深化权力运行和监督机制改革,构建符合国情的监管体系,完善履职评价和责任追究机制,对失职、渎职行为严格追责，建立决策、执行和监督环节的终身责任追究制度。

（三）主要目标。

2017年年底前，国有企业公司制改革基本完成。到2020年，党组织在国有企业法人治理结构中的法定地位更加牢固，充分发挥公司章程在企业治理中的基础作用，国有独资、全资公司全面建立外部董事占多数的董事会，国有控股企业实行外部董事派出制度，完成外派监事会改革；充分发挥企业家作用，造就一大批政治坚定、善于经营、充满活力的董事长和职业经理人，培育一支德才兼备、业务精通、勇于担当的董事、监事队伍；党风廉政建设主体责任和监督责任全面落实，企业民主监督和管理明显改善；遵循市场经济规律和企业发展规律，使国有企业成为依法自主经营、自负盈亏、自担风险、自我约束、自我发展的市场主体。

二、规范主体权责

健全以公司章程为核心的企业制度体系，充分发挥公司章程在企业治理中的基础作用，依照法律法规和公司章程，严格规范履行出资人职责的机构（以下简称出资人机构）、股东会（包括股东大会，下同）、董事会、经理层、监事会、党组织和职工代表大会的权责，强化权利责任对等，保障有效履职，完善符合市场经济规律和我国国情的国有企业法人治理结构，进一步提升国有企业运行效率。

（一）理顺出资人职责，转变监管方式。

1. 股东会是公司的权力机构。股东会主要依据法律法规和公司章程，通过委派或更换董事、监事（不含职工代表），审核批准董事会、监事会年度工作报告，批准公司财务预决算、利润分配方案等方式，对董事会、监事会以及董事、监事的履职情况进行评价和监督。出资人机构根据本级人民政府授权对国家出资企业依法享有股东权利。

2. 国有独资公司不设股东会，由出资人机构依法行使股东会职权。以管资本为主改革国有资本授权经营体制，对直接出资的国有独资公司，出资人机构重点管好国有资本布局、规范资本运作、强化资本约束、提高资本回报、维护资本安全。对国有全资公司、国有控股企业，出资人机构主要依据股权份额通过参加股东会议、审核需由股东决定的事项、与其他股东协商作出决议等方式履行职责，除法律法规或公司章程另有规定外，不得干预企业自主经营活动。

3. 出资人机构依据法律法规和公司章程规定行使股东权利、履行股东义务，有关监管内容应依法纳入公司章程。按照以管资本为主的要求，出资人机构要转变工作职能、改进工作方式，加强公司章程管理，清理有关规章、规范性文件，研究提出出资人机构审批事项清单，建立对董事会重大决策的合规性审查机制，制定监事会建设、责任追究等具体措施，适时制定国有资本优先股和国家特殊管理股管理办法。

(二)加强董事会建设，落实董事会职权。

1. 董事会是公司的决策机构，要对股东会负责，执行股东会决定，依照法定程序和公司章程授权决定公司重大事项，接受股东会、监事会监督，认真履行决策把关、内部管理、防范风险、深化改革等职责。国有独资公司要依法落实和维护董事会行使重大决策、选人用人、薪酬分配等权利，增强董事会的独立性和权威性，落实董事会年度工作报告制度；董事会应与党组织充分沟通，有序开展国有独资公司董事会选聘经理层试点，加强对经理层的管理和监督。

2. 优化董事会组成结构。国有独资、全资公司的董事长、总经理原则上分设，应均为内部执行董事，定期向董事会报告工作。国有独资公司的董事长作为企业法定代表人，对企业改革发展负首要责任，要及时向董事会和国有股东报告重大经营问题和经营风险。国有独资公司的董事对出资人机构负责，接受出资人机构指导，其中外部董事人选由出资人机构商有关部门提名，并按照法定程序任命。国有全资公司、国有控股企业的董事由相关股东依据股权份额推荐派出，由股东会选举或更换，国有股东派出的董事要积极维护国有资本权益；国有全资公司的外部董事人选由控股股东商其他股东推荐，由股东会选举或更换；国有控股企业应有一定比例的外部董事，由股东会选举或更换。

3. 规范董事会议事规则。董事会要严格实行集体审议、独立表决、个人负责的决策制度，平等充分发表意见，一人一票表决，建立规范透明的重大事项信息公开和对外披露制度，保障董事会会议记录和提案资料的完整性，建立董事会决议跟踪落实以及后评估制度，做好与其他治理主体的联系沟通。董事会应当设立提名委员会、薪酬与考核委员会、审计委员会等专门委员会，为董事会决策提供咨询，其中薪酬与考核委员会、审计委员会应由外部董事组成。改进董事会和董事评价办法，完善年度和任期考核制度，逐步形成符合企业特点的考核评价体系及激励机制。

4. 加强董事队伍建设。开展董事任前和任期培训，做好董事派出和任期管理工作。建立完善外部董事选聘和管理制度，严格资格认定和考试考察程序，拓宽外部董事来源渠道，扩大专职外部董事队伍，选聘一批现职国有企业负责人转任专职外部董事，定期报告外部董事履职情况。国有独资公司要健全外部董事召集人制度，召集人由外部董事定期推选产生。外部董事要与出资人机构加强沟通。

(三)维护经营自主权，激发经理层活力。

1. 经理层是公司的执行机构，依法由董事会聘任或解聘，接受董事会管理和监事会监督。总经理对董事会负责，依法行使管理生产经营、组织实施董事会决议等职权，向董事会报告工作，董事会闭会期间向董事长报告工作。

2. 建立规范的经理层授权管理制度，对经理层成员实行与选任方式相匹配、与企业功能性质相适应、与经营业绩相挂钩的差异化薪酬分配制度，国有独资公司经理层逐步实行任期制和契约化管理。根据企业产权结构、市场化程度等不同情况，有序推进职业经理人制度建设，逐步扩大职业经理人队伍，有序实行市场化薪酬，探索完善中长期激励机制，研究出台相关指导意见。国有独资公司要积极探索推行职业经理人制度，实行内部培养和外部引进相结合，畅通企业经理层成员与职业经理人的身份转换通道。开展出资人机构委派国有独资公司总会计师试点。

（四）发挥监督作用，完善问责机制。

1. 监事会是公司的监督机构，依照有关法律法规和公司章程设立，对董事会、经理层成员的职务行为进行监督。要提高专职监事比例，增强监事会的独立性和权威性。对国有资产监管机构所出资企业依法实行外派监事会制度。外派监事会由政府派出，负责检查企业财务，监督企业重大决策和关键环节以及董事会、经理层履职情况，不参与、不干预企业经营管理活动。

2. 健全以职工代表大会为基本形式的企业民主管理制度，支持和保证职工代表大会依法行使职权，加强职工民主管理与监督，维护职工合法权益。国有独资、全资公司的董事会、监事会中须有职工董事和职工监事。建立国有企业重大事项信息公开和对外披露制度。

3. 强化责任意识，明确权责边界，建立与治理主体履职相适应的责任追究制度。董事、监事、经理层成员应当遵守法律法规和公司章程，对公司负有忠实义务和勤勉义务；要将其信用记录纳入全国信用信息共享平台，违约失信的按规定在“信用中国”网站公开。董事应当出席董事会会议，对董事会决议承担责任；董事会决议违反法律法规或公司章程、股东会决议，致使公司遭受严重损失的，应依法追究有关董事责任。经理层成员违反法律法规或公司章程，致使公司遭受损失的，应依法追究有关经理层成员责任。执行董事和经理层成员未及时向董事会或国有股东报告重大经营问题和经营风险的，应依法追究相关人员责任。企业党组织成员履职过程中有重大失误和失职、渎职行为的，应按照党组织有关规定严格追究责任。按照“三个区分开来”的要求，建立必要的改革容错纠错机制，激励企业领导人员干事创业。

（五）坚持党的领导，发挥政治优势。

1. 坚持党的领导、加强党的建设是国有企业的独特优势。要明确党组织在国有企业法人治理结构中的法定地位，将党建工作总体要求纳入国有企业章程，明确党组织在企业决策、执行、监督各环节的权责和工作方式，使党组织成为企业法人治理结构的有机组成部分。要充分发挥党组织的领导核心和政治核心作用，领导企业思想政治工作，支持董事会、监事会、经理层依法履行职责，保证党和国家方针政策的贯彻执行。

2. 充分发挥纪检监察、巡视、审计等监督作用，国有企业董事、监事、经理层中的党员每年要定期向党组（党委）报告个人履职和廉洁自律情况。上级党组织对国有企业纪检组组长（纪委书记）实行委派制度和定期轮岗制度，纪检组组长（纪委书记）要坚持原则、强化监督。纪检组组长（纪委书记）可列席董事会和董事会专门委员会的会议。

3. 积极探索党管干部原则与董事会选聘经营管理人员有机结合的途径和方法。坚持和完善双向进入、交叉任职的领导体制，符合条件的国有企业党组（党委）领导班子成员可以通过法定程序进入董事会、监事会、经理层，董事会、监事会、经理层成员中符合条件的党员可以依照有关规定和程序进入党组（党委）；党组（党委）书记、董事长一般由一人担任，推进中央企业党组（党委）专职副书记进入董事会。在董事会选聘经理层成员工作中，上级党组织及其组织部门、国有资产监管机构党委应当发挥确定标准、规范程序、参与考察、推荐人选等作用。积极探索董事会通过差额方式选聘经理层成员。

三、做好组织实施

（一）*及时总结经验，分层有序实施。*在国有企业建设规范董事会试点基础上，总结经验、完善制度，国务院国资委监管的中央企业要依法改制为国有独资公司或国有控股公司，全面建立规范的董事会。国有资本投资、运营公司法人治理结构要"一企一策"地在公司章程中予以细化。其他中央企业和地方国有企业要根据自身实际，由出资人机构负责完善国有企业法人治理结构。

（二）*精心规范运作，做好相互衔接。*国有企业要按照完善法人治理结构的要求，全面推进依法治企，完善公司章程，明确内部组织机构的权利、义务、责任，实现各负其责、规范运作、相互衔接、有效制衡。国务院国资委要会同有关部门和单位抓紧制定国有企业公司章程审核和批准管理办法。

金融、文化等国有企业的改革，中央另有规定的依其规定执行。

国务院办公厅关于加强中小学幼儿园安全风险防控体系建设的意见

（2017年4月25日　国办发〔2017〕35号）

校园应当是最阳光、最安全的地方。加强中小学、幼儿园（以下统称学校）安全工作是全面贯彻党的教育方针，保障学生健康成长、全面发展的前提和基础，关系广大师生的人身安全，事关亿万家庭幸福和社会和谐稳定。长期以来，党中央、国务院和地方各级党委、政府高度重视学校安全工作，采取了一系列措施维护学校及周边安全，学校安全形势总体稳定。但是，受各种因素影响，学校安全工作还存在相关制度不完善、不配套，预防风险、处理事故的机制不健全、意识和能力不强等问题。为进一步加强和改进学校安全工作，经国务院同意，现就建立健全学校安全风险防控体系提出以下意见：

一、总体要求

（一）指导思想。高举中国特色社会主义伟大旗帜，全面贯彻党的十八大和十八届三中、四中、五中、六中全会精神，深入贯彻习近平总书记系列重要讲话精神和治国理政新理念新思想新战略，认真落实党中央、国务院决策部署，运用法治思维和法治方式推进综合改革、破解关键问题，建立科学系统、切实有效的学校安全风险防控体系，营造良好教育环境和社会环境，为学生健康成长、全面发展提供保障。

（二）基本原则。

坚持统筹协调、综合施策。将学校安全作为公共安全和社会治安综合治理的重要内容，加强组织领导和协调配合，充分发挥政府、学校、家庭、社会各方面作用，运用法律、行政、社会服务、市场机制等各种方式，综合施策、形成合力。

坚持以人为本、全面防控。将可能对学生身心健康和生命安全造成影响的各种不安全因素和风险隐患全面纳入防控范畴，科学预防、系统应对、不留死角。

坚持依法治理、立足长效。突出制度建设的根本性和重要性，依据法治原则和法律规定，做好顶层设计，依法明确各方主体权利、义务与职责，形成防控学校安全风险的长效机制。

坚持分类应对、突出重点。坚持问题导向，根据不同区域、地方以及不同层次类型学校的实际,区分风险的类型和特点,有针对性地构建安全风险防控机制,集中解决群众关心、社会关注的校园安全问题。

(三)工作目标。针对影响学校安全的突出问题、难点问题,进一步整合各方面力量,加强和完善相关制度、机制,深入改革创新,加快形成党委领导、政府负责、社会协同、公众参与、法治保障,科学系统、全面规范、职责明确的学校安全风险预防、管控与处置体系,切实维护师生人身安全,保障校园平安有序,促进社会和谐稳定。

二、完善学校安全风险预防体系

(四)健全学校安全教育机制。将提高学生安全意识和自我防护能力作为素质教育的重要内容,着力提高学校安全教育的针对性与实效性。将安全教育与法治教育有机融合,全面纳入国民教育体系,把尊重生命、保障权利、尊重差异的意识和基本安全常识从小根植在学生心中。在教育中要适当增加反欺凌、反暴力、反恐怖行为、防范针对未成年人的犯罪行为等内容,引导学生明确法律底线、强化规则意识。学校要根据学生群体和年龄特点,有针对性地开展安全专题教育,定期组织应对地震、火灾等情况的应急疏散演练。教育部门要将安全知识作为校长、教师培训的必要内容,加大培训力度并组织必要的考核。各相关部门和单位要组织专门力量,积极参与学校安全教育,广泛开展"安全防范进校园"等活动。鼓励各种社会组织为学校开展安全教育提供支持,设立安全教育实践场所,着力普及和提升家庭、社区的安全教育。

(五)完善有关学校安全的国家标准体系和认证制度。不断健全学校安全的人防、物防和技防标准并予以推广。根据学校特点,以保护学生健康安全为优先原则,加强重点领域标准的制修订工作,尽快制定一批强制性国家标准,逐步形成有关学校安全的国家标准体系。建立学校安全事项专项认证及采信推广机制,对学校使用的关系学生安全的设施设备、教学仪器、建筑材料、体育器械等,按照国家强制性产品认证和自愿性产品认证规定,做好相关认证工作,严格控制产品质量。

(六)探索建立学生安全区域制度。加强校园周边综合治理,在学校周边探索实行学生安全区域制度。在此区域内,依法分别作出禁止新建对环境造成污染的企业、设施,禁止设立上网服务、娱乐、彩票专营等营业场所,禁止设立存在安全隐患的场所等相应要求。在学生安全区域内,公安机关要健全日常巡逻防控制度,加强学校周边"护学岗"建设,完善高峰勤务机制,优先布设视频监控系统,增强学生的安全感;公安交管部门要加强交通秩序管理,完善交通管理设施。

(七)健全学校安全预警和风险评估制度。教育部门要会同相关部门制定区域性学校安全风险清单，建立动态监测和数据搜集、分析机制，及时为学校提供安全风险提示，指导学校健全风险评估和预防制度。要建立台账制度，定期汇总、分析学校及周边存在的安全风险隐患，确定整改措施和时限；在出现可能影响学校安全的公共安全事件、自然灾害等风险时，要第一时间通报学校，指导学校予以防范。

（八）探索建立学校安全风险防控专业服务机制。积极培育可以为学校提供安全风险防控服务的专业化社会组织。采取政府购买服务等方式，鼓励、引导和支持具备相应专业能力的机构、组织，研发、提供学校安全风险预防、安全教育相关的服务或者产品，协助教育部门制定、审核学校安全风险防控预案和相关标准，组织、指导学校有针对性地开展专项安全演练、预防和转移安全风险等工作。

三、健全学校安全风险管控机制

（九）落实安全管理主体责任。教育部门、公安机关要指导、监督学校依法健全各项安全管理制度和安全应急机制。学校要明确安全是办学的底线，切实承担起校内安全管理的主体责任，对校园安全实行校长（园长）负责制，健全校内安全工作领导机构，落实学校、教师对学生的教育和管理责任，狠抓校风校纪，加强校内日常安全管理，做到职责明确、管理有方。在风险可控的前提下，学校应当积极组织体育锻炼、户外活动等，培养学生强健的体魄。学生在校期间，对校园实行封闭化管理，并根据条件在校门口设置硬质防冲撞设施，阻止人员、车辆等非法进入校园。各类中小学校外活动场所、以学生为主要对象的各类培训机构和课外班等，由地方政府统筹协调有关部门承担安全监管责任，督促举办者落实安全管理责任。

（十）建立专兼职结合的学校安保队伍。学校应当按照相关规定，根据实际和需要，配备必要的安全保卫力量。除学生人数较少的学校外，每所学校应当至少有1名专职安全保卫人员或者受过专门培训的安全管理人员。地方人民政府、有条件的学校可以以购买服务等方式，将校园安全保卫服务交由专门保安服务公司提供。学校要与社区、家长合作，有条件的建立学校安全保卫志愿者队伍，在上下学时段维护学校及校门口秩序。寄宿制学校要根据需要配备宿舍管理人员。

（十一）着力建设安全校园环境。各地要坚持安全优先、勤俭节约的原则开展校园建设。学校建设规划、选址要严格执行国家相关标准规范，对地质灾害、自然灾害、环境污染等因素进行全面评估。各地要建立健全校舍安全保障长效机制，保证学校的校舍、场地、教学及生活设施等符合安全质量和标准。校舍建设要严格执行国家建筑抗震有关技术规范和标准，有条件建设学校体育馆的地方，要按照国家防灾避难相关标准建设。完善学校安全技术防范系统，在校园主要区域要安装视频图像采集装置，有条件的要安装周界报警装置和一键报警系统，做到公共区域无死角。建立校园工程质量终身责任制，凡是在校园工程建设中出现质量问题导致严重后果的建设、勘察、设计、施工、监理单位，一旦查实，承担终身责任并限制进入相关领域。

（十二）进一步健全警校合作机制。各级教育部门、公安机关和学校要在信息沟通、应急处置等方面加强协作，健全联动机制。公安机关要进一步完善与维护校园安全相适应的组织机构设置形式和警力配置，加强学校及周边警务室建设，派出经验丰富的民警加强学校安全防范工作指导。要将校园视频监控系统、紧急报警装置接入公安机关、教育部门的监控或报警平台，并与公共安全视频监控联网共享平台对接，逐步建立校园安全网上巡查系统，及时掌握、快速处理学校安全相关问题。

（十三）健全相关部门日常管理职责体系。政府各相关部门要切实承担起学校安全日常管理的职责。卫生计生部门要加强对学校卫生防疫和卫生保健工作的监督指导，对于学校出现的疫情或者学生群体性健康问题，要及时指导教育部门或者学校采取措施。食品药品监管部门对学校食堂和学校采购的用于学生集体使用的食品、药品要加强监督检查，指导、监督学校落实责任，保障食品、药品符合相关标准和规范。住房城乡建设部门要加强对学校工程建设过程的监管。环保部门要加强对学校及周边大气、土壤、水体环境安全的监管。交通运输部门要加强对提供学生集体用车服务的道路运输企业的监管，综合考虑学生出行需求，合理规划城市公共交通和农村客运线路，为学生和家长选择公共交通出行提供安全、便捷的交通服务。质量监督部门应当对学校特种设备实施重点监督检查，配合教育部门加强对学校采购产品的质量监管，在学校建立产品质量安全风险信息监测采集机制。公安消防部门要依法加强对学校的消防安全检查，指导学校落实消防安全责任，消除火灾隐患。综治、工商、文化、新闻出版广电、城市管理等部门要落实职责，加强对校园周边特别是学生安全区域内有关经营服务场所、经营活动的管理和监督，消除安全隐患。

（十四）构建防控学生欺凌和暴力行为的有效机制。教育部门要会同有关部门研究制定学生欺凌和暴力行为早期发现、预防以及应对的指导手册，建立专项报告和统计分析机制。学校要切实履行教育、管理责任，设立学生求助电话和联系人，及早发现、及时干预和制止欺凌、暴力行为。对有不良行为、暴力行为的学生，探索建立由校园警务室民警或者担任法治副校长、辅导员的民警实施训诫的制度。对实施暴力情节严重，构成违法犯罪的学生，公安、司法机关要坚持宽容但不纵容、关爱又严管的原则，指定专门机构或者专门人员依法处理，特别是对犯罪性质和情节恶劣、手段残忍、后果严重的，必须坚决依法惩处，形成积极正面的教育作用。改革完善专门教育制度，健全专门学校接收学生进行教育矫治的程序，完善专门学校管理体制和运行机制。网络管理部门发现通过网络传播的欺凌或者校园暴力事件，要及时予以管控并通报相关部门。

（十五）严厉打击涉及学校和学生安全的违法犯罪行为。对非法侵入学校扰乱教育教学秩序、侵害师生生命财产安全等违法犯罪行为，公安机关要依法坚决处置、严厉打击，实行专案专人制度。进一步深化平安校园创建活动。建立学校周边治安形势研判预警机制，对涉及学校和学生安全的违法犯罪行为和犯罪团伙，要及时组织开展专项打击整治行动，防止发展蔓延。教育部门要健全学校对未成年学生权利的保护制度，对体罚、性骚扰、性侵害等侵害学生人身健康的违法犯罪行为，要建立零容忍制度，及早发现、及时处理、从严问责，应当追究法律责任的，要协同配合公安、司法机关严格依法惩处。

（十六）形成广泛参与的学生安全保护网络。教育部门要健全对校园内发生的侵害学生人身权利行为的监督机制和举报渠道，建立规范的调查处理程序。有关部门要与学校、未成年人保护组织、家长加强衔接配合，共同构建对受到伤害学生和涉嫌违法犯罪学生的心理疏导、安抚救助和教育矫正机制。共青团组织要完善未成年人维权热线，提供相应法律咨询、心理辅导等。妇联组织要积极指导家长进行正确的家庭教育，开展未成年人家庭保护相关法律法规宣传，组织落实对未成年人家庭保护的法律规定。支持和鼓励律师协会、政法院校等法律专业组织和单位，设立未成年学生保护的公益性组织，利用和发展未成年人保护志愿律师网络，为学生维护合法权益提供法律服务。

四、完善学校安全事故处理和风险化解机制

（十七）健全学校安全事故应对机制。学校发生重特大安全事故，地方政府要在第一时间启动相应的应急处理预案，统一领导，及时动员和组织救援和事故调查、开展责任认定及善后处理，并及时回应社会关切。发生重大自然灾害、公共安全事故，应当优先组织对受影响学校开展救援。教育部门应当指导学校建立安全事故处置预案，健全学校安全事故的报告、处置和部门协调机制。在校内及校外教育教学活动中发生安全事故，学校应当及时组织教职工参与抢险、救助和防护，保障学生身体健康和人身安全。

（十八）健全学校安全事故责任追究和处理制度。发生造成师生伤亡的安全事故，有关部门要依法认定事故责任，学校及相关方面有责任的，要严肃追究有关负责人的责任；学校无责任的，要澄清事实、及时说明，避免由学校承担不应承担的责任。司法机关要加强案例指导，引导社会依法合理认识学校的安全责任，明确学生监护人的职责。积极利用行政调解、仲裁、人民调解、保险理赔、法律援助等方式，通过法治途径和方式处理学校安全事故，及时依法赔偿，理性化解纠纷。对围堵校园、殴打侮辱教师、干扰学校正常教育教学秩序等“校闹”行为，公安机关要及时坚决予以制止。

（十九）建立多元化的事故风险分担机制。学校举办者应当按规定为学校购买校方责任险，义务教育阶段学校投保校方责任险所需经费从公用经费中列支，其他学校投保校方责任险的费用，由各省（区、市）按照国家有关规定执行。各地要根据经济社会发展情况，结合实际合理确定校方责任险的投保责任，规范理赔程序和理赔标准。有条件的地方，可以积极探索与学生利益密切相关的食品安全、校外实习、体育运动伤害等领域的责任保险，充分发挥保险在化解学校安全风险方面的功能作用。保险监管部门要加强对涉及学校的保险业务的监督和管理，会同教育部门依法规范保险公司与学校的合作，严禁以学校名义指定学生购买或者向学生直接推销保险产品。要大力增强师生和家长的保险意识，引导家长根据自愿原则参加保险，分担学生在学校期间因意外而发生的风险。鼓励各种社会组织设立学校安全风险基金或者学生救助基金，健全学生意外伤害救助机制。

（二十）积极构建学校依法处理安全事故的支持体系。各地要采取措施，在中小学推广建立法律顾问制度。教育部门和学校要建立健全新闻发言人制度，增强事故发生后的舆情应对能力。要发挥好安全风险防控专业服务机制的作用，借助专业机构在损失评估、理赔服务、调处纠纷等方面的力量，帮助学校妥善处理事故。教育、司法行政部门要会同相关部门，探索在有需求的县（市、区）设立学校安全事故人民调解委员会，吸纳具有较强专业知识和社会公信力、知名度，热心调解和教育事业的社会人士担任人民调解员，依法调解学校安全事故民事赔偿纠纷。

五、强化领导责任和保障机制

（二十一）加强组织领导。各地要高度重视学校安全风险防控工作，将学校安全作为经济社会发展的重要指标和社会治理的重要内容，建立党委领导、政府主导、相关部门和单位参加的学校安全风险防控体系建设协调机制，定期研究和及时解决学校安全工作中的突出问题，切实为学校正常开展教育教学活动和课外实践活动提供支持和保障。各相关部门和单位要制定具体细则或办法，落实本意见提出的工作要求，加强沟通协调，协同推动防控机制建设，形成各司其职、齐抓共管的工作格局。

（二十二）强化基础保障。各级教育部门、公安机关要明确归口负责学校安全风险防控的专门机构，完善组织体系与工作机制，配齐配强工作力量。各级机构编制部门要根据工作需要，优化现有编制结构，适当向教育部门、公安机关负责学校安全风险防范的机构倾斜。各级财政部门要按规定将学校安全风险防控经费纳入一般公共预算，保障合理支出。要健全学校安全风险防控的网络管理与服务系统，整合各方面力量，积极利用互联网和信息技术，为学校提供便捷、权威的安全风险防控的专业咨询和技术支持服务。加快完善学校安全法律规范，推动适时修改关于未成年人保护的相关法律，启动防控校园暴力行为等相关法律的制修订工作，构建完善的法律保障体系。

(二十三)健全督导与考核机制。各级人民政府教育督导机构要将学校安全工作作为教育督导的重要内容，加强对政府及各有关部门、学校落实安全风险防控职责的监督、检查。对重大安全事故或者产生重大影响的校园安全事件，要组织专项督导并向社会公布督导报告。对学校安全事故频发的地区，要以约谈、挂牌督办等方式督促其限期整改。教育部门要将安全风险防控工作的落实情况，作为考核学校依法办学和学校领导班子工作的重要内容。

高等学校应当结合自身实际，参照本意见，健全安全风险防控体系，完善工作机制和建设方案，所在地的地方人民政府及有关部门应当予以指导、支持，切实履行相关职责。

国务院部门规章

城市管理执法办法

（2017年1月24日住房和城乡建设部令第34号公布　自2017年5月1日起施行　国法备字[2017000455]）

第一章　总　　则

第一条　为了规范城市管理执法工作，提高执法和服务水平，维护城市管理秩序，保护公民、法人和其他组织的合法权益，根据行政处罚法、行政强制法等法律法规的规定，制定本办法。

第二条　城市、县人民政府所在地镇建成区内的城市管理执法活动以及执法监督活动，适用本办法。

本办法所称城市管理执法，是指城市管理执法主管部门在城市管理领域根据法律法规规章规定履行行政处罚、行政强制等行政执法职责的行为。

第三条　城市管理执法应当遵循以人为本、依法治理、源头治理、权责一致、协调创新的原则，坚持严格规范公正文明执法。

第四条　国务院住房城乡建设主管部门负责全国城市管理执法的指导监督协调工作。

各省、自治区人民政府住房城乡建设主管部门负责本行政区域内城市管理执法的指导监督考核协调工作。

城市、县人民政府城市管理执法主管部门负责本行政区域内的城市管理执法工作。

第五条　城市管理执法主管部门应当推动建立城市管理协调机制，协调有关部门做好城市管理执法工作。

第六条　城市管理执法主管部门应当加强城市管理法律法规规章的宣传普及工作，增强全民守法意识，共同维护城市管理秩序。

第七条　城市管理执法主管部门应当积极为公众监督城市管理执法活动提供条件。

第二章　执法范围

第八条　城市管理执法的行政处罚权范围依照法律法规和国务院有关规定确定,包括住房城乡建设领域法律法规规章规定的行政处罚权,以及环境保护管理、工商管理、交通管理、水务管理、食品药品监管方面与城市管理相关部分的行政处罚权。

第九条　需要集中行使的城市管理执法事项,应当同时具备下列条件:

(一)与城市管理密切相关;

(二)与群众生产生活密切相关、多头执法扰民问题突出;

(三)执法频率高、专业技术要求适宜;

(四)确实需要集中行使的。

第十条　城市管理执法主管部门依法相对集中行使行政处罚权的,可以实施法律法规规定的与行政处罚权相关的行政强制措施。

第十一条　城市管理执法事项范围确定后,应当向社会公开。

第十二条　城市管理执法主管部门集中行使原由其他部门行使的行政处罚权的,应当与其他部门明确职责权限和工作机制。

第三章　执法主体

第十三条　城市管理执法主管部门按照权责清晰、事权统一、精简效能的原则设置执法队伍。

第十四条　直辖市、设区的市城市管理执法推行市级执法或者区级执法。

直辖市、设区的市的城市管理执法事项,市辖区人民政府城市管理执法主管部门能够承担的,可以实行区级执法。

直辖市、设区的市人民政府城市管理执法主管部门可以承担跨区域和重大复杂违法案件的查处。

第十五条　市辖区人民政府城市管理执法主管部门可以向街道派出执法机构。直辖市、设区的市人民政府城市管理执法主管部门可以向市辖区或者街道派出执法机构。

派出机构以设立该派出机构的城市管理执法主管部门的名义,在所辖区域范围内履行城市管理执法职责。

第十六条　城市管理执法主管部门应当依据国家相关标准,提出确定城市管理执法人员数量的合理意见,并按程序报同级编制主管部门审批。

第十七条 城市管理执法人员应当持证上岗。

城市管理执法主管部门应当定期开展执法人员的培训和考核。

第十八条 城市管理执法主管部门可以配置城市管理执法协管人员,配合执法人员从事执法辅助事务。

协管人员从事执法辅助事务产生的法律后果,由本级城市管理执法主管部门承担。

城市管理执法主管部门应当严格协管人员的招录程序、资格条件,规范执法辅助行为,建立退出机制。

第十九条 城市管理执法人员依法开展执法活动和协管人员依法开展执法辅助事务,受法律保护。

第四章 执法保障

第二十条 城市管理执法主管部门应当按照规定配置执法执勤用车以及调查取证设施、通讯设施等装备配备,并规范管理。

第二十一条 城市管理执法制式服装、标志标识应当全国统一,由国务院住房城乡建设主管部门制定式样和标准。

第二十二条 城市管理执法应当保障必要的工作经费。

工作经费按规定已列入同级财政预算,城市管理执法主管部门不得以罚没收入作为经费来源。

第二十三条 城市管理领域应当建立数字化城市管理平台,实现城市管理的信息采集、指挥调度、督察督办、公众参与等功能,并逐步实现与有关部门信息平台的共享。

城市管理领域应当整合城市管理相关电话服务平台,建立统一的城市管理服务热线。

第二十四条 城市管理执法需要实施鉴定、检验、检测的,城市管理执法主管部门可以开展鉴定、检验、检测,或者按照有关规定委托第三方实施。

第五章 执法规范

第二十五条 城市管理执法主管部门依照法定程序开展执法活动,应当保障当事人依法享有的陈述、申辩、听证等权利。

第二十六条 城市管理执法主管部门开展执法活动,应当根据违法行为的性质和危害后果依法给予相应的行政处罚。

对违法行为轻微的,可以采取教育、劝诫、疏导等方式予以纠正。

第二十七条 城市管理执法人员开展执法活动,可以依法采取以下措施:

(一)以勘验、拍照、录音、摄像等方式进行现场取证;

(二)在现场设置警示标志;

(三)询问案件当事人、证人等;

(四)查阅、调取、复制有关文件资料等;

(五)法律、法规规定的其他措施。

第二十八条 城市管理执法主管部门应当依法、全面、客观收集相关证据,规范建立城市管理执法档案并完整保存。

城市管理执法主管部门应当运用执法记录仪、视频监控等技术,实现执法活动全过程记录。

第二十九条 城市管理执法主管部门对查封、扣押的物品,应当妥善保管,不得使用、截留、损毁或者擅自处置。查封、扣押的物品属非法物品的,移送有关部门处理。

第三十条 城市管理执法主管部门不得对罚款、没收违法所得设定任务和目标。

罚款、没收违法所得的款项,应当按照规定全额上缴。

第三十一条 城市管理执法主管部门应当确定法制审核机构,配备一定比例符合条件的法制审核人员,对重大执法决定在执法主体、管辖权限、执法程序、事实认定、法律适用等方面进行法制审核。

第三十二条 城市管理执法主管部门开展执法活动,应当使用统一格式的行政执法文书。

第三十三条 行政执法文书的送达,依照民事诉讼法等法律规定执行。

当事人提供送达地址或者同意电子送达的,可以按照其提供的地址或者传真、电子邮件送达。

采取直接、留置、邮寄、委托、转交等方式无法送达的,可以通过报纸、门户网站等方式公告送达。

第三十四条 城市管理执法主管部门应当通过门户网站、办事窗口等渠道或者场所,公开行政执法职责、权限、依据、监督方式等行政执法信息。

第六章 协作与配合

第三十五条 城市管理执法主管部门应当与有关部门建立行政执法信息互通共享机制,及时通报行政执法信息和相关行政管理信息。

第三十六条 城市管理执法主管部门可以对城市管理执法事项实行网格化管理。

第三十七条 城市管理执法主管部门在执法活动中发现依法应当由其他部门查处的违法行为,应当及时告知或者移送有关部门。

第七章 执法监督

第三十八条 城市管理执法主管部门应当向社会公布投诉、举报电话及其他监督方式。

城市管理执法主管部门应当为投诉人、举报人保密。

第三十九条 城市管理执法主管部门违反本办法规定,有下列行为之一的,由上级城市管理执法主管部门或者有关部门责令改正,通报批评;情节严重的,对直接负责的主管人员和其他直接责任人员依法给予处分。

(一)没有法定依据实施行政处罚的;

(二)违反法定程序实施行政处罚的;

(三)以罚款、没收违法所得作为经费来源的;

(四)使用、截留、损毁或者擅自处置查封、扣押物品的;

(五)其他违反法律法规和本办法规定的。

第四十条 非城市管理执法人员着城市管理执法制式服装的,城市管理执法主管部门应当予以纠正,依法追究法律责任。

第八章 附 则

第四十一条 本办法第二条第一款规定范围以外的城市管理执法工作,参照本办法执行。

第四十二条 本办法自2017年5月1日起施行。1992年6月3日发布的《城建监察规定》(建设部令第20号)同时废止。

医疗器械召回管理办法

(2017 年 1 月 25 日国家食品药品监督管理总局令第 29 号公布
自 2017 年 5 月 1 日起施行　国法备字[2017000548])

第一章　总　则

第一条　为加强医疗器械监督管理,控制存在缺陷的医疗器械产品,消除医疗器械安全隐患,保证医疗器械的安全、有效,保障人体健康和生命安全,根据《医疗器械监督管理条例》,制定本办法。

第二条　中华人民共和国境内已上市医疗器械的召回及其监督管理,适用本办法。

第三条　本办法所称医疗器械召回,是指医疗器械生产企业按照规定的程序对其已上市销售的某一类别、型号或者批次的存在缺陷的医疗器械产品,采取警示、检查、修理、重新标签、修改并完善说明书、软件更新、替换、收回、销毁等方式进行处理的行为。

前款所述医疗器械生产企业,是指境内医疗器械产品注册人或者备案人、进口医疗器械的境外制造厂商在中国境内指定的代理人。

第四条　本办法所称存在缺陷的医疗器械产品包括:

(一)正常使用情况下存在可能危及人体健康和生命安全的不合理风险的产品;

(二)不符合强制性标准、经注册或者备案的产品技术要求的产品;

(三)不符合医疗器械生产、经营质量管理有关规定导致可能存在不合理风险的产品;

(四)其他需要召回的产品。

第五条　医疗器械生产企业是控制与消除产品缺陷的责任主体,应当主动对缺陷产品实施召回。

第六条　医疗器械生产企业应当按照本办法的规定建立健全医疗器械召回管理制度,收集医疗器械安全相关信息,对可能的缺陷产品进行调查、评估,及时召回缺陷产品。

进口医疗器械的境外制造厂商在中国境内指定的代理人应当将仅在境外实施医疗器械召回的有关信息及时报告国家食品药品监督管理总局;凡涉及

在境内实施召回的，中国境内指定的代理人应当按照本办法的规定组织实施。

医疗器械经营企业、使用单位应当积极协助医疗器械生产企业对缺陷产品进行调查、评估，主动配合生产企业履行召回义务，按照召回计划及时传达、反馈医疗器械召回信息，控制和收回缺陷产品。

第七条 医疗器械经营企业、使用单位发现其经营、使用的医疗器械可能为缺陷产品的，应当立即暂停销售或者使用该医疗器械，及时通知医疗器械生产企业或者供货商，并向所在地省、自治区、直辖市食品药品监督管理部门报告；使用单位为医疗机构的，还应当同时向所在地省、自治区、直辖市卫生行政部门报告。

医疗器械经营企业、使用单位所在地省、自治区、直辖市食品药品监督管理部门收到报告后，应当及时通报医疗器械生产企业所在地省、自治区、直辖市食品药品监督管理部门。

第八条 召回医疗器械的生产企业所在地省、自治区、直辖市食品药品监督管理部门负责医疗器械召回的监督管理，其他省、自治区、直辖市食品药品监督管理部门应当配合做好本行政区域内医疗器械召回的有关工作。

国家食品药品监督管理总局监督全国医疗器械召回的管理工作。

第九条 国家食品药品监督管理总局和省、自治区、直辖市食品药品监督管理部门应当按照医疗器械召回信息通报和信息公开有关制度，采取有效途径向社会公布缺陷产品信息和召回信息，必要时向同级卫生行政部门通报相关信息。

第二章 医疗器械缺陷的调查与评估

第十条 医疗器械生产企业应当按照规定建立健全医疗器械质量管理体系和医疗器械不良事件监测系统，收集、记录医疗器械的质量投诉信息和医疗器械不良事件信息，对收集的信息进行分析，对可能存在的缺陷进行调查和评估。

医疗器械经营企业、使用单位应当配合医疗器械生产企业对有关医疗器械缺陷进行调查，并提供有关资料。

第十一条 医疗器械生产企业应当按照规定及时将收集的医疗器械不良事件信息向食品药品监督管理部门报告，食品药品监督管理部门可以对医疗器械不良事件或者可能存在的缺陷进行分析和调查，医疗器械生产企业、经营企业、使用单位应当予以配合。

第十二条 对存在缺陷的医疗器械产品进行评估的主要内容包括：

（一）产品是否符合强制性标准、经注册或者备案的产品技术要求；

（二）在使用医疗器械过程中是否发生过故障或者伤害；

（三）在现有使用环境下是否会造成伤害，是否有科学文献、研究、相关试验或者验证能够解释伤害发生的原因；

（四）伤害所涉及的地区范围和人群特点；

（五）对人体健康造成的伤害程度；

（六）伤害发生的概率；

（七）发生伤害的短期和长期后果；

（八）其他可能对人体造成伤害的因素。

第十三条 根据医疗器械缺陷的严重程度，医疗器械召回分为：

（一）一级召回：使用该医疗器械可能或者已经引起严重健康危害的；

（二）二级召回：使用该医疗器械可能或者已经引起暂时的或者可逆的健康危害的；

（三）三级召回：使用该医疗器械引起危害的可能性较小但仍需要召回的。

医疗器械生产企业应当根据具体情况确定召回级别并根据召回级别与医疗器械的销售和使用情况，科学设计召回计划并组织实施。

第三章 主动召回

第十四条 医疗器械生产企业按照本办法第十条、第十二条的要求进行调查评估后，确定医疗器械产品存在缺陷的，应当立即决定并实施召回，同时向社会发布产品召回信息。

实施一级召回的，医疗器械召回公告应当在国家食品药品监督管理总局网站和中央主要媒体上发布；实施二级、三级召回的，医疗器械召回公告应当在省、自治区、直辖市食品药品监督管理部门网站发布，省、自治区、直辖市食品药品监督管理部门网站发布的召回公告应当与国家食品药品监督管理总局网站链接。

第十五条 医疗器械生产企业作出医疗器械召回决定的，一级召回应当在1日内，二级召回应当在3日内，三级召回应当在7日内，通知到有关医疗器械经营企业、使用单位或者告知使用者。

召回通知应当包括以下内容：

（一）召回医疗器械名称、型号规格、批次等基本信息；

（二）召回的原因；

（三）召回的要求，如立即暂停销售和使用该产品、将召回通知转发到相关经营企业或者使用单位等；

（四）召回医疗器械的处理方式。

第十六条 医疗器械生产企业作出医疗器械召回决定的，应当立即向所在地省、自治区、直辖市食品药品监督管理部门和批准该产品注册或者办理备案的食品药品监督管理部门提交医疗器械召回事件报告表，并在5个工作日内将调查评估报告和召回计划提交至所在地省、自治区、直辖市食品药品监督管理部门和批准注册或者办理备案的食品药品监督管理部门备案。

医疗器械生产企业所在地省、自治区、直辖市食品药品监督管理部门应当在收到召回事件报告表1个工作日内将召回的有关情况报告国家食品药品监督管理总局。

第十七条 调查评估报告应当包括以下内容：

（一）召回医疗器械的具体情况，包括名称、型号规格、批次等基本信息；

（二）实施召回的原因；

（三）调查评估结果；

（四）召回分级。

召回计划应当包括以下内容：

（一）医疗器械生产销售情况及拟召回的数量；

（二）召回措施的具体内容，包括实施的组织、范围和时限等；

（三）召回信息的公布途径与范围；

（四）召回的预期效果；

（五）医疗器械召回后的处理措施。

第十八条 医疗器械生产企业所在地省、自治区、直辖市食品药品监督管理部门可以对生产企业提交的召回计划进行评估，认为生产企业所采取的措施不能有效消除产品缺陷或者控制产品风险的，应当书面要求其采取提高召回等级、扩大召回范围、缩短召回时间或者改变召回产品的处理方式等更为有效的措施进行处理。医疗器械生产企业应当按照食品药品监督管理部门的要求修改召回计划并组织实施。

第十九条 医疗器械生产企业对上报的召回计划进行变更的，应当及时报所在地省、自治区、直辖市食品药品监督管理部门备案。

第二十条 医疗器械生产企业在实施召回的过程中，应当根据召回计划定期向所在地省、自治区、直辖市食品药品监督管理部门提交召回计划实施情况报告。

第二十一条 医疗器械生产企业对召回医疗器械的处理应当有详细的记录，并向医疗器械生产企业所在地省、自治区、直辖市食品药品监督管理部门报告,记录应当保存至医疗器械注册证失效后5年,第一类医疗器械召回的处理记录应当保存5年。对通过警示、检查、修理、重新标签、修改并完善说明书、软件更新、替换、销毁等方式能够消除产品缺陷的,可以在产品所在地完成上述行为。需要销毁的,应当在食品药品监督管理部门监督下销毁。

第二十二条 医疗器械生产企业应当在召回完成后10个工作日内对召回效果进行评估,并向所在地省、自治区、直辖市食品药品监督管理部门提交医疗器械召回总结评估报告。

第二十三条 医疗器械生产企业所在地省、自治区、直辖市食品药品监督管理部门应当自收到总结评估报告之日起10个工作日内对报告进行审查,并对召回效果进行评估;认为召回尚未有效消除产品缺陷或者控制产品风险的,应当书面要求生产企业重新召回。医疗器械生产企业应当按照食品药品监督管理部门的要求进行重新召回。

第四章　责令召回

第二十四条 食品药品监督管理部门经过调查评估,认为医疗器械生产企业应当召回存在缺陷的医疗器械产品而未主动召回的,应当责令医疗器械生产企业召回医疗器械。

责令召回的决定可以由医疗器械生产企业所在地省、自治区、直辖市食品药品监督管理部门作出,也可以由批准该医疗器械注册或者办理备案的食品药品监督管理部门作出。作出该决定的食品药品监督管理部门,应当在其网站向社会公布责令召回信息。

医疗器械生产企业应当按照食品药品监督管理部门的要求进行召回,并按本办法第十四条第二款的规定向社会公布产品召回信息。

必要时,食品药品监督管理部门可以要求医疗器械生产企业、经营企业和使用单位立即暂停生产、销售和使用,并告知使用者立即暂停使用该缺陷产品。

第二十五条 食品药品监督管理部门作出责令召回决定,应当将责令召回通知书送达医疗器械生产企业,通知书包括以下内容:

(一)召回医疗器械的具体情况,包括名称、型号规格、批次等基本信息;

(二)实施召回的原因;

(三)调查评估结果;

(四)召回要求,包括范围和时限等。

第二十六条 医疗器械生产企业收到责令召回通知书后,应当按照本办法第十五条、第十六条的规定通知医疗器械经营企业和使用单位或者告知使用者，制定、提交召回计划，并组织实施。

第二十七条 医疗器械生产企业应当按照本办法第十九条、第二十条、第二十一条、第二十二条的规定向食品药品监督管理部门报告医疗器械召回的相关情况，进行召回医疗器械的后续处理。

食品药品监督管理部门应当按照本办法第二十三条的规定对医疗器械生产企业提交的医疗器械召回总结评估报告进行审查，并对召回效果进行评价，必要时通报同级卫生行政部门。经过审查和评价，认为召回不彻底、尚未有效消除产品缺陷或者控制产品风险的，食品药品监督管理部门应当书面要求医疗器械生产企业重新召回。医疗器械生产企业应当按照食品药品监督管理部门的要求进行重新召回。

第五章 法律责任

第二十八条 医疗器械生产企业因违反法律、法规、规章规定造成上市医疗器械存在缺陷，依法应当给予行政处罚，但该企业已经采取召回措施主动消除或者减轻危害后果的，食品药品监督管理部门依照《中华人民共和国行政处罚法》的规定给予从轻或者减轻处罚；违法行为轻微并及时纠正，没有造成危害后果的，不予处罚。

医疗器械生产企业召回医疗器械的，不免除其依法应当承担的其他法律责任。

第二十九条 医疗器械生产企业违反本办法第二十四条规定，拒绝召回医疗器械的，依据《医疗器械监督管理条例》第六十六条的规定进行处理。

第三十条 医疗器械生产企业有下列情形之一的，予以警告，责令限期改正，并处3万元以下罚款：

（一）违反本办法第十四条规定，未按照要求及时向社会发布产品召回信息的；

（二）违反本办法第十五条规定，未在规定时间内将召回医疗器械的决定通知到医疗器械经营企业、使用单位或者告知使用者的；

（三）违反本办法第十八条、第二十三条、第二十七条第二款规定，未按照食品药品监督管理部门要求采取改正措施或者重新召回医疗器械的；

（四）违反本办法第二十一条规定，未对召回医疗器械的处理作详细记录或者未向食品药品监督管理部门报告的。

第三十一条 医疗器械生产企业有下列情形之一的，予以警告，责令限期改正；逾期未改正的，处3万元以下罚款：

（一）未按照本办法规定建立医疗器械召回管理制度的；

（二）拒绝配合食品药品监督管理部门开展调查的；

（三）未按照本办法规定提交医疗器械召回事件报告表、调查评估报告和召回计划、医疗器械召回计划实施情况和总结评估报告的；

（四）变更召回计划，未报食品药品监督管理部门备案的。

第三十二条 医疗器械经营企业、使用单位违反本办法第七条第一款规定的，责令停止销售、使用存在缺陷的医疗器械，并处5000元以上3万元以下罚款；造成严重后果的，由原发证部门吊销《医疗器械经营许可证》。

第三十三条 医疗器械经营企业、使用单位拒绝配合有关医疗器械缺陷调查、拒绝协助医疗器械生产企业召回医疗器械的，予以警告，责令限期改正；逾期拒不改正的，处3万元以下罚款。

第三十四条 食品药品监督管理部门及其工作人员不履行医疗器械监督管理职责或者滥用职权、玩忽职守，有下列情形之一的，由监察机关或者任免机关根据情节轻重，对直接负责的主管人员和其他直接责任人员给予批评教育，或者依法给予警告、记过或者记大过的处分；造成严重后果的，给予降级、撤职或者开除的处分：

（一）未按规定向社会发布召回信息的；

（二）未按规定向相关部门报告或者通报有关召回信息的；

（三）应当责令召回而未采取责令召回措施的；

（四）违反本办法第二十三条和第二十七条第二款规定，未能督促医疗器械生产企业有效实施召回的。

第六章　附　则

第三十五条 召回的医疗器械已经植入人体的，医疗器械生产企业应当与医疗机构和患者共同协商，根据召回的不同原因，提出对患者的处理意见和应当采取的预案措施。

第三十六条 召回的医疗器械给患者造成损害的，患者可以向医疗器械生产企业要求赔偿，也可以向医疗器械经营企业、使用单位要求赔偿。患者向医疗器械经营企业、使用单位要求赔偿的，医疗器械经营企业、使用单位赔偿后，有权向负有责任的医疗器械生产企业追偿。

第三十七条 本办法自2017年5月1日起施行。2011年7月1日起施行的《医疗器械召回管理办法（试行）》（中华人民共和国卫生部令第82号）同时废止。

体外诊断试剂注册管理办法修正案

（2017 年 1 月 25 日国家食品药品监督管理总局令第 30 号公布 自公布之日起施行 国法备字[2017000489]）

将第二十条第一款修改为："本办法第十七条、第十八条、第十九条所述的体外诊断试剂分类规则，用于指导体外诊断试剂分类目录的制定和调整，以及确定新的体外诊断试剂的管理类别。国家食品药品监督管理总局可以根据体外诊断试剂的风险变化，对分类规则进行调整。"

本修正案自公布之日起施行。

国家发展改革委关于废止部分规章的决定

（2017 年 3 月 6 日国家发展和改革委员会令第 1 号公布 自公布之日起施行 国法备字[2017000453]）

根据能源行政处罚和能源争议纠纷调解工作实际情况，并考虑到适用主体、调整对象均发生了变化，现决定废止《电力监管机构行政处罚程序规定》（国家电力监管委员会第 16 号令）、《电力争议纠纷调解规定》（国家电力监管委员会第 30 号令）。

本决定自公布之日起施行。

企业投资项目核准和备案管理办法

（2017 年 3 月 8 日国家发展和改革委员会令第 2 号公布 自 2017 年 4 月 8 日起施行 国法备字[2017000454]）

第一章 总 则

第一条 为落实企业投资自主权，规范政府对企业投资项目的核准和备案行为，实现便利、高效服务和有效管理，依法保护企业合法权益，依据《行政许可法》、《企业投资项目核准和备案管理条例》等有关法律法规，制定本办法。

第二条 本办法所称企业投资项目（以下简称项目），是指企业在中国境内投资建设的固定资产投资项目，包括企业使用自己筹措资金的项目，以及使用自己筹措的资金并申请使用政府投资补助或贷款贴息等的项目。

项目申请使用政府投资补助、贷款贴息的，应在履行核准或备案手续后，提出资金申请报告。

第三条 县级以上人民政府投资主管部门对投资项目履行综合管理职责。

县级以上人民政府其他部门依照法律、法规规定，按照本级政府规定职责分工，对投资项目履行相应管理职责。

第四条 根据项目不同情况，分别实行核准管理或备案管理。

对关系国家安全、涉及全国重大生产力布局、战略性资源开发和重大公共利益等项目，实行核准管理。其他项目实行备案管理。

第五条 实行核准管理的具体项目范围以及核准机关、核准权限，由国务院颁布的《政府核准的投资项目目录》（以下简称《核准目录》）确定。法律、行政法规和国务院对项目核准的范围、权限有专门规定的，从其规定。

《核准目录》由国务院投资主管部门会同有关部门研究提出，报国务院批准后实施，并根据情况适时调整。

未经国务院批准，各部门、各地区不得擅自调整《核准目录》确定的核准范围和权限。

第六条 除国务院另有规定外，实行备案管理的项目按照属地原则备案。

各省级政府负责制定本行政区域内的项目备案管理办法，明确备案机关及其权限。

第七条 依据本办法第五条第一款规定具有项目核准权限的行政机关统称项目核准机关。《核准目录》所称国务院投资主管部门是指国家发展和改革委员会；《核准目录》规定由省级政府、地方政府核准的项目，其具体项目核准机关由省级政府确定。

项目核准机关对项目进行的核准是行政许可事项，实施行政许可所需经费应当由本级财政予以保障。

依据国务院专门规定和省级政府规定具有项目备案权限的行政机关统称项目备案机关。

第八条 项目的市场前景、经济效益、资金来源和产品技术方案等，应当依法由企业自主决策、自担风险，项目核准、备案机关及其他行政机关不得非法干预企业的投资自主权。

第九条 项目核准、备案机关及其工作人员应当依法对项目进行核准或者备案，不得擅自增减审查条件，不得超出办理时限。

第十条 项目核准、备案机关应当遵循便民、高效原则，提高办事效率，提供优质服务。

项目核准、备案机关应当制定并公开服务指南，列明项目核准的申报材料及所需附件、受理方式、审查条件、办理流程、办理时限等；列明项目备案所需信息内容、办理流程等，提高工作透明度，为企业提供指导和服务。

第十一条 县级以上地方人民政府有关部门应当依照相关法律法规和本级政府有关规定，建立健全对项目核准、备案机关的监督制度，加强对项目核准、备案行为的监督检查。

各级政府及其有关部门应当依照相关法律法规及规定对企业从事固定资产投资活动实施监督管理。

任何单位和个人都有权对项目核准、备案、建设实施过程中的违法违规行为向有关部门检举。有关部门应当及时核实、处理。

第十二条 除涉及国家秘密的项目外，项目核准、备案通过全国投资项目在线审批监管平台（以下简称在线平台）实行网上受理、办理、监管和服务，实现核准、备案过程和结果的可查询、可监督。

第十三条 项目核准、备案机关以及其他有关部门统一使用在线平台生成的项目代码办理相关手续。

项目通过在线平台申报时，生成作为该项目整个建设周期身份标识的唯一项目代码。项目的审批信息、监管（处罚）信息，以及工程实施过程中的重要信息，统一汇集至项目代码，并与社会信用体系对接，作为后续监管的基础条件。

第十四条 项目核准、备案机关及有关部门应当通过在线平台公开与项目有关的发展规划、产业政策和准入标准，公开项目核准、备案等事项的办理条件、办理流程、办理时限等。

项目核准、备案机关应根据《政府信息公开条例》有关规定将核准、备案结果予以公开，不得违法违规公开重大工程的关键信息。

第十五条 企业投资建设固定资产投资项目，应当遵守国家法律法规，符合国民经济和社会发展总体规划、专项规划、区域规划、产业政策、市场准入标准、资源开发、能耗与环境管理等要求，依法履行项目核准或者备案及其他相关手续，并依法办理城乡规划、土地（海域）使用、环境保护、能源资源利用、安全生产等相关手续，如实提供相关材料，报告相关信息。

第十六条 对项目核准、备案机关实施的项目核准、备案行为，相关利害关系人有权依法申请行政复议或者提起行政诉讼。

第二章　项目核准的申请文件

第十七条　企业办理项目核准手续,应当按照国家有关要求编制项目申请报告,取得第二十二条规定依法应当附具的有关文件后,按照本办法第二十三条规定报送。

第十八条　组织编制和报送项目申请报告的项目单位,应当对项目申请报告以及依法应当附具文件的真实性、合法性和完整性负责。

第十九条　项目申请报告应当主要包括以下内容:

(一)项目单位情况;

(二)拟建项目情况,包括项目名称、建设地点、建设规模、建设内容等;

(三)项目资源利用情况分析以及对生态环境的影响分析;

(四)项目对经济和社会的影响分析。

第二十条　项目申请报告通用文本由国务院投资主管部门会同有关部门制定,主要行业的项目申请报告示范文本由相应的项目核准机关参照项目申请报告通用文本制定,明确编制内容、深度要求等。

第二十一条　项目申请报告可以由项目单位自行编写,也可以由项目单位自主委托具有相关经验和能力的工程咨询单位编写。任何单位和个人不得强制项目单位委托中介服务机构编制项目申请报告。

项目单位或者其委托的工程咨询单位应当按照项目申请报告通用文本和行业示范文本的要求编写项目申请报告。

工程咨询单位接受委托编制有关文件,应当做到依法、独立、客观、公正,对其编制的文件负责。

第二十二条　项目单位在报送项目申请报告时,应当根据国家法律法规的规定附具以下文件:

(一)城乡规划行政主管部门出具的选址意见书(仅指以划拨方式提供国有土地使用权的项目);

(二)国土资源(海洋)行政主管部门出具的用地(用海)预审意见(国土资源主管部门明确可以不进行用地预审的情形除外);

(三)法律、行政法规规定需要办理的其他相关手续。

第三章　项目核准的基本程序

第二十三条　地方企业投资建设应当分别由国务院投资主管部门、国务院行业管理部门核准的项目，可以分别通过项目所在地省级政府投资主管部门、行业管理部门向国务院投资主管部门、国务院行业管理部门转送项目申请报告。属于国务院投资主管部门核准权限的项目，项目所在地省级政府规定由省级政府行业管理部门转送的，可以由省级政府投资主管部门与其联合报送。

国务院有关部门所属单位、计划单列企业集团、中央管理企业投资建设应当由国务院有关部门核准的项目，直接向相应的项目核准机关报送项目申请报告，并附行业管理部门的意见。

企业投资建设应当由国务院核准的项目，按照本条第一、二款规定向国务院投资主管部门报送项目申请报告，由国务院投资主管部门审核后报国务院核准。新建运输机场项目由相关省级政府直接向国务院、中央军委报送项目申请报告。

第二十四条 企业投资建设应当由地方政府核准的项目，应当按照地方政府的有关规定，向相应的项目核准机关报送项目申请报告。

第二十五条 项目申报材料齐全、符合法定形式的，项目核准机关应当予以受理。

申报材料不齐全或者不符合法定形式的，项目核准机关应当在收到项目申报材料之日起 5 个工作日内一次告知项目单位补充相关文件，或对相关内容进行调整。逾期不告知的，自收到项目申报材料之日起即为受理。

项目核准机关受理或者不予受理申报材料，都应当出具加盖本机关专用印章并注明日期的书面凭证。对于受理的申报材料，书面凭证应注明项目代码，项目单位可以根据项目代码在线查询、监督核准过程和结果。

第二十六条 项目核准机关在正式受理项目申请报告后，需要评估的，应在 4 个工作日内按照有关规定委托具有相应资质的工程咨询机构进行评估。项目核准机关在委托评估时，应当根据项目具体情况，提出评估重点，明确评估时限。

工程咨询机构与编制项目申请报告的工程咨询机构为同一单位、存在控股、管理关系或者负责人为同一人的，该工程咨询机构不得承担该项目的评估工作。工程咨询机构与项目单位存在控股、管理关系或者负责人为同一人的，该工程咨询机构不得承担该项目单位的项目评估工作。

除项目情况复杂的，评估时限不得超过 30 个工作日。接受委托的工程咨询机构应当在项目核准机关规定的时间内提出评估报告，并对评估结论承担责任。项目情况复杂的，履行批准程序后，可以延长评估时限，但延长的期限不得超过 60 个工作日。

项目核准机关应当将项目评估报告与核准文件一并存档备查。

评估费用由委托评估的项目核准机关承担，评估机构及其工作人员不得收取项目单位的任何费用。

第二十七条 项目涉及有关行业管理部门或者项目所在地地方政府职责的，项目核准机关应当商请有关行业管理部门或地方人民政府在 7 个工作日内出具书面审查意见。有关行业管理部门或地方人民政府逾期没有反馈书面审查意见的，视为同意。

第二十八条 项目建设可能对公众利益构成重大影响的，项目核准机关在作出核准决定前，应当采取适当方式征求公众意见。

相关部门对直接涉及群众切身利益的用地（用海）、环境影响、移民安置、社会稳定风险等事项已经进行实质性审查并出具了相关审批文件的，项目核准机关可不再就相关内容重复征求公众意见。

对于特别重大的项目，可以实行专家评议制度。除项目情况特别复杂外，专家评议时限原则上不得超过 30 个工作日。

第二十九条 项目核准机关可以根据评估意见、部门意见和公众意见等，要求项目单位对相关内容进行调整，或者对有关情况和文件做进一步澄清、补充。

第三十条 项目违反相关法律法规，或者不符合发展规划、产业政策和市场准入标准要求的，项目核准机关可以不经过委托评估、征求意见等程序，直接作出不予核准的决定。

第三十一条 项目核准机关应当在正式受理申报材料后 20 个工作日内作出是否予以核准的决定，或向上级项目核准机关提出审核意见。项目情况复杂或者需要征求有关单位意见的，经本行政机关主要负责人批准，可以延长核准时限，但延长的时限不得超过 40 个工作日，并应当将延长期限的理由告知项目单位。

项目核准机关需要委托评估或进行专家评议的，所需时间不计算在前款规定的期限内。项目核准机关应当将咨询评估或专家评议所需时间书面告知项目单位。

第三十二条 项目符合核准条件的，项目核准机关应当对项目予以核准并向项目单位出具项目核准文件。项目不符合核准条件的，项目核准机关应当出具不予核准的书面通知，并说明不予核准的理由。

属于国务院核准权限的项目，由国务院投资主管部门根据国务院的决定向项目单位出具项目核准文件或者不予核准的书面通知。

项目核准机关出具项目核准文件或者不予核准的书面通知应当抄送同级

行业管理、城乡规划、国土资源、水行政管理、环境保护、节能审查等相关部门和下级机关。

第三十三条 项目核准文件和不予核准书面通知的格式文本，由国务院投资主管部门制定。

第三十四条 项目核准机关应制定内部工作规则，不断优化工作流程，提高核准工作效率。

第四章 项目核准的审查及效力

第三十五条 项目核准机关应当从以下方面对项目进行审查：

（一）是否危害经济安全、社会安全、生态安全等国家安全；

（二）是否符合相关发展建设规划、产业政策和技术标准；

（三）是否合理开发并有效利用资源；

（四）是否对重大公共利益产生不利影响。

项目核准机关应当制定审查工作细则，明确审查具体内容、审查标准、审查要点、注意事项及不当行为需要承担的后果等。

第三十六条 除本办法第二十二条要求提供的项目申请报告附送文件之外，项目单位还应在开工前依法办理其他相关手续。

第三十七条 取得项目核准文件的项目，有下列情形之一的，项目单位应当及时以书面形式向原项目核准机关提出变更申请。原项目核准机关应当自受理申请之日起20个工作日内作出是否同意变更的书面决定：

（一）建设地点发生变更的；

（二）投资规模、建设规模、建设内容发生较大变化的；

（三）项目变更可能对经济、社会、环境等产生重大不利影响的；

（四）需要对项目核准文件所规定的内容进行调整的其他重大情形。

第三十八条 项目自核准机关出具项目核准文件或同意项目变更决定2年内未开工建设，需要延期开工建设的，项目单位应当在2年期限届满的30个工作日前，向项目核准机关申请延期开工建设。项目核准机关应当自受理申请之日起20个工作日内，作出是否同意延期开工建设的决定，并出具相应文件。开工建设只能延期一次，期限最长不得超过1年。国家对项目延期开工建设另有规定的，依照其规定。

在2年期限内未开工建设也未按照规定向项目核准机关申请延期的，项目核准文件或同意项目变更决定自动失效。

第五章　项目备案

第三十九条　实行备案管理的项目，项目单位应当在开工建设前通过在线平台将相关信息告知项目备案机关，依法履行投资项目信息告知义务，并遵循诚信和规范原则。

第四十条　项目备案机关应当制定项目备案基本信息格式文本，具体包括以下内容：

（一）项目单位基本情况；

（二）项目名称、建设地点、建设规模、建设内容；

（三）项目总投资额；

（四）项目符合产业政策声明。

项目单位应当对备案项目信息的真实性、合法性和完整性负责。

第四十一条　项目备案机关收到本办法第四十条规定的全部信息即为备案。项目备案信息不完整的，备案机关应当及时以适当方式提醒和指导项目单位补正。

项目备案机关发现项目属产业政策禁止投资建设或者依法应实行核准管理，以及不属于固定资产投资项目、依法应实施审批管理、不属于本备案机关权限等情形的，应当通过在线平台及时告知企业予以纠正或者依法申请办理相关手续。

第四十二条　项目备案相关信息通过在线平台在相关部门之间实现互通共享。

项目单位需要备案证明的，可以通过在线平台自行打印或者要求备案机关出具。

第四十三条　项目备案后，项目法人发生变化，项目建设地点、规模、内容发生重大变更，或者放弃项目建设的，项目单位应当通过在线平台及时告知项目备案机关，并修改相关信息。

第四十四条　实行备案管理的项目，项目单位在开工建设前还应当根据相关法律法规规定办理其他相关手续。

第六章　监督管理

第四十五条　上级项目核准、备案机关应当加强对下级项目核准、备案机关的指导和监督，及时纠正项目管理中存在的违法违规行为。

第四十六条 项目核准和备案机关、行业管理、城乡规划(建设)、国家安全、国土(海洋)资源、环境保护、节能审查、金融监管、安全生产监管、审计等部门,应当按照谁审批谁监管、谁主管谁监管的原则,采取在线监测、现场核查等方式,依法加强对项目的事中事后监管。

项目核准、备案机关应当根据法律法规和发展规划、产业政策、总量控制目标、技术政策、准入标准及相关环保要求等,对项目进行监管。

城乡规划、国土(海洋)资源、环境保护、节能审查、安全监管、建设、行业管理等部门,应当履行法律法规赋予的监管职责,在各自职责范围内对项目进行监管。

金融监管部门应当加强指导和监督,引导金融机构按照商业原则,依法独立审贷。

审计部门应当依法加强对国有企业投资项目、申请使用政府投资资金的项目以及其他公共工程项目的审计监督。

第四十七条 各级地方政府有关部门应按照相关法律法规及职责分工,加强对本行政区域内项目的监督检查,发现违法违规行为的,应当依法予以处理,并通过在线平台登记相关违法违规信息。

第四十八条 对不符合法定条件的项目予以核准,或者超越法定职权予以核准的,应依法予以撤销。

第四十九条 各级项目核准、备案机关的项目核准或备案信息,以及国土(海洋)资源、城乡规划、水行政管理、环境保护、节能审查、安全监管、建设、工商等部门的相关手续办理信息、审批结果信息、监管(处罚)信息,应当通过在线平台实现互通共享。

第五十条 项目单位应当通过在线平台如实报送项目开工建设、建设进度、竣工的基本信息。

项目开工前,项目单位应当登录在线平台报备项目开工基本信息。项目开工后,项目单位应当按年度在线报备项目建设动态进度基本信息。项目竣工验收后,项目单位应当在线报备项目竣工基本信息。

第五十一条 项目单位有下列行为之一的,相关信息列入项目异常信用记录,并纳入全国信用信息共享平台:

(一)应申请办理项目核准但未依法取得核准文件的;

(二)提供虚假项目核准或备案信息,或者未依法将项目信息告知备案机关,或者已备案项目信息变更未告知备案机关的;

(三)违反法律法规擅自开工建设的;

(四)不按照批准内容组织实施的;

（五）项目单位未按本办法第五十条规定报送项目开工建设、建设进度、竣工等基本信息，或者报送虚假信息的；

（六）其他违法违规行为。

第七章　法律责任

第五十二条　项目核准、备案机关有下列情形之一的，由其上级行政机关责令改正，对负有责任的领导人员和直接责任人员由有关单位和部门依纪依法给予处分：

（一）超越法定职权予以核准或备案的；

（二）对不符合法定条件的项目予以核准的；

（三）对符合法定条件的项目不予核准的；

（四）擅自增减核准审查条件的，或者以备案名义变相审批、核准的；

（五）不在法定期限内作出核准决定的；

（六）不依法履行监管职责或者监督不力，造成严重后果的。

第五十三条　项目核准、备案机关及其工作人员，以及其他相关部门及其工作人员，在项目核准、备案以及相关审批手续办理过程中玩忽职守、滥用职权、徇私舞弊、索贿受贿的，对负有责任的领导人员和直接责任人员依法给予处分；构成犯罪的，依法追究刑事责任。

第五十四条　项目核准、备案机关，以及国土（海洋）资源、城乡规划、水行政管理、环境保护、节能审查、安全监管、建设等部门违反相关法律法规规定，未依法履行监管职责的，对直接负责的主管人员和其他直接责任人员，依法给予处分；构成犯罪的，依法追究刑事责任。

项目所在地的地方政府有关部门不履行企业投资监管职责的，对直接负责的主管人员和其他直接责任人员，依法给予处分。

第五十五条　企业以分拆项目、隐瞒有关情况或者提供虚假申报材料等不正当手段申请核准、备案的，项目核准机关不予受理或者不予核准、备案，并给予警告。

第五十六条　实行核准管理的项目，企业未依法办理核准手续开工建设或者未按照核准的建设地点、建设规模、建设内容等进行建设的，由核准机关责令停止建设或者责令停产，对企业处项目总投资额1‰以上5‰以下的罚款；对直接负责的主管人员和其他直接责任人员处2万元以上5万元以下的罚款，属于国家工作人员的，依法给予处分。项目应视情况予以拆除或者补办相关手续。

以欺骗、贿赂等不正当手段取得项目核准文件，尚未开工建设的，由核准机关撤销核准文件，处项目总投资额1‰以上5‰以下的罚款；已经开工建设的，依照前款规定予以处罚；构成犯罪的，依法追究刑事责任。

第五十七条 实行备案管理的项目，企业未依法将项目信息或者已备案项目信息变更情况告知备案机关，或者向备案机关提供虚假信息的，由备案机关责令限期改正；逾期不改正的，处2万元以上5万元以下的罚款。

第五十八条 企业投资建设产业政策禁止投资建设项目的，由县级以上人民政府投资主管部门责令停止建设或者责令停产并恢复原状，对企业处项目总投资额5‰以上10‰以下的罚款；对直接负责的主管人员和其他直接责任人员处5万元以上10万元以下的罚款，属于国家工作人员的，依法给予处分。法律、行政法规另有规定的，依照其规定。

第五十九条 项目单位在项目建设过程中不遵守国土(海洋)资源、城乡规划、环境保护、节能、安全监管、建设等方面法律法规和有关审批文件要求的，相关部门应依法予以处理。

第六十条 承担项目申请报告编写、评估任务的工程咨询评估机构及其人员、参与专家评议的专家，在编制项目申请报告、受项目核准机关委托开展评估或者参与专家评议过程中，违反从业规定，造成重大损失和恶劣影响的，依法降低或撤销工程咨询单位资格，取消主要责任人员的相关职业资格。

第八章 附 则

第六十一条 本办法所称省级政府包括各省、自治区、直辖市及计划单列市人民政府和新疆生产建设兵团。

第六十二条 外商投资项目和境外投资项目的核准和备案管理办法另行制定。

第六十三条 省级政府和国务院行业管理部门，可以按照《企业投资项目核准和备案管理条例》和本办法的规定，制订具体实施办法。

第六十四条 事业单位、社会团体等非企业组织在中国境内利用自有资金、不申请政府投资建设的固定资产投资项目，按照企业投资项目进行管理。

个人投资建设项目参照本办法的相关规定执行。

第六十五条 本办法由国家发展和改革委员会负责解释。

第六十六条 本办法自2017年4月8日起施行。《政府核准投资项目管理办法》(国家发展改革委令第11号)同时废止。

出入境尸体骸骨卫生检疫管理办法

（2017 年 3 月 9 日国家质量监督检验检疫总局令第 189 号公布
自 2017 年 5 月 1 日起施行　国法备字[2017000473]）

第一章　总　　则

第一条　为了规范国境口岸入出境尸体、骸骨卫生检疫工作，防止传染病传入传出，根据《中华人民共和国国境卫生检疫法》及其实施细则、《中华人民共和国传染病防治法》及其实施办法等法律法规的规定，制定本办法。

第二条　国家质量监督检验检疫总局（以下简称国家质检总局）统一管理全国入出境尸体、骸骨卫生检疫工作。

国家质检总局设在各地的出入境检验检疫部门（以下简称检验检疫部门）负责所辖地区的入出境尸体、骸骨卫生检疫工作。

第三条　本办法所称入出境尸体、骸骨包括：

（一）需要入境或者出境进行殡葬的尸体、骸骨；

（二）入出境及过境途中死亡人员的尸体、骸骨；

因医学科研需要，由境外运进或者由境内运出的尸体、骸骨，按照出入境特殊物品管理。

除上述情形外，不得由境内运出或者由境外运入尸体和骸骨。

第四条　检验检疫部门对入出境尸体、骸骨实施卫生检疫工作包括：材料核查、现场查验、检疫处置、签发卫生检疫证书等。符合卫生检疫要求的，准予入出境。

第二章　申　　报

第五条　尸体、骸骨入境前，托运人或者其代理人应当向入境口岸检验检疫部门申报，按照要求提供以下材料：

（一）尸体、骸骨入出境卫生检疫申报单；

（二）死者身份证明（如：护照、海员证、通行证、身份证或者使领馆等相关部门出具的证明）；

（三）出境国家或者地区官方机构签发的死亡报告或者医疗卫生部门签

发的死亡诊断书；

（四）入殓证明；

（五）防腐证明；

（六）托运人或者其代理人身份证明（如：护照、通行证或者身份证等）。

第六条 需要运送尸体、骸骨出境的，托运人或者其代理人应当取得国务院殡葬主管部门认可的从事国际运尸服务单位出具的尸体、骸骨入出境入殓证明、防腐证明和尸体、骸骨入出境卫生监管申报单。

第七条 需要运送尸体、骸骨出境的，原则上应当从入殓地所在口岸出境。尸体、骸骨出境前，托运人或者其代理人应当向出境口岸检验检疫部门申报，并按照要求提供以下材料：

（一）尸体、骸骨入出境卫生检疫申报单；

（二）死者有效身份证明；

（三）县级及以上医疗机构出具的死亡证明书或者公安、司法部门出具的死亡鉴定书或者其他相应的公证材料；

（四）本办法第六条所列证明文件；

（五）托运人或者其代理人身份证明。

第八条 需要从异地口岸运送尸体、骸骨出境的，托运人或者其代理人应当向入殓地所在地检验检疫部门申请检疫查验，检疫查验合格的，检验检疫部门签发《尸体/棺柩/骸骨入/出境卫生检疫证书》。

运送尸体、骸骨出境时，托运人或者其代理人应当向出境口岸检验检疫部门申报，申报时应当提交下列材料：

（一）入殓地检验检疫部门签发的《尸体/棺柩/骸骨入/出境卫生检疫证书》；

（二）死者有效身份证明；

（三）托运人或者其代理人身份证明。

第九条 在入出境或者过境途中发生人员死亡，需要运送尸体入境的，托运人或者其代理人应当向检验检疫机构申报并提交以下材料：

（一）尸体、骸骨入出境卫生检疫申报单；

（二）死者有效身份证明；

（三）有效死亡证明或者由公安机关出具的死亡鉴定书。

第十条 从事运送尸体、骸骨入出境的单位应当取得国务院殡葬主管部门准予从事国际运尸业务的证明文件。

托运人或者代理人运送尸体、骸骨入出境的，应当委托符合本条第一款规定的单位从事运尸业务。

尸体、骸骨入出境时,应当提供运送尸体、骸骨入出境的单位的法人证书或者工商营业执照及国务院殡葬主管部门准予从事国际运尸业务的证明文件等资料。

第三章 现场查验

第十一条 入境尸体、骸骨由入境口岸检验检疫部门进行材料核查并实施现场查验;出境尸体、骸骨由入殓地检验检疫部门进行材料核查并实施现场查验,出境口岸检验检疫部门负责在出境现场核查是否与申报内容相符,检查外部包装是否完整、破损、渗漏等。

第十二条 疑似或者因患检疫传染病、炭疽、国家公布按甲类传染病管理的疾病以及国务院规定的其他新发烈性传染病死亡的尸体、骸骨,禁止入出境。

因患检疫传染病而死亡的尸体,必须就近火化。

第十三条 口岸检验检疫部门对入出境尸体、骸骨实施现场查验,填写入出境尸体、骸骨现场查验工作记录。

第十四条 检验检疫部门对未入殓尸体的现场查验内容包括:

(一)检查尸体腐烂程度,所有腔道、孔穴是否用浸泡过消毒、防腐药剂的棉球堵塞,有无体液外流;

(二)对死因不明的尸体,注意检查有否皮疹(斑疹、丘疹、疱疹、脓疱)、表皮脱落、溃疡、渗液、出血点和色素沉着,异常排泄物、分泌物、腔道出血等现象;

(三)对入出境或者过境途中死亡人员的尸体,口岸检验检疫部门应当实施检疫,并根据检疫结果及申报人要求采取相应的处理及卫生控制措施,未经检验检疫部门许可不得移运。

第十五条 检验检疫部门对已入殓尸体的棺柩现场查验内容包括:

(一)检查入出境棺柩包装是否密闭,有无破损、渗漏及异味。棺柩若无渗液、漏气等特殊原因或者无流行病学意义,原则上不开棺检疫查验;

(二)出境棺柩的现场查验应当在尸体入殓时同时进行,要求尸体经防腐处理,包装密闭无破损、渗漏及异味。

第十六条 检验检疫部门对骸骨的现场查验内容包括:

(一)检查骸骨的包装容器是否密闭,有无渗漏;

(二)包装容器非密闭的,检查骸骨是否干爽,是否带肌腱,有无异味、病媒昆虫等。

第十七条 根据申报材料核查、流行病学调查以及现场查验情况,对需要进一步调查死亡原因的尸体,检验检疫部门可以采取标本送有资质的实验室进行检验。

第四章　检疫处置

第十八条　检验检疫部门发现有下列情况之一的，可以判定为卫生检疫查验不合格：

（一）外部包装不密闭、破损，有渗漏、异味及病媒昆虫的；

（二）入出境尸体未经防腐处理、包装入殓的；

（三）入境途中死亡且死因不明的。

第十九条　对卫生检疫查验不合格的尸体、骸骨，检验检疫部门按照以下规定进行检疫处置：

（一）禁止入出境的尸体、骸骨，必须就地火化后，以骨灰的形式入出境；

（二）有渗液、漏气的棺柩，必须进行卫生处理，托运人或者其代理人应当采取改换包装、重新防腐处理、冷冻运输等措施；

（三）骸骨的包装容器不密闭，有异味散发、渗漏或者病媒昆虫的，必须进行卫生处理，并更换包装；

（四）入出境途中不明原因死亡的，应当进行死因鉴定。无法作出死因鉴定的，尸体及棺柩一并火化，以骨灰的形式入出境；

（五）无死亡报告或者死亡医学诊断书的尸体，且托运人或者其代理人未能在规定期限内补交的，按照死因不明处置，以骨灰的形式入出境；

（六）经卫生处理后仍不符合卫生检疫要求的应当就近火化，以骨灰的形式入出境。

有前款规定情形应当火化但是托运人或者其代理人不同意火化的，禁止入出境。

第二十条　尸体、骸骨符合入出境卫生检疫要求的，检验检疫部门签发《尸体/棺柩/骸骨入/出境卫生检疫证书》，准予入出境。

第二十一条　对入境后再出境的尸体、骸骨，出境口岸检验检疫部门应当查验入境口岸检验检疫部门签发的《尸体/棺柩/骸骨入/出境卫生检疫证书》及相关材料。

第五章　附　　则

第二十二条　本办法下列用语的含义：

尸体是指人死亡后的遗体及以殡葬为目的的人体器官组织。

棺柩是指盛放有尸体的固定形态的坚固密闭容器。

骸骨是指以殡葬为目的的人体骨骼。

第二十三条 本办法由国家质检总局负责解释。

第二十四条 本办法自2017年5月1日起施行。

人力资源社会保障部关于修改《外国人在中国就业管理规定》的决定

（2017年3月13日人力资源和社会保障部令第32号公布 自公布之日起施行 国法备字[2017000472]）

根据《中华人民共和国出境入境管理法》和《外国人入境出境管理条例》的规定，按照国务院关于简政放权、放管结合、优化服务的要求，现决定对《外国人在中国就业管理规定》（劳部发[1996]29号）有关条款进行修改。

一、将第八条、第十条中的“职业签证”修改为“Z字签证”。

二、删去第十四条。

三、将第十五条修改为“获准来中国工作的外国人，应凭许可证书及本国有效护照或能代替护照的证件，到中国驻外使、领馆、处申请Z字签证。

凡符合第九条第二项规定的人员，应凭中国海洋石油总公司签发的通知函电申请Z字签证；凡符合第九条第三项规定的人员，应凭文化部的批件申请Z字签证。

凡符合本规定第十条第一款规定的人员，应凭合作交流项目书申请Z字签证；凡符合第十条第二项规定的人员，应凭工商行政管理部门的登记证明申请Z字签证。”

本决定自公布之日起施行。

城市设计管理办法

（2017年3月14日住房和城乡建设部令第35号公布 自2017年6月1日起施行 国法备字[2017000490]）

第一条 为提高城市建设水平，塑造城市风貌特色，推进城市设计工作，完善城市规划建设管理，依据《中华人民共和国城乡规划法》等法律法规，制定本办法。

第二条 城市、县人民政府所在地建制镇开展城市设计管理工作，适用本办法。

第三条 城市设计是落实城市规划、指导建筑设计、塑造城市特色风貌的有效手段，贯穿于城市规划建设管理全过程。通过城市设计，从整体平面和立体空间上统筹城市建筑布局、协调城市景观风貌，体现地域特征、民族特色和时代风貌。

第四条 开展城市设计，应当符合城市（县人民政府所在地建制镇）总体规划和相关标准；尊重城市发展规律，坚持以人为本，保护自然环境，传承历史文化，塑造城市特色，优化城市形态，节约集约用地，创造宜居公共空间；根据经济社会发展水平、资源条件和管理需要，因地制宜，逐步推进。

第五条 国务院城乡规划主管部门负责指导和监督全国城市设计工作。

省、自治区城乡规划主管部门负责指导和监督本行政区域内城市设计工作。

城市、县人民政府城乡规划主管部门负责本行政区域内城市设计的监督管理。

第六条 城市、县人民政府城乡规划主管部门，应当充分利用新技术开展城市设计工作。有条件的地方可以建立城市设计管理辅助决策系统，并将城市设计要求纳入城市规划管理信息平台。

第七条 城市设计分为总体城市设计和重点地区城市设计。

第八条 总体城市设计应当确定城市风貌特色，保护自然山水格局，优化城市形态格局，明确公共空间体系，并可与城市（县人民政府所在地建制镇）总体规划一并报批。

第九条 下列区域应当编制重点地区城市设计：

（一）城市核心区和中心地区；

（二）体现城市历史风貌的地区；

（三）新城新区；

（四）重要街道，包括商业街；

（五）滨水地区，包括沿河、沿海、沿湖地带；

（六）山前地区；

（七）其他能够集中体现和塑造城市文化、风貌特色，具有特殊价值的地区。

第十条 重点地区城市设计应当塑造城市风貌特色，注重与山水自然的共生关系,协调市政工程,组织城市公共空间功能,注重建筑空间尺度,提出建筑高度、体量、风格、色彩等控制要求。

第十一条 历史文化街区和历史风貌保护相关控制地区开展城市设计,应当根据相关保护规划和要求,整体安排空间格局,保护延续历史文化,明确新建建筑和改扩建建筑的控制要求。

重要街道、街区开展城市设计,应当根据居民生活和城市公共活动需要,统筹交通组织,合理布置交通设施、市政设施、街道家具,拓展步行活动和绿化空间,提升街道特色和活力。

第十二条 城市设计重点地区范围以外地区,可以根据当地实际条件,依据总体城市设计,单独或者结合控制性详细规划等开展城市设计,明确建筑特色、公共空间和景观风貌等方面的要求。

第十三条 编制城市设计时,组织编制机关应当通过座谈、论证、网络等多种形式及渠道,广泛征求专家和公众意见。审批前应依法进行公示,公示时间不少于30日。

城市设计成果应当自批准之日起20个工作日内,通过政府信息网站以及当地主要新闻媒体予以公布。

第十四条 重点地区城市设计的内容和要求应当纳入控制性详细规划,并落实到控制性详细规划的相关指标中。

重点地区的控制性详细规划未体现城市设计内容和要求的,应当及时修改完善。

第十五条 单体建筑设计和景观、市政工程方案设计应当符合城市设计要求。

第十六条 以出让方式提供国有土地使用权,以及在城市、县人民政府所在地建制镇规划区内的大型公共建筑项目,应当将城市设计要求纳入规划条件。

第十七条 城市、县人民政府城乡规划主管部门负责组织编制本行政区域内总体城市设计、重点地区的城市设计,并报本级人民政府审批。

第十八条 城市、县人民政府城乡规划主管部门组织编制城市设计所需的经费,应列入城乡规划的编制经费预算。

第十九条 城市、县人民政府城乡规划主管部门开展城乡规划监督检查时,应当加强监督检查城市设计工作情况。

国务院和省、自治区人民政府城乡规划主管部门应当定期对各地的城市设计工作和风貌管理情况进行检查。

第二十条 城市、县人民政府城乡规划主管部门进行建筑设计方案审查和规划核实时，应当审核城市设计要求落实情况。

第二十一条 城市、县人民政府城乡规划主管部门开展城市规划实施评估时，应当同时评估城市设计工作实施情况。

第二十二条 城市设计的技术管理规定由国务院城乡规划主管部门另行制定。

第二十三条 各地可根据本办法，按照实际情况，制定实施细则和技术导则。

第二十四条 县人民政府所在地以外的镇可以参照本办法开展城市设计工作。

第二十五条 本办法自2017年6月1日起施行。

注册消防工程师管理规定

（2017年3月16日中华人民共和国公安部令第143号公布
自2017年10月1日起施行 国法备字[2017000539]）

第一章 总 则

第一条 为了加强对注册消防工程师的管理，规范注册消防工程师的执业行为，保障消防安全技术服务与管理质量，根据《中华人民共和国消防法》，制定本规定。

第二条 取得注册消防工程师资格证书人员的注册、执业和继续教育及其监督管理，适用本规定。

第三条 本规定所称注册消防工程师，是指取得相应级别注册消防工程师资格证书并依法注册后，从事消防设施维护保养检测、消防安全评估和消防安全管理等工作的专业技术人员。

第四条 注册消防工程师实行注册执业管理制度。注册消防工程师分为一级注册消防工程师和二级注册消防工程师。

第五条 公安部消防局对全国注册消防工程师的注册、执业和继续教育实施指导和监督管理。

县级以上地方公安机关消防机构对本行政区域内注册消防工程师的注册、执业和继续教育实施指导和监督管理。

第六条 注册消防工程师应当严格遵守有关法律、法规和国家标准、行业标准，恪守职业道德和执业准则，增强服务意识和社会责任感，不断提高专业素质和业务水平。

第七条 鼓励依托消防协会成立注册消防工程师行业协会。注册消防工程师行业协会应当依法登记和开展活动，加强行业自律管理，规范执业行为，促进行业健康发展。

注册消防工程师行业协会不得从事营利性社会消防技术服务活动，不得通过制定行业规则或者其他方式妨碍公平竞争，损害他人利益和社会公共利益。

第二章 注　册

第八条 取得注册消防工程师资格证书的人员，必须经过注册，方能以相应级别注册消防工程师的名义执业。

未经注册，不得以注册消防工程师的名义开展执业活动。

第九条 省、自治区、直辖市公安机关消防机构（以下简称省级公安机关消防机构）是一级、二级注册消防工程师的注册审批部门。

第十条 注册消防工程师的注册分为初始注册、延续注册和变更注册。

第十一条 申请注册的人员，应当同时具备以下条件：

（一）依法取得注册消防工程师资格证书；

（二）受聘于一个消防技术服务机构或者消防安全重点单位，并担任技术负责人、项目负责人或者消防安全管理人；

（三）无本规定第二十三条所列情形。

第十二条 申请注册的人员，应当通过聘用单位向单位所在地（企业工商注册地）的省级或者地市级公安机关消防机构提交注册申请材料。

申请注册的人员，拟在消防技术服务机构的分支机构所在地开展执业活动的，应当通过该分支机构向其所在地的省级或者地市级公安机关消防机构提交注册申请材料。

第十三条 公安机关消防机构收到注册申请材料后，对申请材料齐全、符合法定形式的，应当出具受理凭证；不予受理的，应当出具不予受理凭证并载明理由。对申请材料不齐全或者不符合法定形式的，应当当场或者在五日内一次告知申请人需要补正的全部内容，逾期不告知的，自收到申请材料之日起即为受理。

地市级公安机关消防机构受理注册申请后，应当在三日内将申请材料送至省级公安机关消防机构。

第十四条　省级公安机关消防机构应当自受理之日起二十日内对申请人条件和注册申请材料进行审查并作出注册决定。在规定的期限内不能作出注册决定的，经省级公安机关消防机构负责人批准，可以延长十日，并应当将延长期限的理由告知申请人。

第十五条　省级公安机关消防机构应当自作出注册决定之日起十日内颁发相应级别的注册证、执业印章，并向社会公告；对作出不予注册决定的，应当出具不予注册决定书并载明理由。

注册消防工程师的注册证、执业印章式样由公安部消防局统一制定，省级公安机关消防机构组织制作。

第十六条　注册证、执业印章的有效期为三年，自作出注册决定之日起计算。

申请人领取一级注册消防工程师注册证、执业印章时，已经取得二级注册消防工程师注册证、执业印章的，应当同时将二级注册消防工程师注册证、执业印章交回。

第十七条　申请初始注册的，应当自取得注册消防工程师资格证书之日起一年内提出。

本规定施行前已经取得注册消防工程师资格但尚未注册的，应当在本规定施行之日起一年内提出申请。

逾期未申请初始注册的，应当参加继续教育，并在达到继续教育的要求后方可申请初始注册。

第十八条　申请初始注册应当提交下列材料：

（一）初始注册申请表；

（二）申请人身份证明材料、注册消防工程师资格证书等复印件；

（三）聘用单位消防技术服务机构资质证书副本复印件或者消防安全重点单位证明材料；

（四）与聘用单位签订的劳动合同或者聘用文件复印件，社会保险证明或者人事证明复印件。

聘用单位同时申请消防技术服务机构资质的，申请人无需提供前款第三项规定的材料。

逾期申请初始注册的，还应当提交达到继续教育要求的证明材料。

第十九条　注册有效期满需继续执业的，应当在注册有效期届满三个月前，按照本规定第十二条的规定申请延续注册，并提交下列材料：

（一）延续注册申请表；

（二）原注册证、执业印章；

（三）与聘用单位签订的劳动合同或者聘用文件复印件，社会保险证明或者人事证明复印件；

（四）符合本规定第二十九条第二款规定的执业业绩证明材料；

（五）继续教育的证明材料。

第二十条 注册消防工程师在注册有效期内发生下列情形之一的，应当按照本规定第十二条的规定申请变更注册：

（一）变更聘用单位的；

（二）聘用单位名称变更的；

（三）注册消防工程师姓名变更的。

第二十一条 申请变更注册，应当提交变更注册申请表、原注册证和执业印章，以及下列变更事项证明材料：

（一）注册消防工程师变更聘用单位的，提交新聘用单位的消防技术服务机构资质证书副本复印件或者消防安全重点单位证明材料，与新聘用单位签订的劳动合同或者聘用文件复印件，社会保险证明或者人事证明复印件，与原聘用单位解除（终止）工作关系证明；

（二）注册消防工程师聘用单位名称变更的，提交变更后的单位工商营业执照等证明文件复印件；

（三）注册消防工程师姓名变更的，提交户籍信息变更材料。

变更注册后，有效期仍延续原注册有效期。原注册有效期届满在半年以内的，可以同时提出延续注册申请；准予延续的，注册有效期重新计算。

第二十二条 注册消防工程师在申请变更注册之日起，至注册审批部门准予其变更注册之前不得执业。

第二十三条 申请人有下列情形之一的，不予注册：

（一）不具有完全民事行为能力或者年龄超过70周岁的；

（二）申请在非消防技术服务机构、非消防安全重点单位，或者两个以上消防技术服务机构、消防安全重点单位注册的；

（三）刑事处罚尚未执行完毕，或者因违法执业行为受到刑事处罚，自刑事处罚执行完毕之日起至申请注册之日止不满五年的；

（四）未达到继续教育、执业业绩要求的；

（五）因存在本规定第五十条违法行为被撤销注册，自撤销注册之日起至申请注册之日止不满三年的；

（六）因存在本规定第五十五条第二项、第五十六条、第五十七条违法执业行为之一被注销注册，自注销注册之日起至申请注册之日止不满三年的；

（七）因存在本规定第五十五条第一项、第三项违法执业行为之一被注销

注册,自注销注册之日起至申请注册之日止不满一年的;

(八)因违法执业行为受到公安机关消防机构行政处罚,未履行完毕的。

第二十四条 注册消防工程师注册证、执业印章遗失的,应当及时向原注册审批部门备案。

注册消防工程师注册证或者执业印章遗失、污损需要补办、更换的,应当持聘用单位和本人共同出具的遗失说明,或者污损的原注册证、执业印章,向原注册审批部门申请补办、更换。原注册审批部门应当自受理之日起十日内办理完毕。补办、更换的注册证、执业印章有效期延续原注册有效期。

第三章 执　业

第二十五条 注册证、执业印章是注册消防工程师的执业凭证,由注册消防工程师本人保管、使用。

第二十六条 一级注册消防工程师可以在全国范围内执业;二级注册消防工程师可以在注册所在省、自治区、直辖市范围内执业。

第二十七条 一级注册消防工程师的执业范围包括:

(一)消防技术咨询与消防安全评估;

(二)消防安全管理与消防技术培训;

(三)消防设施维护保养检测(含灭火器维修);

(四)消防安全监测与检查;

(五)火灾事故技术分析;

(六)公安部或者省级公安机关规定的其他消防安全技术工作。

第二十八条 二级注册消防工程师的执业范围包括:

(一)除100米以上公共建筑、大型的人员密集场所、大型的危险化学品单位外的火灾高危单位消防安全评估;

(二)除250米以上公共建筑、大型的危险化学品单位外的消防安全管理;

(三)单体建筑面积4万平方米以下建筑的消防设施维护保养检测(含灭火器维修);

(四)消防安全监测与检查;

(五)公安部或者省级公安机关规定的其他消防安全技术工作。

省级公安机关消防机构应当结合实际,根据上款规定确定本地区二级注册消防工程师的具体执业范围。

第二十九条 注册消防工程师的执业范围应当与其聘用单位业务范围和

本人注册级别相符合，本人的执业范围不得超越其聘用单位的业务范围。

受聘于消防技术服务机构的注册消防工程师，每个注册有效期应当至少参与完成3个消防技术服务项目；受聘于消防安全重点单位的注册消防工程师，一个年度内应当至少签署1个消防安全技术文件。

注册消防工程师的聘用单位应当加强对本单位注册消防工程师的管理，对其执业活动依法承担法律责任。

第三十条 下列消防安全技术文件应当以注册消防工程师聘用单位的名义出具，并由担任技术负责人、项目负责人或者消防安全管理人的注册消防工程师签名，加盖执业印章：

（一）消防技术咨询、消防安全评估、火灾事故技术分析等书面结论文件；

（二）消防安全重点单位年度消防工作综合报告；

（三）消防设施维护保养检测书面结论文件；

（四）灭火器维修合格证；

（五）法律、法规规定的其他消防安全技术文件。

修改经注册消防工程师签名盖章的消防安全技术文件，应当由原注册消防工程师进行；因特殊情况，原注册消防工程师不能进行修改的，应当由其他相应级别的注册消防工程师修改，并签名、加盖执业盖章，对修改部分承担相应的法律责任。

第三十一条 注册消防工程师享有下列权利：

（一）使用注册消防工程师称谓；

（二）保管和使用注册证和执业印章；

（三）在规定的范围内开展执业活动；

（四）对违反相关法律、法规和国家标准、行业标准的行为提出劝告，拒绝签署违反国家标准、行业标准的消防安全技术文件；

（五）参加继续教育；

（六）依法维护本人的合法执业权利。

第三十二条 注册消防工程师应当履行下列义务：

（一）遵守和执行法律、法规和国家标准、行业标准；

（二）接受继续教育，不断提高消防安全技术能力；

（三）保证执业活动质量，承担相应的法律责任；

（四）保守知悉的国家秘密和聘用单位的商业、技术秘密。

第三十三条 注册消防工程师不得有下列行为：

（一）同时在两个以上消防技术服务机构，或者消防安全重点单位执业；

（二）以个人名义承接执业业务、开展执业活动；

（三）在聘用单位出具的虚假、失实消防安全技术文件上签名、加盖执业印章；

（四）变造、倒卖、出租、出借，或者以其他形式转让资格证书、注册证或者执业印章；

（五）超出本人执业范围或者聘用单位业务范围开展执业活动；

（六）不按照国家标准、行业标准开展执业活动，减少执业活动项目内容、数量，或者降低执业活动质量；

（七）违反法律、法规规定的其他行为。

第四章　继续教育

第三十四条　注册消防工程师在每个注册有效期内应当达到继续教育要求。具有注册消防工程师资格证书的非注册人员，应当持续参加继续教育，并达到继续教育要求。

第三十五条　公安部消防局统一管理全国注册消防工程师的继续教育工作，组织制定一级注册消防工程师的继续教育规划和计划。

省级公安机关消防机构负责本行政区域内一级、二级注册消防工程师继续教育的组织实施和管理，组织制定二级注册消防工程师的继续教育规划和计划。省级公安机关消防机构可以委托教育培训机构实施继续教育。

第三十六条　注册消防工程师继续教育可以按照注册级别，采取集中面授、网络教学等多种形式进行。

第三十七条　对达到继续教育要求的注册消防工程师，实施继续教育培训的机构应当出具证明材料。

第五章　监督管理

第三十八条　县级以上公安机关消防机构依照有关法律、法规和本规定，对本行政区域内注册消防工程师的执业活动实施监督管理。

注册消防工程师及其聘用单位对公安机关消防机构依法进行的监督管理应当协助与配合，不得拒绝或者阻挠。

第三十九条　省级公安机关消防机构应当制定对注册消防工程师执业活动的监督抽查计划。县级以上地方公安机关消防机构应当根据监督抽查计划，结合日常消防监督检查工作，对注册消防工程师的执业活动实施监督抽查。

公安机关消防机构对注册消防工程师的执业活动实施监督抽查时,检查人员不得少于两人,并应当表明执法身份。

第四十条 公安机关消防机构对发现的注册消防工程师违法执业行为,应当责令立即改正或者限期改正,并依法查处。

公安机关消防机构对注册消防工程师作出处理决定后,应当在作出处理决定之日起七日内将违法执业事实、处理结果或者处理建议抄告原注册审批部门。原注册审批部门收到抄告后,应当依法作出责令停止执业、注销注册或者吊销注册证等处理。

第四十一条 公安机关消防机构工作人员滥用职权、玩忽职守作出准予注册决定的,作出决定的公安机关消防机构或者其上级公安机关消防机构可以撤销注册。

第四十二条 注册消防工程师有下列情形之一的,注册审批部门应当予以注销注册,并将其注册证、执业印章收回或者公告作废:

(一)不具有完全民事行为能力或者年龄超过70周岁的;

(二)申请注销注册或者注册有效期满超过三个月未延续注册的;

(三)被撤销注册、吊销注册证的;

(四)在一个注册有效期内有本规定第五十五条第二项、第五十六条、第五十七条所列情形一次以上,或者第五十五条第一项、第三项所列情形两次以上的;

(五)执业期间受到刑事处罚的;

(六)聘用单位破产、解散、被撤销,或者被注销消防技术服务机构资质的;

(七)与聘用单位解除(终止)工作关系超过三个月的;

(八)法律、行政法规规定的其他情形。

被注销注册的人员在具备初始注册条件后,可以重新申请初始注册。

第四十三条 公安机关消防机构实施监督检查时,有权采取下列措施:

(一)查看注册消防工程师的注册证、执业印章、签署的消防安全技术文件和社会保险证明;

(二)查阅注册消防工程师聘用单位、服务单位相关资料,询问有关事项;

(三)实地抽查注册消防工程师执业活动情况,核查执业活动质量;

(四)法律、行政法规规定的其他措施。

第四十四条 公安机关消防机构实施监督检查时,应当重点抽查下列情形:

(一)注册消防工程师聘用单位是否符合要求;

（二）注册消防工程师是否具备注册证、执业印章；

（三）是否存在违反本规定第三十条、第三十三条规定的情形。

第四十五条 公安机关消防机构对注册消防工程师执业活动中的违法行为除给予行政处罚外，实行违法行为累积记分制度。

累积记分管理的具体办法，由公安部制定。

第四十六条 注册消防工程师聘用单位应当建立本单位注册消防工程师的执业档案，并确保执业档案真实、准确、完整。

第四十七条 任何单位和个人都有权对注册消防工程师执业活动中的违法行为和公安机关消防机构及其工作人员监督管理工作中的违法行为进行举报、投诉。

公安机关消防机构接到举报、投诉后，应当及时进行核查、处理。

第六章 法律责任

第四十八条 注册消防工程师及其聘用单位违反本规定的行为，法律、法规已经规定法律责任的，依照有关规定处理。

第四十九条 隐瞒有关情况或者提供虚假材料申请注册的，公安机关消防机构不予受理或者不予许可，申请人在一年内不得再次申请注册；聘用单位为申请人提供虚假注册申请材料的，同时对聘用单位处一万元以上三万元以下罚款。

第五十条 申请人以欺骗、贿赂等不正当手段取得注册消防工程师资格注册的，原注册审批部门应当撤销其注册，并处一万元以下罚款；申请人在三年内不得再次申请注册。

第五十一条 未经注册擅自以注册消防工程师名义执业，或者被依法注销注册后继续执业的，责令停止违法活动，处一万元以上三万元以下罚款。

第五十二条 注册消防工程师有需要变更注册的情形，未经注册审批部门准予变更注册而继续执业的，责令改正，处一千元以上一万元以下罚款。

第五十三条 注册消防工程师聘用单位出具的消防安全技术文件，未经注册消防工程师签名或者加盖执业印章的，责令改正，处一千元以上一万元以下罚款。

第五十四条 注册消防工程师未按照国家标准、行业标准开展执业活动，减少执业活动项目内容、数量，或者执业活动质量不符合国家标准、行业标准的，责令改正，处一千元以上一万元以下罚款。

第五十五条 注册消防工程师有下列行为之一的，责令改正，处一万元以上二万元以下罚款：

（一）以个人名义承接执业业务、开展执业活动的；

（二）变造、倒卖、出租、出借或者以其他形式转让资格证书、注册证、执业印章的；

（三）超出本人执业范围或者聘用单位业务范围开展执业活动的。

第五十六条 注册消防工程师同时在两个以上消防技术服务机构或者消防安全重点单位执业的，依据《社会消防技术服务管理规定》第四十七条第二款的规定处罚。

第五十七条 注册消防工程师在聘用单位出具的虚假、失实消防安全技术文件上签名或者加盖执业印章的，依据《中华人民共和国消防法》第六十九条的规定处罚。

第五十八条 本规定规定的行政处罚，除第五十条、第五十七条另有规定的外，由违法行为地的县级以上公安机关消防机构决定。

第五十九条 注册消防工程师对公安机关消防机构在注册消防工程师监督管理中作出的具体行政行为不服的，可以依法申请行政复议或者提起行政诉讼。

第六十条 公安机关消防机构工作人员有下列行为之一，尚不构成犯罪的，依法给予处分；构成犯罪的，依法追究刑事责任：

（一）超越法定职权、违反法定程序或者对不符合法定条件的申请人准予注册的；

（二）对符合法定条件的申请人不予受理、注册或者拖延办理的；

（三）利用职务上的便利，索取或者收受他人财物或者谋取不正当利益的；

（四）不依法履行监督管理职责或者发现违法行为不依法处理的。

第七章 附 则

第六十一条 本规定中的“日”是指工作日，不含法定节假日；“以上”、“以下”包括本数、本级。

第六十二条 本规定自2017年10月1日起施行。

民航企业安全保障财务考核办法

（2017年3月27日交通运输部令2017年第7号公布　自2017年5月1日起施行　国法备字[2017000549]）

第一章　总　则

第一条　为了促进民航企业提高安全生产财务保障能力，落实安全生产主体责任，根据《中华人民共和国民用航空法》和《中华人民共和国安全生产法》等法律法规，制定本办法。

第二条　本办法适用于民航行政机关对民航企业实施的安全保障财务考核活动。

前款所称民航行政机关是指中国民用航空局（以下简称民航局）及中国民用航空地区管理局（以下简称民航地区管理局）；民航企业包括在中国境内注册的公共航空运输企业和民用运输机场（含军民合用机场）。

第三条　民航企业安全保障财务考核对企业的安全生产财务保障能力进行综合评价，遵循科学规范、公开透明、客观公正、激励促进的原则。

第四条　民航企业应当保证安全生产必需的资金投入，确保本单位具有法律法规、国家标准和行业标准规定的安全生产条件。

第二章　考核对象、内容、方式与程序

第五条　民航企业安全保障财务考核对象包括：

（一）获得民航行政机关颁发的经营许可证和运行合格证，并且能够独立核算的公共航空运输企业。

（二）获得民航行政机关颁发的民用运输机场使用许可证，并且能够独立核算的民用运输机场。无法独立核算的民用运输机场，以集团公司作为考核主体。

考核年度内运营时间不足六个月的，不列入考核对象。

本条中的考核年度是指上报考核数据的上一个完整自然年度。

第六条　民航企业安全保障财务考核从安全保障能力、安全保障程度和财务信用三个方面设置考核指标，按照考核指标与安全生产的关联度赋予权重，计算综合得分。

第七条 民航企业安全保障财务考核工作每年进行一次。

第八条 民航企业安全保障财务考核应当以企业年度财务会计决算报告为依据,按照民航局规定的统计口径计算指标值。母公司填报的数据不包括独立参加考核的子公司。

第九条 公共航空运输企业和民用运输机场采取企业自评、民航地区管理局审查和民航局核定相结合的方式;民航局可以授权民航地区管理局对本地区民用运输机场自评结果进行核定。

第十条 民航企业应当于每年5月15日前完成上年度考核的自评工作,并将自评结果等材料以书面形式或通过民航行政机关指定的网络系统报送所在地民航地区管理局。各单位对自评结果的真实性和准确性负责。

第十一条 民航地区管理局对公共航空运输企业和民用运输机场自评结果进行审查,并于每年6月30日前将审查结果汇总上报民航局。

第十二条 民航局结合各单位自评和民航地区管理局审查情况,对公共航空运输企业和民用运输机场的考核结果进行核定。

第十三条 审核完成后,如核定结果与自评结果有差异,由负责核定的民航行政机关将差异结果反馈给企业。企业对核定结果有异议的,应当提供相关测算依据和证明材料,经民航局审核后予以调整。

第三章 考核结果与整改措施

第十四条 考核满分为十分。考核按照综合得分分为优秀、良好、合格和不合格。综合得分低于六分的企业评定为不合格,综合得分六分(含)以上至八分的企业评定为合格,综合得分八分(含)以上至九分的企业评定为良好,综合得分九分及以上的企业评定为优秀。

第十五条 民航局将考核结果在行业内予以通报。

第十六条 民航地区管理局对考核不合格的企业下达限期整改通知,督促其整改。

第十七条 考核不合格的企业应在接到整改通知后一个月内制定整改方案,在规定时间内完成整改,并将整改情况报民航地区管理局。

第十八条 民航地区管理局根据本办法对考核不合格企业整改后情况进行复核,并将复核情况上报民航局。

第四章 监督管理

第十九条 民航行政机关可以对民航企业的安全生产财务保障情况进行

随机抽查，必要时可委托第三方参与协助。

第二十条 民航行政机关可以采取以下措施进行现场检查：

(一)进入企业有关部门、经营场所，查阅、复制与检查事项有关的资料文件；

(二)询问企业工作人员，要求其对检查事项作出说明。

监督检查不得影响被检查单位的正常生产经营活动。

第二十一条 民航企业应当对民航行政机关的监督检查给予积极配合，及时提供所需财务资料和书面文件，并对材料的真实性、准确性和完整性负责。

第二十二条 民航行政机关工作人员应当对企业报送的考核资料做好保管和保密工作，除经民航行政机关批准，不得擅自对外提供。

第二十三条 民航行政机关建立考核信息共享和应用制度，将考核结果记入守法信用信息记录，作为调整航班量、航线航班审批、新增维修能力、航空器引进、调整机场容量、分配时刻、新设分子公司、补助补贴资金核定等的重要参考依据。

第五章 法律责任

第二十四条 民航企业以隐瞒有关情况、提供虚假材料等不正当手段参加考核的，由民航地区管理局给予警告；情节严重的，处三万元以下罚款。对于已经获得相关运营补贴的，由民航局或民航地区管理局责令退回。

第二十五条 民航企业有下列情形之一的，由民航地区管理局给予警告；情节严重的，处一万元以下罚款：

(一)未按规定参加考核的；

(二)逾期未整改或整改后仍不合格的。

第二十六条 民航企业拒绝、阻碍民航行政机关实施监督检查的，由民航地区管理局责令改正；拒不改正的，处二万元以上二十万元以下的罚款；对其直接负责的主管人员和其他直接责任人员处一万元以上二万元以下的罚款。

第二十七条 民航行政机关工作人员未经批准擅自对外提供考核资料的，由所在单位或上级主管机关责令改正；情节严重的，对直接责任人员依法给予行政处分。

第六章 附 则

第二十八条 民航企业安全保障财务考核具体指标、评分标准和权重由民航局另行制定,并公布执行。

第二十九条 对民航企业的行政处罚、行政强制等处理措施及其执行情况记入守法信用信息记录,并按照有关规定进行公开。

第三十条 本办法自2017年5月1日起施行。

交通运输部关于修改《中华人民共和国海船船员适任考试和发证规则》的决定

(2017年3月28日交通运输部令2017年第8号公布 自2017年4月15日起施行 国法备字[2017000493])

交通运输部决定对《中华人民共和国海船船员适任考试和发证规则》(交通运输部令2013年第18号)作如下修改:

一、在第三十五条增加:"航运公司应当及时为当事船舶安排持相应适任证书的人员补充空缺职位。"

二、在第六十一条增加一款作为第二款:"持有有效适任证书的内河船舶船员,经过相应的培训、考试,并经航线签注,可以在特定航线江海直达船舶上担任相应职务,具体办法由交通运输部海事局制定。"

三、对附件《申请海船船员适任证书的培训、海上任职资历和适任考试要求》部分内容作如下修改:

(一)在值班水手、值班机工一栏中,删去基本安全和专业技能适任培训栏"精通救生艇筏和救助艇培训";在船上见习栏内容的最后增加"或者按照见习计划和见习记录簿的要求,完成3个月的船上见习";删去特别规定栏"未满500总吨或者750千瓦的船舶(特殊类型船舶除外),免除精通救生艇筏和救助艇培训"。

(二)在高级值班水手、高级值班机工一栏中,将基本安全和专业技能适任培训栏内容修改为"完成基本安全培训、精通救生艇筏和救助艇培训、保安意识培训和负有指定保安职责船员的培训"。删去岗位适任培训栏"完成相应的高级值班水手、高级值班机工岗位适任培训"。在船上见习栏增加"担任值班水手、值班机工满12个月,其中后6个月中按照见习计划和见习记录簿的要求,完成不少于3个月的船上见习"。

(三)在三副、三管轮一栏中,将船上见习栏内容修改为"申请未满500总吨或者750千瓦适任证书者在相应等级船舶上;其他适任证书申请者在500

总吨或者750千瓦及以上的船舶上,在船长或者合格的高级船员的指导下履行了不少于6个月的驾驶台或者机舱值班职责”。

(四)在大副、大管轮一栏中,将船上见习栏内容修改为“在相应航区相应等级的船舶上完成不少于3个月的船上见习”。

四、对附件表注部分内容作如下修改:

(一)在表注1最后增加“但申请总吨或者功率提高至3000总吨或者功率3000千瓦及以上适任证书的船长和管理级高级船员在适任考试所有科目和项目全部通过后,应当在相应航区的3000总吨或者功率3000千瓦及以上见习相应的船长或者管理级高级船员职务3个月,并在船上见习记录簿中记载。”

(二)将表注4(4)第二款中“相应航区相应等级或者低一航区或者低一等级的船舶”修改为“500总吨或者750千瓦及以上的船舶”;将“相应等级的船舶”修改为“相应航区750千瓦及以上的船舶”。

(三)增加一项作为表注4第(5)项“经国家海事管理机构确认课程、培训质量体系运行及培训质量和社会声誉良好的培训机构,学员培训期间在船培训、见习的资历可以计入支持级和操作级职务的见习资历”。

本决定自2017年4月15日起施行。

《中华人民共和国海船船员适任考试和发证规则》根据本决定作相应修正,重新发布。

中华人民共和国海船船员适任考试和发证规则

(2011年12月27日交通运输部令2011年第12号发布 根据2013年12月24日交通运输部《关于修改〈中华人民共和国海船船员适任考试和发证规则〉的决定》第一次修正 根据2017年3月28日交通运输部《关于修改〈中华人民共和国海船船员适任考试和发证规则〉的决定》第二次修正)

第一章 总 则

第一条 为了提高海船船员素质,保障海上人命和财产安全,保护海洋环境,根据《中华人民共和国海上交通安全法》《中华人民共和国船员条例》以及我国缔结或者加入的有关国际公约,制定本规则。

第二条 本规则适用于为取得中华人民共和国海船船员适任证书(以下简称适任证书)而进行的考试以及适任证书、适任证书特免证明和外国适任证书承认签证的签发与管理。

第三条 国务院交通运输主管部门主管全国海船船员适任考试和发证工作。

国家海事管理机构在国务院交通运输主管部门的领导下,对海船船员适任考试和发证工作进行统一管理。

国家海事管理机构所属的各级海事管理机构按照国家海事管理机构确定的职责范围具体负责海船船员适任考试和发证工作。

第四条 海船船员适任考试和发证应当遵循公平、公正、公开、便民的原则。

第二章 适任证书

第一节 适任证书基本信息

第五条 适任证书包含以下基本内容:

(一)持证人姓名、性别、出生日期、国籍、持证人签名及照片;

(二)证书等级、编号;

(三)有关国际公约的适用条款;

(四)持证人适任的航区、职务、职能;

(五)持证人适任的船舶种类、主推进动力装置、特殊设备操作等项目;

(六)发证日期和有效期截止日期;

(七)签发机关名称和签发官员署名;

(八)规定需要载明的其他内容。

第六条 持证人适任的航区分为无限航区和沿海航区,但无线电操作人员适任的航区分为A1、A2、A3和A4海区。

第七条 适任证书等级分为:

(一)船长、驾驶员、轮机长和轮机员适任证书等级分为:

1. 无限航区适任证书分为二个等级:

(1)一等适任证书:适用于3000总吨及以上或者主推进动力装置3000千瓦及以上的船舶;

(2)二等适任证书:适用于500总吨及以上至3000总吨或者主推进动力装置750千瓦及以上至3000千瓦的船舶。

2. 沿海航区适任证书分为三个等级：

(1)一等适任证书：适用于3000总吨及以上或者主推进动力装置3000千瓦及以上的船舶；

(2)二等适任证书：适用于500总吨及以上至3000总吨或者主推进动力装置750千瓦及以上至3000千瓦的船舶；

(3)三等适任证书：适用于未满500总吨或者主推进动力装置未满750千瓦的船舶。

(二)高级值班水手、高级值班机工适任证书适用于500总吨及以上或者主推进动力装置750千瓦及以上的船舶。

(三)值班水手、值班机工适任证书等级分为：

1. 无限航区适任证书适用于500总吨及以上或者主推进动力装置750千瓦及以上的船舶；

2. 沿海航区适任证书分为二个等级：

(1)一等适任证书：适用于500总吨及以上或者主推进动力装置750千瓦及以上的船舶；

(2)二等适任证书：适用于未满500总吨或者主推进动力装置未满750千瓦的船舶。

(四)电子电气员和电子技工适任证书适用于主推进动力装置750千瓦及以上的船舶。

在拖轮上任职的船长和甲板部船员所持适任证书等级与该拖轮的主推进动力装置功率的等级相对应。

第八条 船员职务根据服务部门分为：

(一)船长；

(二)甲板部船员：大副、二副、三副、高级值班水手、值班水手，其中大副、二副、三副统称为驾驶员；

(三)轮机部船员：轮机长、大管轮、二管轮、三管轮、电子电气员、高级值班机工、值班机工、电子技工，其中大管轮、二管轮、三管轮统称为轮机员；

(四)无线电操作人员：一级无线电电子员、二级无线电电子员、通用操作员、限用操作员。

第九条 船员职能根据分工分为：

(一)航行；

(二)货物操作和积载；

(三)船舶作业和人员管理；

(四)轮机工程；

（五）电气、电子和控制工程；

（六）维护和修理；

（七）无线电通信。

船员职能根据技术要求分为：

（一）管理级；

（二）操作级；

（三）支持级。

第十条 适任证书持有人应当在适任证书适用范围内担任职务或者担任低于适任证书适用范围的职务。但担任值班水手职务的船员必须持有值班水手或者高级值班水手适任证书，担任值班机工职务的船员必须持有值班机工或者高级值班机工适任证书。

第二节 适任证书的签发

第十一条 取得适任证书，应当具备下列条件：

（一）持有有效的船员服务簿；

（二）符合国家海事管理机构规定的海船船员任职岗位健康标准；

（三）完成本规则附件规定的适任培训；

（四）具备本规则附件规定的海上任职资历，并且任职表现和安全记录良好；

（五）通过相应的适任考试。

拟在油船、化学品船、液化气船、客船、高速船等特殊类型船舶上任职的船员，还应当具备本章第三节规定的培训、资历等特殊要求。

第十二条 申请海船船员适任证书的，应当提交下列材料：

（一）海船船员适任证书申请表；

（二）船员服务簿；

（三）海船船员健康证书；

（四）身份证件；

（五）符合海事管理机构要求的照片；

（六）岗位适任培训证明或者航海教育毕业证书；

（七）船上见习记录簿；

（八）现持有的适任证书；

（九）专业技能适任培训合格证；

（十）适任考试的合格证明。

持有三副、三管轮适任证书申请二副、二管轮适任证书者，免于向海事管

理机构提交本条第一款第(六)(七)(九)(十)项规定的材料;

按照本规则规定免于船上见习者,免于向海事管理机构提交本条第一款第(七)项规定的材料;

初次申请海船船员适任证书者,免于向海事管理机构提交本条第一款第(八)项规定的材料。

按照第二十条规定拟在特殊类型船舶上任职的,还应当提供相应的特殊培训合格证。

申请适任证书再有效的,还应当提交经过相应知识更新的材料,但按照第十五条规定申请适任证书再有效的,免于提交本条第一款(六)(七)(九)(十)项规定的材料,按照第十六条规定申请适任证书再有效的,免于提交本条第一款(六)(九)项规定的材料。

第十三条 海事管理机构对于发证申请,经审核符合本规则规定条件的,应当按照《行政许可法》《交通行政许可实施程序规定》的要求签发相应的适任证书。

第十四条 适任证书有效期不超过5年,有效期截止日期不超过持证人65周岁生日。

第十五条 持有船长和高级船员适任证书者在证书有效期内,满足下列条件之一,并经过与其职务相适应的知识更新培训,可以在适任证书有效期届满前12个月内向有相应管理权限的海事管理机构申请适任证书再有效:

(一)从申请之日起向前计算5年内具有与其适任证书所记载范围相应的不少于12个月的海上服务资历,且任职表现和安全记录良好;

(二)从申请之日起向前计算6个月内具有与其适任证书所记载范围相应的累计不少于3个月的海上服务资历,且任职表现和安全记录良好。

第十六条 未满足本规则第十五条规定的船长和高级船员,申请适任证书再有效的,应当符合下列规定:

(一)未满足第十五条(一)(二)项规定,或者适任证书过期5年以内的,应当参加模拟器培训和知识更新培训,并通过相应的抽查项目的评估;

(二)适任证书过期5年及以上10年以下的,应当参加模拟器培训和知识更新培训,并通过相应的抽查科目的理论考试和项目的评估;

(三)适任证书过期10年及以上的,应当参加模拟器培训和知识更新培训,通过相应的抽查科目的理论考试和项目的评估,并在适任证书记载的相应航区、等级范围内按照《船上见习记录簿》规定完成不少于3个月的船上见习。

第十七条 适任证书损坏或者遗失时,持证人除应当向原证书签发的海

事管理机构提交补发申请及本规则第十二条第(一)(四)(五)项要求的材料外,还应当满足下列要求:

(一)适任证书损坏的,应当缴回被损坏的证书原件;

(二)适任证书遗失的,应当在发行范围覆盖全国的报纸上登载适任证书遗失公告,或者提交原证书签发海事管理机构所在地公证机关出具的公证书;登载适任证书遗失公告的,自公告之日起满30日后方可申请。

补发的适任证书的有效期截止日期与原适任证书的有效期截止日期相同。

第十八条 因违反海事行政管理规定被吊销适任证书者,自证书被吊销之日起2年后,通过低一职务的适任考试,可以按照本规则第十二条的规定提交相应材料,向原签发适任证书的海事管理机构申请低一职务的适任证书。

海事管理机构对通过适任考试,且安全记录良好的,应当签发其相应的适任证书。

第十九条 曾在内河船舶、海洋渔业船舶或者军事船舶上任职的人员,具备下列条件的,可以按照国家海事管理机构的规定申请相应的适任证书:

(一)拟申请证书的等级和职务不高于其在内河船舶、海洋渔业船舶或者军事船舶上相应的证书等级和职务,其中可以申请的职务最高为大副或者大管轮;

(二)在内河船舶、海洋渔业船舶或者军事船舶上的水上服务资历能够与本规则规定的海上服务资历相适应,且任职表现和安全记录良好;

(三)参加相应的岗位适任培训,并通过与申请职务相应的理论考试和评估。

第三节　特殊类型船舶船员的特殊要求

第二十条 拟在油船、化学品船、液化气船、客船、高速船等特殊类型船舶上任职的,还应当完成相应的特殊培训,并取得培训合格证。

第二十一条 在两港间航程50海里及以上的客船上服务的船长和高级船员应当持有适用于相应航区3000总吨及以上或者3000千瓦及以上船舶的适任证书。

第二十二条 申请适用于两港间航程50海里及以上客船驾驶员、船长适任证书的,应当具备下列条件:

(一)申请适用于客船三副适任证书者,应当在其他种类的3000总吨及以上海船上担任三副满12个月,任职表现和安全记录良好,并至少在客船上任见习三副3个月;或者通过三副适任考试,在客船上完成18个月的船上见习，任职表现和安全记录良好；

（二）申请适用于客船二副适任证书者，应当在其他种类的3000总吨及以上海船上担任二副满12个月，任职表现和安全记录良好，并至少在客船上任见习二副3个月；或者持有客船三副适任证书并在相应航区、船舶等级的海船上担任三副不少于18个月，任职表现和安全记录良好，其中曾经担任客船三副至少6个月；

（三）申请适用于客船大副适任证书者，应当在其他种类的3000总吨及以上海船上担任大副满24个月，任职表现和安全记录良好，并至少在客船上任见习大副3个月；或者持有客船二副适任证书并在相应航区、船舶等级的海船上担任二副不少于12个月，其中曾经担任客船二副至少6个月，通过大副考试，至少在客船上任见习大副3个月，任职表现和安全记录良好；

（四）申请适用于客船船长适任证书者，应当在其他种类的3000总吨及以上海船上担任船长满24个月，任职表现和安全记录良好，并至少在客船上任见习船长3个月；或者持有客船大副适任证书并在相应航区、船舶等级的海船上担任大副不少于18个月，任职表现和安全记录良好，其中曾经担任客船大副至少6个月，通过船长考试，且至少在客船上任见习船长3个月。

第二十三条 初次申请适用于两港间航程50海里及以上客船轮机长、轮机员适任证书者，应当在其他种类的3000千瓦及以上海船上担任相应职务满12个月，任职表现和安全记录良好，并在客船上任相应见习职务3个月。

通过三管轮适任考试者，在客船上完成规定的18个月船上见习，任职表现和安全记录良好，可以申请适用于客船的三管轮适任证书。

第三章 适任考试

第二十四条 海船船员的适任考试包括理论考试和评估。

理论考试以理论知识为主要考试内容，重点对海船船员专业知识的掌握和理解程度进行测试。

评估通过对相应船舶、模拟器或者其他设备的操作，国际通用语言听力测验与口试等方式，重点对海船船员专业知识综合运用、操作及应急等能力进行技能测评。

第二十五条 适任考试科目、大纲由国家海事管理机构统一制定并公布。相关海事管理机构应当在职责范围内制定并公布适任考试具体计划，明确适任考试的时间、地点、申请程序等相关信息。

第二十六条 申请参加适任考试的，应当按照公布的申请程序向有相应权限的海事管理机构提供下列信息：

（一）身份证件；

（二）所申请考试的适任证书航区、等级、职务；

（三）符合海事管理机构要求的照片。

第二十七条 海事管理机构应当于适任考试开始5日前向申请人发放准考证，并告知申请人查询适任考试成绩的途径等事项。

第二十八条 适任考试有科目或者项目不及格的，可以在初次适任考试准考证签发之日起3年内申请5次补考。逾期不能通过全部适任考试的，所有适任考试成绩失效。

第二十九条 海事管理机构应当在考试结束后30日内公布成绩。适任考试成绩自全部理论考试和评估成绩均合格之日起5年内有效。

第四章 特免证明

第三十条 中国籍船舶在境外遇有不可抗力或者其他导致持证船员不能履行职务的特殊情况，无法满足船舶最低安全配员要求，需要由本船下一级船员临时担任上一级职务时，应当向签发该船员适任证书的海事管理机构申请出具特免证明。

第三十一条 申请船长、驾驶员、轮机长、轮机员特免证明的，应当符合下列条件：

（一）申请船长、轮机长特免证明的，应当持有大副或者大管轮适任证书，并在自申请之日起前5年内，具有不少于12个月的不低于其适任证书所记载船舶、航区、职务的任职资历，任职表现和安全记录良好，且船长、轮机长不能履行职务的情况是因不可抗力原因造成；

（二）申请大副、大管轮特免证明的，应当持有二副、二管轮适任证书，并在自申请之日起前5年内，具有不少于12个月的不低于其适任证书所记载船舶、航区、职务的任职资历，且任职表现和安全记录良好；

（三）申请二副、二管轮特免证明的，应当持有三副、三管轮适任证书，并在自申请之日起前5年内，具有不少于12个月的不低于其适任证书所记载船舶、航区、职务的任职资历，且任职表现和安全记录良好；

（四）申请三副、三管轮特免证明的，应当持有高级值班水手、值班水手或者高级值班机工、值班机工适任证书，并在自申请之日起前5年内，具有不少于12个月的不低于其适任证书所记载船舶、航区、职务的任职资历，任职表现和安全记录良好。

本条第一款规定的船员以外的其他船员,不予出具特免证明。

第三十二条 申请特免证明的,应当向海事管理机构提交包含下列内容的申请报告:

(一)申请理由;

(二)船舶名称、航行区域、停泊港口;

(三)拟申请签发对象的资历情况;

(四)相关证明材料。

第三十三条 收到申请的海事管理机构应当核实有关情况,对符合第三十一条规定条件的,应当在3日内出具有效期不超过6个月的特免证明,但船长或者轮机长特免证明的有效期不超过3个月。不符合条件的,应当在3日内告知申请人不予出具特免证明的理由。

第三十四条 一艘船舶上同时持特免证明的船长和高级船员总共不得超过3名。

第三十五条 当事船舶抵达中国第一个港口后,特免证明自动失效。失效的特免证明应当及时缴回原出具的海事管理机构。航运公司应当及时为当事船舶安排持相应适任证书的人员补充空缺职位。

第五章 承认签证

第三十六条 持有经修正的《1978年海员培训、发证和值班标准国际公约》(以下简称STCW公约)缔约国签发的外国适任证书的船员在中国籍船舶上任职的,应当取得由国家海事管理机构签发的外国适任证书的承认签证。

第三十七条 申请承认签证的,应当向国家海事管理机构提交下列材料:

(一)所属缔约国签发的适任证书原件;

(二)表明申请人符合STCW公约和所属缔约国有关船员管理规定的证明文件;

(三)申请人的海船船员身份证件。

第三十八条 国家海事管理机构应当按照STCW公约和本规则规定的标准、条件等内容,对申请承认签证船员所属缔约国的有关船员管理制度从下列方面进行评价:

(一)有关船员适任培训、考试及发证制度是否符合STCW公约要求;

(二)是否按照STCW公约要求建立了有效的船员质量标准控制体系;

(三)船员适任条件等相关要求是否低于本规则规定的相关标准。

按照本条第一款进行评价的结果应当作为签发承认签证的依据,对于评价结果表明该缔约国的有关船员管理制度不低于STCW公约及本规则相关要求，且申请人按照第三十七条提供的材料真实、全面的，国家海事管理机构应当签发相应的承认签证。其中，签发船长、大副、轮机长、大管轮适任证书承认签证前，申请人还应当参加与申请职务相应的海上交通安全、环境保护等方面的培训，并经海事管理机构考核合格。

第三十九条 承认签证的有效期不得超过被承认适任证书的有效期，且最长不得超过5年。当被承认适任证书失效时，相应的承认签证自动失效。

第六章 航运公司及相关机构的责任

第四十条 航运公司及相关机构应当保证被指派任职的船员满足下列要求：

（一）持有适当、有效的适任证书，熟悉自身岗位职责；

（二）熟悉船舶的布置、装置、设备、工作程序、特性和局限性等相关情况；

（三）具有良好工作语言运用及沟通能力，确保在紧急情况下和执行安全、防污染和保安职能时，能够有效履行职责。

第四十一条 航运公司及相关机构应当建立并完善船员培训制度，按照以下要求加强对本公司、机构船员的培训：

（一）按照国家海事管理机构的规定制定并执行有关培训、见习等方面的培训计划，并在培训、见习记录簿内如实填写或者记载；

（二）采取有效措施，确保应当由本公司、机构负责的其他各类船员培训有效实施。

第四十二条 航运公司及相关机构应当备有完整、最新的船员管理法规和相关国际公约。

航运公司及相关机构应当建立船员档案，对船员录用、培训、资历、健康状况以及有关船员考试、证书持有情况等信息进行连续有效的记录和管理，并确保可以供随时查询。

第七章 监督管理

第四十三条 海事管理机构应当对船员履行职责、安全记录等情况进行监督检查，加强对船员适任能力的监管。

第四十四条 有下列情形之一的，海事管理机构可以组织对船员适任能力进行考核：

（一）船舶发生碰撞、搁浅或者触礁的；

（二）在航行、锚泊或者靠泊时，从船上非法排放物质的；

（三）违反航行规则的；

（四）以其他危及海上人命、财产安全和海洋环境的方式操作船舶的。

按照本条第一款对船员进行适任能力考核的，应当根据本规则规定的船员适任要求通过抽考、现场考核等方式进行。对于考核结果表明船员不再符合适任条件的，海事管理机构应当注销其适任证书或者承认签证。

第四十五条 按照第四十四条被注销适任证书的船员，可以按照海事管理机构的要求参加低等级、职务或者航区的评估，海事管理机构签发与其考核结果相适应的适任证书。

第四十六条 负责船员适任考试和发证的海事管理机构应当配备满足适任考试、发证要求的人员、设备、场地和资料，建立相关的质量管理体系并通过国家海事管理机构的审核。

第四十七条 海事管理机构应当加强对从事船员适任考试、发证工作人员岗位培训和考核。不符合上岗条件的，不得从事船员适任考试、发证工作。

第四十八条 海事管理机构应当建立船员信息数据库、船员证书电子登记系统等船员档案，并按照国家海事管理机构的规定具备相应信息的查询功能。

第四十九条 海事管理机构应当公开海船船员适任考试和发证管理的事项、办事程序、举报电话等信息，自觉接受社会的监督。

第五十条 除海事管理机构依法实施外，任何机构和个人不得以任何理由扣留或者吊销船员适任证书。

第八章 法律责任

第五十一条 隐瞒有关情况或者提供虚假材料申请适任证书、特免证明、承认签证的，海事管理机构不予受理或者不予签发适任证书、特免证明、承认签证，并给予警告；申请人在1年内不得再次申请与前次申请等级、职务资格、航区相同的适任证书、特免证明、承认签证。

第五十二条 以欺骗、贿赂等不正当手段取得适任证书、特免证明、承认签证的，由签发证书的海事管理机构或者其上级海事管理机构吊销有关证书，并处2000元以上2万元以下罚款。

第五十三条 伪造、变造或者买卖适任证书、特免证明、承认签证的，由海事管理机构收缴有关证书，处2万元以上10万元以下罚款，有违法所得的，还应当没收违法所得。

第五十四条 船员未在培训、见习记录簿内作出如实填写或者记载的，由海事管理机构处1000元以上1万元以下罚款；情节严重的，并给予暂扣船员服务簿、船员适任证书6个月以上2年以下直至吊销船员服务簿、船员适任证书的处罚。

第五十五条 船长未在船员服务簿内如实记载船员的服务资历和任职表现，由海事管理机构处2000元以上2万元以下罚款；情节严重的，并给予暂扣适任证书6个月以上2年以下直至吊销适任证书的处罚。

第五十六条 因违反本规则或者其他水上交通安全法规的规定，被海事管理机构吊销适任证书的，自被吊销之日起2年内，不得申请适任证书。

第五十七条 海事管理机构有下列情形之一的，由国家海事管理机构责令改正；情节严重的，限制或者取消其开展适任考试和发证的权限：

（一）违反行政许可法规规定的程序开展适任考试和发证工作的；

（二）超越权限开展适任考试或者签发适任证书的；

（三）对不具备条件的申请人签发适任证书的。

第九章 附 则

第五十八条 适任证书、特免证明、承认签证由国家海事管理机构统一印制。

船上培训、见习记录簿的具体格式和内容由国家海事管理机构统一规定。

第五十九条 本规则下列用语的含义：

（一）海船，是指航行于海上以及江海直达的各类船舶，但不包括军事船舶、渔业船舶、体育运动船舶和非营业性游艇；

（二）无限航区，是指海上任何通航水域，包括世界各国的开放港口和国际通航运河及河流；

（三）沿海航区，是指我国沿海的港口、内水和领海以及国家管辖的一切其他通航海域；

（四）A1海区，是指至少由一个具有连续数字选择呼叫（即DSC）报警能力的甚高频（VHF）岸台的无线电话所覆盖的区域；

（五）A2海区，是指除A1海区以外，至少由一个具有连续DSC报警能力的中频（MF）岸台的无线电话所覆盖的区域；

（六）A3海区，是指除A1和A2海区以外，由具有连续报警能力的国际海事卫星组织（INMARSAT）静止卫星所覆盖的区域；

（七）A4 海区，是指除 A1、A2 和 A3 海区以外的海区；

（八）非运输船，是指工程船舶、拖轮等不从事货物（或者旅客）运输的机动船舶；

（九）安全记录良好，是指自申请之日起向前计算 5 年内未发生负有主要责任的大事故及以上等级事故；

（十）实践教学，是指航海类院校或者培训机构组织实施的实验教学、工厂实习教学和船上实习；

（十一）航运公司，是指船舶所有人、经营人、管理人或者光船承租人；

（十二）相关机构，是指海船船员服务机构和海员外派机构。

第六十条 下列船舶船员的适任考试和发证不适用本规则，按照国家海事管理机构的相关规定执行：

（一）在两港间航程不足 50 海里的客船或者滚装客船上任职的船长和高级船员；

（二）在未满 100 总吨船舶上任职的船长和甲板部船员；

（三）在主推进动力装置未满 220 千瓦船舶上任职的轮机部船员；

（四）仅在船籍港和船籍港附近水域航行和作业的船舶上任职的船员；

（五）在公务船、水上飞机、地效翼船、非营业性游艇、摩托艇、非自航船上任职的船员。

第六十一条 海船在内河行驶，其船长、驾驶员应当按照国家海事管理机构规定取得相应航线的《海船船员内河航线行驶资格证明》证书，但申请引航的除外。

持有有效适任证书的内河船舶船员，经过相应的培训、考试，并经航线签注，可以在特定航线江海直达船舶上担任相应职务，具体办法由交通运输部海事局制定。

第六十二条 我国缔结或者加入的国际公约对普通船员适任证书有效期有特别规定的，按照其规定执行。

第六十三条 本规则施行前已经取得海船船员适任证书和正在接受海船船员教育、培训的人员的考试和发证工作，由国家海事管理机构在相关国际公约规定的时间内，采取相应的过渡措施，逐步进行规范。

第六十四条 本规则自 2012 年 3 月 1 日起施行。2004 年 8 月 1 日由原交通部颁布的《中华人民共和国海船船员适任考试、评估和发证规则》（交通部令 2004 年第 6 号）同时废止。

附件

申请海船船员适任证书的培训、海上任职资历和适任考试要求

申请职务	培训		海上任职资历		适任考试	特别规定
	基本安全和专业技能适任培训	岗位适任培训	海上服务资历	船上见习		
值班水手、值班机工	完成基本安全培训、保安意识培训和负有指定保安职责船员的培训	完成相应的值班水手、值班机工岗位适任培训		具有相应等级的船舶的不少于6个月的海上服务资历，其中至少应有3个月是在船上合格的高级船员或者合格的支持级船员的直接监督之下履行了值班职责，或者按照见习计划和见习记录簿的要求，完成3个月的船上见习	通过相应的值班水手、值班机工适任考试	
高级值班水手、高级值班机工	完成基本安全培训、精通救生艇筏和救助艇培训、保安意识培训和负有指定保安职责船员的培训		担任值班水手、值班机工满18个月	担任值班水手、值班机工满12个月，其中后6个月中按照见习计划和见习记录簿的要求，完成不少于3个月的船上见习	通过相应的高级值班水手、高级值班机工适任考试	

续表

申请职务	培训		海上任职资历		适任考试	特别规定
	基本安全和专业技能适任培训	岗位适任培训	海上服务资历	船上见习		
三副、三管轮	完成基本安全培训、精通救生艇筏和救助艇培训、高级消防培训、精通急救培训、保安意识培训和负有指定保安职责船员的培训	完成相应的三副、三管轮岗位适任培训	担任值班水手、值班机工或者高级值班水手、高级值班机工合计不少于18个月	申请未满500总吨或者750千瓦适任证书者在相应等级船舶上；其他适任证书申请者在500总吨或者750千瓦及以上的船舶上，在船长或者合格的高级船员的指导下履行了不少于6个月的驾驶台或者机舱值班职责	通过三副、三管轮适任考试	未满500总吨或者750千瓦的船舶（特殊类型船舶除外），免除精通救生艇筏和救助艇培训、高级消防培训、精通急救培训
二副、二管轮	完成基本安全培训、精通救生艇筏和救助艇培训、高级消防培训、精通急救培训、保安意识培训和负有指定保安职责船员的培训	免除	担任三副、三管轮满18个月	免除	免除	未满500总吨或者750千瓦的船舶（特殊类型船舶除外），免除精通救生艇筏和救助艇培训、高级消防培训、精通急救培训

续表

申请职务	培训		海上任职资历		适任考试	特别规定
	基本安全和专业技能适任培训	岗位适任培训	海上服务资历	船上见习		
大副、大管轮	完成基本安全培训、精通救生艇筏和救助艇培训、高级消防培训、精通急救培训、船上医护培训（仅限500总吨及以上大副）、保安意识培训和负有指定保安职责船员的培训	完成相应的大副、大管轮岗位适任培训	担任二副、二管轮满12个月	在相应航区相应等级的船舶上完成不少于3个月的船上见习	通过大副、大管轮适任考试	未满500总吨或者750千瓦的船舶（特殊类型船舶除外），免除精通救生艇筏和救助艇培训、高级消防培训、精通急救培训
船长、轮机长	完成基本安全培训、精通救生艇筏和救助艇培训、高级消防培训、精通急救培训、船上医护培训（仅限500总吨及以上船长）、保安意识培训和负有指定保安职责船员的培训	完成相应的船长、轮机长岗位适任培训	担任大副、大管轮满18个月	在相应航区相应等级的船舶上完成不少于3个月的船上见习	通过船长、轮机长适任考试	未满500总吨或者750千瓦的船舶（特殊类型船舶除外），免除精通救生艇筏和救助艇培训、高级消防培训、精通急救培训

续表

申请职务	培训		海上任职资历		适任考试	特别规定
	基本安全和专业技能适任培训	岗位适任培训	海上服务资历	船上见习		
电子技工	完成基本安全培训、精通救生艇筏和救助艇培训、保安意识培训和负有指定保安职责船员的培训	完成相应的电子技工岗位适任培训		具有不少于6个月的海上服务资历，其中至少应有3个月是在船上合格的高级船员或者合格的支持级船员的直接监督之下履行了职责	通过电子技工适任考试	
电子电气员	完成基本安全培训、精通救生艇筏和救助艇培训、高级消防培训、精通急救培训、保安意识培训和负有指定保安职责船员的培训	完成相应的电子电气员岗位适任培训	担任电子技工满18个月	在相应等级的船舶上完成不少于6个月的船上见习	通过电子电气员适任考试	
GMDSS限用操作员	完成基本安全培训、保安意识培训和负有指定保安职责船员的培训	完成GMDSS限用操作员岗位适任培训			通过GMDSS限用操作员适任考试	特殊类型船舶上任职，还须完成精通救生艇筏和救助艇培训、精通急救培训

续表

申请职务	培训		海上任职资历		适任考试	特别规定
	基本安全和专业技能适任培训	岗位适任培训	海上服务资历	船上见习		
GMDSS通用操作员	完成基本安全培训、精通救生艇筏和救助艇培训、精通急救培训、保安意识培训和负有指定保安职责船员的培训	完成GMDSS通用操作员岗位适任培训			通过GMDSS通用操作员适任考试	
GMDSS二级无线电电子员	同上	完成GMDSS二级无线电电子员岗位适任培训	担任GMDSS通用操作员满12个月		通过GMDSS二级无线电电子员适任考试	
GMDSS一级无线电电子员	同上	完成GMDSS一级无线电电子员岗位适任培训	担任GMDSS二级无线电电子员满18个月		通过GMDSS一级无线电电子员适任考试	

表注：

1. 表中“海上服务资历”一列中规定的海上服务资历须在参加岗位适任培训前取得，其中申请无限航区适任证书职务晋升所要求的海上服务资历至少有6个月是在无限航区的船舶上任职，其余时间可以在沿海航区的船舶上任职；船长和高级船员船上见习需在适任考试所有科目和项目全部通过后进行，并在船上见习记录簿中记载；申请适任证书的航区扩大、吨位或者功率提高的，可以免予船上见习。但申请总吨或者功率提高至3000总吨或者功率3000千瓦及以上适任证书的船长和管理级高级船员在适任考试所有科目和项目全部通过后，应当在相应航区的3000总吨或者功率3000千瓦及以上见习相应的船长或者管理级高级船员职务3个月，并在船上见习记录簿中记载。

2. 已持有适用于货物运输船舶适任证书的船员在各类非运输船舶上的海上服务资历可以视为在货物运输船舶的海上服务资历；在两港间航程50海里及以上的客船上服

务的船长和高级船员的海上服务资历按照所持适任证书适用的航区、船舶等级确定。

3. 申请适任证书航区扩大者，应当持有有效的沿海航区相同船舶等级和职务的适任证书，并实际担任其职务不少于12个月，并完成相应的岗位适任培训；申请适任证书吨位或者功率提高者，应当持有有效的与所申请的吨位或者功率较低一级但航区和职务相同的适任证书，并实际担任其职务满12个月，并完成相应的岗位适任培训。

4. 接受航海类教育和岗位适任培训的学员，可以按照以下情形参加适任考试：

(1)接受不少于2年的全日制航海类中职/中专及以上教育的学生或者接受不少于2年三副、三管轮、电子电气员岗位适任培训的学员，完成全部理论和实践教学内容后，可以相应地申请沿海航区三副、三管轮、电子电气员的适任考试；或者具有不少于12个月的海上服务资历后，可以相应地申请无限航区三副、三管轮、电子电气员适任考试。

(2)接受全日制航海类高职/高专及以上教育的学生，或者完成全日制非航海类大专及以上教育并接受不少于18个月三副、三管轮、电子电气员岗位适任培训的学员，完成全部理论和实践教学内容后，可以相应地申请无限航区三副、三管轮、电子电气员的适任考试。

(3)经国家海事管理机构认可，教育培训质量良好的航海院校的全日制航海类本科教育学生，完成全部理论和实践教学内容后，可以相应地申请无限航区二副、二管轮的适任考试。

(4)正在接受航海类教育的学生和三副、三管轮、电子电气员岗位适任培训的学员，可以在毕业或者结业前6个月内相应地申请参加值班水手、值班机工、电子技工适任考试，免于参加相应的值班水手、值班机工、电子技工岗位适任培训。

接受航海类教育或者岗位适任培训的学员通过三副、二副、三管轮、二管轮适任考试后，应当在500总吨或者750千瓦及以上的船舶上完成不少于12个月的船上见习，其中至少应当有6个月是在船长或者高级船员的指导下履行了驾驶台或者机舱值班职责；接受电子电气员航海类教育和适任培训的学员通过适任考试后，应当在相应航区750千瓦及以上的船舶上完成不少于12个月的船上见习。

(5)经国家海事管理机构确认课程、培训质量体系运行及培训质量和社会声誉良好的培训机构，学员培训期间在船培训、见习的资历可以计入支持级和操作级职务的见习资历。

5. 国家海事管理机构可以认可教育质量管理体系运行良好的航海类教育机构按照本规则开展的海船船员适任考试。

非主要农作物品种登记办法

（2017年3月30日农业部令2017年第1号公布　自2017年5月1日起施行　国法备字[2017000540]）

第一章　总　则

第一条　为了规范非主要农作物品种管理，科学、公正、及时地登记非主要农作物品种，根据《中华人民共和国种子法》（以下简称《种子法》），制定本办法。

第二条　在中华人民共和国境内的非主要农作物品种登记，适用本办法。

法律、行政法规和农业部规章对非主要农作物品种管理另有规定的，依照其规定。

第三条　本办法所称非主要农作物，是指稻、小麦、玉米、棉花、大豆五种主要农作物以外的其他农作物。

第四条　列入非主要农作物登记目录的品种，在推广前应当登记。

应当登记的农作物品种未经登记的，不得发布广告、推广，不得以登记品种的名义销售。

第五条　农业部主管全国非主要农作物品种登记工作，制定、调整非主要农作物登记目录和品种登记指南，建立全国非主要农作物品种登记信息平台（以下简称品种登记平台），具体工作由全国农业技术推广服务中心承担。

第六条　省级人民政府农业主管部门负责品种登记的具体实施和监督管理，受理品种登记申请，对申请者提交的申请文件进行书面审查。

省级以上人民政府农业主管部门应当采取有效措施，加强对已登记品种的监督检查，履行好对申请者和品种测试、试验机构的监管责任，保证消费安全和用种安全。

第七条　申请者申请品种登记，应当对申请文件和种子样品的合法性、真实性负责，保证可追溯，接受监督检查。给种子使用者和其他种子生产经营者造成损失的，依法承担赔偿责任。

第二章　申请、受理与审查

第八条　品种登记申请实行属地管理。一个品种只需要在一个省份申请登记。

第九条 两个以上申请者分别就同一个品种申请品种登记的,优先受理最先提出的申请;同时申请的,优先受理该品种育种者的申请。

第十条 申请者应当在品种登记平台上实名注册,可以通过品种登记平台提出登记申请,也可以向住所地的省级人民政府农业主管部门提出书面登记申请。

第十一条 在中国境内没有经常居所或者营业场所的境外机构、个人在境内申请品种登记的,应当委托具有法人资格的境内种子企业代理。

第十二条 申请登记的品种应当具备下列条件:

(一)人工选育或发现并经过改良;

(二)具备特异性、一致性、稳定性;

(三)具有符合《农业植物品种命名规定》的品种名称。

申请登记具有植物新品种权的品种,还应当经过品种权人的书面同意。

第十三条 对新培育的品种,申请者应当按照品种登记指南的要求提交以下材料:

(一)申请表;

(二)品种特性、育种过程等的说明材料;

(三)特异性、一致性、稳定性测试报告;

(四)种子、植株及果实等实物彩色照片;

(五)品种权人的书面同意材料;

(六)品种和申请材料合法性、真实性承诺书。

第十四条 本办法实施前已审定或者已销售种植的品种,申请者可以按照品种登记指南的要求,提交申请表、品种生产销售应用情况或者品种特异性、一致性、稳定性说明材料,申请品种登记。

第十五条 省级人民政府农业主管部门对申请者提交的材料,应当根据下列情况分别作出处理:

(一)申请品种不需要品种登记的,即时告知申请者不予受理;

(二)申请材料存在错误的,允许申请者当场更正;

(三)申请材料不齐全或者不符合法定形式的,应当当场或者在五个工作日内一次告知申请者需要补正的全部内容,逾期不告知的,自收到申请材料之日起即为受理;

(四)申请材料齐全、符合法定形式,或者申请者按照要求提交全部补正材料的,予以受理。

第十六条 省级人民政府农业主管部门自受理品种登记申请之日起二十

个工作日内，对申请者提交的申请材料进行书面审查，符合要求的，将审查意见报农业部，并通知申请者提交种子样品。经审查不符合要求的，书面通知申请者并说明理由。

申请者应当在接到通知后按照品种登记指南要求提交种子样品；未按要求提供的，视为撤回申请。

第十七条 省级人民政府农业主管部门在二十个工作日内不能作出审查决定的，经本部门负责人批准，可以延长十个工作日，并将延长期限理由告知申请者。

第三章 登记与公告

第十八条 农业部自收到省级人民政府农业主管部门的审查意见之日起二十个工作日内进行复核。对符合规定并按规定提交种子样品的，予以登记，颁发登记证书；不予登记的，书面通知申请者并说明理由。

第十九条 登记证书内容包括：登记编号、作物种类、品种名称、申请者、育种者、品种来源、适宜种植区域及季节等。

第二十条 农业部将品种登记信息进行公告，公告内容包括：登记编号、作物种类、品种名称、申请者、育种者、品种来源、特征特性、品质、抗性、产量、栽培技术要点、适宜种植区域及季节等。

登记编号格式为：GPD +作物种类+（年号）+ 2 位数字的省份代号 + 4 位数字顺序号。

第二十一条 登记证书载明的品种名称为该品种的通用名称，禁止在生产、销售、推广过程中擅自更改。

第二十二条 已登记品种，申请者要求变更登记内容的，应当向原受理的省级人民政府农业主管部门提出变更申请，并提交相关证明材料。

原受理的省级人民政府农业主管部门对申请者提交的材料进行书面审查，符合要求的，报农业部予以变更并公告，不再提交种子样品。

第四章 监督管理

第二十三条 农业部推进品种登记平台建设，逐步实行网上办理登记申请与受理，在统一的政府信息发布平台上发布品种登记、变更、撤销、监督管理等信息。

第二十四条 农业部对省级人民政府农业主管部门开展品种登记工作情

况进行监督检查,及时纠正违法行为,责令限期改正,对有关责任人员依法给予处分。

第二十五条 省级人民政府农业主管部门发现已登记品种存在申请文件、种子样品不实,或者已登记品种出现不可克服的严重缺陷等情形的,应当向农业部提出撤销该品种登记的意见。

农业部撤销品种登记的,应当公告,停止推广;对于登记品种申请文件、种子样品不实的,按照规定将申请者的违法信息记入社会诚信档案,向社会公布。

第二十六条 申请者在申请品种登记过程中有欺骗、贿赂等不正当行为的,三年内不受理其申请。

第二十七条 品种测试、试验机构伪造测试、试验数据或者出具虚假证明的,省级人民政府农业主管部门应当依照《种子法》第七十二条规定,责令改正,对单位处五万元以上十万元以下罚款,对直接负责的主管人员和其他直接责任人员处一万元以上五万元以下罚款;有违法所得的,并处没收违法所得;给种子使用者和其他种子生产经营者造成损失的,与种子生产经营者承担连带责任。情节严重的,依法取消品种测试、试验资格。

第二十八条 有下列行为之一的,由县级以上人民政府农业主管部门依照《种子法》第七十八条规定,责令停止违法行为,没收违法所得和种子,并处二万元以上二十万元以下罚款:

(一)对应当登记未经登记的农作物品种进行推广,或者以登记品种的名义进行销售的;

(二)对已撤销登记的农作物品种进行推广,或者以登记品种的名义进行销售的。

第二十九条 品种登记工作人员应当忠于职守,公正廉洁,对在登记过程中获知的申请者的商业秘密负有保密义务,不得擅自对外提供登记品种的种子样品或者谋取非法利益。不依法履行职责,弄虚作假、徇私舞弊的,依法给予处分;自处分决定作出之日起五年内不得从事品种登记工作。

第五章　附　　则

第三十条 品种适应性、抗性鉴定以及特异性、一致性、稳定性测试,申请者可以自行开展,也可以委托其他机构开展。

第三十一条 本办法自2017年5月1日起施行。

交通运输部关于修改《中华人民共和国船员培训管理规则》的决定

（2017年3月31日交通运输部令2017年第9号公布　自2017年4月15日起施行　国法备字[2017000470]）

交通运输部决定对《中华人民共和国船员培训管理规则》（交通运输部令2013年第15号）作如下修改：

一、删去第九条第二款第（八）项、第（九）项、第（十六）项；将“（十）普通值班机工”修改为“（八）值班机工”，将“（十一）普通值班水手”修改为“（九）值班水手”。

二、在第十条第一款第（十）项后增加：“（十一）使用气体或者其他低闪点燃料船舶船员基本培训；（十二）使用气体或者其他低闪点燃料船舶船员高级培训；（十三）极地水域船舶操作船员基本培训；（十四）极地水域船舶操作船员高级培训；（十五）水上飞机驾驶员特殊培训。”在第十条第二款中增加“（九）水上飞机驾驶员特殊培训。”

三、将第十一条第四款修改为：“除为本单位自有的公务船船员开展培训外，任何国家机关以及船员培训和考试的主管部门均不得举办或者参与举办船员培训。”

四、将第十三条第一款第（二）项修改为“统一社会信用代码证”。

五、增加一条作为第三十五条：“开展船上培训的航运公司和相关机构，应当将船上培训计划、学员名单，负责指导和训练学员的船长及高级船员的名单、资历等信息报送海事管理机构。

开展船上培训的航运公司和船舶，在保证船舶正常操作以及航行、作业安全的情况下，应当按照《船上培训记录簿》所载培训项目的目标和要求开展培训，并保证承担教学和指导任务的船长、高级船员有适当的时间和精力从事相应的船上培训工作。”

六、增加一条作为第三十六条：“采用远程教学和电子教学方式对船员进行培训的培训机构，应当保证提供安全的学习环境并且使学员有充足的时间进行学习，远程教学和电子教学课程适合于选定的目标和训练任务。”

七、将第三十七条修改为：“海事管理机构应当对培训机构的船员培训情况开展随机抽查，但对经评估确认质量体系运行、培训质量和社会声誉良好的培训机构，可以降低随机抽查比例。抽查应当包括以下重点内容：

（一）教学计划的执行情况；

（二）承担本期培训教学任务的教员情况和授课情况；

（三）培训设施、设备、教材的使用、补充情况；

（四）培训规模与师资配备要求的符合情况；

（五）学员的出勤情况。”

八、在第四十七条第一款“三管轮”后增加“电子电气员”。

九、增加一条作为第五十一条：“下列情形的船员培训项目可以由交通运输部直属海事管理机构或者省级地方海事管理机构，依照本规则制定培训管理规定并公布实施：

（一）在未满100总吨海船船舶上任职的船长和甲板部船员；或者在主推进动力装置未满220千瓦海船船舶上任职的轮机部船员；

（二）仅在船籍港和船籍港附近水域航行和作业的海船船舶上任职的船员；

（三）在未满100总吨内河船舶上任职的船员。”

条文序号作相应调整。

本决定自2017年4月15日起施行。

《中华人民共和国船员培训管理规则》根据本决定作相应修正，重新发布。

中华人民共和国船员培训管理规则

（2009年6月26日交通运输部令2009年第10号发布　根据2013年12月24日交通运输部《关于修改〈中华人民共和国船员培训管理规则〉的决定》第一次修正　根据2017年3月31日交通运输部《关于修改〈中华人民共和国船员培训管理规则〉的决定》第二次修正）

第一章　总　　则

第一条　为加强船员培训管理，保证船员培训质量，提高船员素质，依据《中华人民共和国船员条例》以及中华人民共和国缔结或者加入的有关国际公约，制定本规则。

第二条 在中华人民共和国境内从事船员培训业务的，适用本规则。

第三条 船员培训实行社会化，从事船员培训业务应当依法经营，诚实信用，公平竞争。

船员培训管理应当公平、公正、公开和便民。

第四条 交通运输部主管全国船员培训工作。

中华人民共和国海事局负责统一实施船员培训管理工作。

各级海事管理机构依照各自职责具体负责船员培训的监督管理工作。

第五条 交通运输部应当按照国家有关法律、行政法规和我国缔结或者加入的有关国际公约的规定，确定船员培训的具体项目，制定相应的培训大纲，并向社会公布。

第六条 航运公司及相关机构应当为船员参加船员培训提供便利，组织开展船员船上培训和知识更新培训。

第二章 船员培训的种类和项目

第七条 船员培训按照培训内容分为船员基本安全培训、船员适任培训和特殊培训三类。

船员培训按照培训对象分为海船船员培训和内河船舶船员培训两类。

第八条 船员基本安全培训，指船员在上船任职前接受的个人求生技能、消防、基本急救以及个人安全和社会责任等方面的培训，包含以下培训项目：

（一）海船船员基本安全；

（二）内河船舶船员基本安全。

第九条 船员适任培训，指船员在取得适任证书前接受的使船员适应拟任岗位所需的专业技术知识和专业技能的培训，包括船员岗位适任培训和船员专业技能适任培训。

船员岗位适任培训分为海船船员岗位适任培训和内河船舶船员岗位适任培训。其中，海船船员岗位适任培训包含以下培训项目：

（一）船长；

（二）轮机长；

（三）大副；

（四）大管轮；

（五）三副；

（六）三管轮；

（七）电子电气员；

（八）值班机工；
（九）值班水手；
（十）电子技工；
（十一）全球海上遇险和安全系统（GMDSS）操作员；
（十二）引航员；
（十三）非自航船舶船员；
（十四）地效翼船船员；
（十五）游艇操作人员；
（十六）摩托艇驾驶员。
内河船舶船员岗位适任培训包含以下培训项目：
（一）驾驶岗位；
（二）轮机岗位。
船员专业技能适任培训仅针对海船船员，包含以下培训项目：
（一）精通救生艇筏和救助艇；
（二）精通快速救助艇；
（三）高级消防；
（四）精通急救；
（五）船上医护；
（六）保安意识；
（七）负有指定保安职责船员；
（八）船舶保安员。

第十条 特殊培训，指针对在危险品船、客船、大型船舶等特殊船舶上工作的船员所进行的培训，分为海船船员特殊培训和内河船舶船员特殊培训。其中，海船船员特殊培训包含以下培训项目：
（一）油船和化学品船货物操作基本培训；
（二）油船货物操作高级培训；
（三）化学品船货物操作高级培训；
（四）液化气船货物操作基本培训；
（五）液化气船货物操作高级培训；
（六）客船船员特殊培训；
（七）大型船舶操纵特殊培训；
（八）高速船船员特殊培训；
（九）船舶装载散装固体危险和有害物质作业特殊培训；
（十）船舶装载包装危险和有害物质作业特殊培训；

（十一）使用气体或者其他低闪点燃料船舶船员基本培训；

（十二）使用气体或者其他低闪点燃料船舶船员高级培训；

（十三）极地水域船舶操作船员基本培训；

（十四）极地水域船舶操作船员高级培训；

（十五）水上飞机驾驶员特殊培训。

内河船舶船员特殊培训包含以下培训项目：

（一）油船；

（二）散装化学品船；

（三）液化气船；

（四）客船；

（五）高速船；

（六）滚装船；

（七）载运包装危险货物船舶；

（八）液化气燃料动力装置船；

（九）水上飞机驾驶员特殊培训。

第三章　船员培训的许可

第十一条　船员培训实行许可制度。

培训机构应当按照本规则的规定，针对不同的船员培训项目，申请并取得特定的船员培训许可，方可开展相应的船员培训业务。

前款培训机构指依法成立的院校、企事业单位或者社会团体。

除为本单位自有的公务船船员开展培训外，任何国家机关以及船员培训和考试的主管部门均不得举办或者参与举办船员培训。

第十二条　培训机构从事船员培训业务，根据其开展培训的类别和项目，应当符合下列许可条件：

（一）有符合交通运输部按照国际公约规定的与培训类别和项目相匹配的具体技术要求的场地、设施和设备。

（二）有符合交通运输部按照国际公约规定的与培训类别和项目相匹配的具体技术要求的教学人员，教学人员的80%应当通过中华人民共和国海事局组织的考试，并取得相应证明。

（三）有与船员培训项目相适应的管理人员：

1. 配备专职教学管理人员、教学设施设备管理人员、培训发证管理人员和档案管理人员；

2. 教学管理人员至少 2 人,具有航海类中专以上学历或者其他专业大专以上学历,熟悉相关法规,熟悉所管理的培训项目;

3. 教学设施设备管理人员至少 1 人,具有中专以上学历,能够熟练操作所管理的设施、设备。

(四)有健全的船员培训管理制度,具体包括学员管理制度、教学人员管理制度、培训课程设置制度、培训证明发放制度、教学设施设备管理制度和档案管理制度。

(五)有健全的安全防护制度,具体包括人身安全防护制度和突发事件应急制度等。

(六)有符合交通运输部规定的船员培训质量控制体系。

第十三条 培训机构申请从事船员培训业务,应当向中华人民共和国海事局提出申请,并提交下列申请材料:

(一)开展船员培训申请;

(二)统一社会信用代码证;

(三)培训场地、设施、设备的情况说明;

(四)教学人员的情况说明及证明材料;

(五)管理人员的情况说明及证明材料;

(六)法规、技术资料的配备情况说明;

(七)船员培训管理制度和安全防护制度文本;

(八)船员培训质量控制体系文件。

培训机构申请从事海船船员培训业务的,还应当同时将申请材料抄送注册地交通运输部直属海事管理机构。

培训机构申请从事内河船舶船员培训业务的,还应当同时将申请材料抄送注册地交通运输部直属海事管理机构或者省级地方海事管理机构。

第十四条 船员培训申请的受理工作应当按照《交通行政许可实施程序规定》的有关要求办理。

第十五条 中华人民共和国海事局应当自受理申请之日起 30 日内,做出批准或者不予批准的决定。予以批准的,发给《中华人民共和国船员培训许可证》(以下简称《船员培训许可证》);不予批准的,书面通知申请人并说明理由。

中华人民共和国海事局在受理船员培训申请之后,可以委托交通运输部直属海事管理机构或者省级地方海事管理机构对培训机构进行现场核验。

现场核验是对培训机构是否具备许可条件所进行的全面、客观评价。现场核验的工作时间应当计入许可期限。

第十六条《船员培训许可证》应当载明培训机构的名称、地址、法定代表人、准予开展的船员培训项目、地点、有效期及其他有关事项。

《船员培训许可证》的有效期为5年。

第十七条　《船员培训许可证》记载事项发生变更的，培训机构应当向中华人民共和国海事局申请办理变更手续。

增加培训项目的，应当按照本规则的规定重新提出申请。

第十八条　《船员培训许可证》实施中期核查制度。

中华人民共和国海事局应当自《船员培训许可证》发证之日起第二周年至第三周年之间对船员培训机构开展中期核查。

第十九条　中华人民共和国海事局在中期核查过程中，可以要求船员培训机构提交下列材料：

（一）船员培训机构符合培训许可条件的说明材料；

（二）开展船员培训活动的情况说明；

（三）其他相关材料。

中期核查合格的，中华人民共和国海事局应当在《船员培训许可证》上进行签注；中期核查不合格的，中华人民共和国海事局应当责令限期改正。培训机构在规定期限内未能改正的，中华人民共和国海事局应当依法撤销相应的《船员培训许可证》。

第二十条　船员培训机构应当在《船员培训许可证》有效期届满之日30日以前，向中华人民共和国海事局申请办理《船员培训许可证》延续手续。中华人民共和国海事局应当自受理延续申请之日起30日内，做出批准或者不予批准的决定。

申请办理《船员培训许可证》延续手续，应当提交下列材料：

（一）《船员培训许可证》延续申请；

（二）本规则第十三条第一款第（二）项至第（八）项规定的材料。

第二十一条　有下列情形之一的，中华人民共和国海事局应当办理《船员培训许可证》注销手续：

（一）培训机构自行申请注销的；

（二）法人依法终止的；

（三）《船员培训许可证》被依法撤销或者吊销的。

第四章　船员培训的实施

第二十二条　培训机构应当按照《船员培训许可证》载明的培训项目、地点和海事管理机构确定的培训规模开展船员培训。

船员应当在取得《船员培训许可证》的培训机构，完成规定项目的船员培训。

第二十三条 培训机构应当按照交通运输部规定的船员培训大纲和水上交通安全、防治船舶污染等要求设置培训课程、制定培训计划并开展培训。

培训机构开展培训的课程应当经过海事管理机构确认。

第二十四条 培训机构所有的培训场地、设施、设备应当处于良好的使用状态，并应当具备足够的备用品，培训的易耗品应当得到及时补充，以保障培训的正常进行。

第二十五条 从事船员培训的教员不得在两个以上的培训机构担任自有教员。

前款所称"自有教员"指与培训机构所订立劳动合同的期限在1年以上的教员。

第二十六条 培训机构应当将《船员培训许可证》悬挂在经营场所的醒目位置，公示其培训项目、收费项目、收费标准以及师资等情况。

培训机构不得采取欺骗学员等不正当竞争手段开展培训、经营活动。

第二十七条 培训机构在招生时应当向学员告知中华人民共和国海事局规定的有关培训项目中对船员年龄、持证情况、船上服务资历、见习资历、安全任职记录、身体健康状况等方面的要求。

第二十八条 培训机构应当按照中华人民共和国海事局的规定对培训活动如实做好记录。

第二十九条 培训机构应当在每期培训班开班3日前以书面或者电子方式将培训计划报海事管理机构备案，备案内容应当包括培训规模、教学计划和日程安排、承担本期培训教学的教员情况及培训设施、设备、教材等准备情况。

培训机构应当在每期培训班开班之日起3日内将学员名册向海事管理机构备案。

第三十条 培训机构应当保持船员培训质量控制体系的有效运行。

第三十一条 培训机构应当为在本机构参加培训的学员建立培训档案，并在培训结束后出具相应的《船员培训证明》。

对培训出勤率低于规定培训课时90%的学员，培训机构不得出具培训证明。

第三十二条 学员完成培训并取得培训证明后，可以向海事管理机构申请相应培训项目的考试、评估。

第三十三条 对已按照规定完成培训并且考试、评估合格的学员，由海事管理机构依据相关规定签发相应的考试、评估合格证明。

第三十四条 培训机构使用模拟器进行培训的，所使用的模拟器应当符合经修正的《1978 年海员培训、发证和值班标准国际公约》以及模拟器功能和性能标准的要求。模拟器模拟功能和性能标准由中华人民共和国海事局制定。

使用模拟器培训前，培训机构应当充分进行测试以确保其与培训目标相适应。

第三十五条 开展船上培训的航运公司和相关机构，应当将船上培训计划、学员名单，负责指导和训练学员的船长及高级船员的名单、资历等信息报送海事管理机构。

开展船上培训的航运公司和船舶，在保证船舶正常操作以及航行、作业安全的情况下，应当按照《船上培训记录簿》所载培训项目的目标和要求开展培训，并保证承担教学和指导任务的船长、高级船员有适当的时间和精力从事相应的船上培训工作。

第三十六条 采用远程教学和电子教学方式对船员进行培训的培训机构，应当保证提供安全的学习环境并且使学员有充足的时间进行学习，远程教学和电子教学课程适合于选定的目标和训练任务。

第五章　监督检查

第三十七条 海事管理机构应当建立健全船员培训监督检查制度，督促培训机构落实船员培训管理制度和安全防护制度。

第三十八条 海事管理机构应当配备中华人民共和国海事局规定的符合培训管理、考试、评估、发证要求的设备、资料，建立辖区内培训机构档案，对培训机构实施日常监督管理和业务指导。

第三十九条 海事管理机构应当对培训机构的船员培训情况开展随机抽查，但对经评估确认质量体系运行、培训质量和社会声誉良好的培训机构，可以降低随机抽查比例。抽查应当包括以下重点内容：

（一）教学计划的执行情况；

（二）承担本期培训教学任务的教员情况和授课情况；

（三）培训设施、设备、教材的使用、补充情况；

（四）培训规模与师资配备要求的符合情况；

（五）学员的出勤情况。

第四十条 海事管理机构实施监督检查时，应当有 2 名以上执法人员参加，并出示有效的执法证件。

第四十一条 海事管理机构实施监督检查,可以询问当事人,向有关培训机构或者个人了解情况,查阅、复制有关资料,并保守被调查培训机构的商业秘密或者个人隐私。

海事管理机构实施监督检查应当做好相关记录并予以保存。

第四十二条 接受海事管理机构监督检查的培训机构或者个人,应当如实反映情况和提供资料。

第四十三条 海事管理机构实施监督检查发现培训机构不再具备许可条件的,由海事管理机构责令限期改正。

培训机构在规定期限内未能改正的,中华人民共和国海事局应当依法撤销相应的《船员培训许可证》。

第四十四条 海事管理机构应当公开船员培训的管理事项、办事程序、举报电话、通信地址、电子邮件信箱等信息,自觉接受社会监督。

第六章 法律责任

第四十五条 违反本规则的规定,未取得《船员培训许可证》擅自从事船员培训的,由海事管理机构处5万元以上25万元以下罚款,有违法所得的,还应当没收违法所得。

前款"未取得《船员培训许可证》擅自从事船员培训"包括下列情形:

(一)无《船员培训许可证》擅自从事船员培训的;

(二)以欺骗、贿赂等非法手段取得《船员培训许可证》的;

(三)未按照《船员培训许可证》载明的事项从事船员培训的。

第四十六条 违反本规则的规定,船员培训机构未按照交通运输部规定的培训大纲和水上交通安全、防治船舶污染等要求进行培训的,由海事管理机构责令改正,可以处2万元以上10万元以下罚款;情节严重的,给予暂扣《船员培训许可证》6个月以上2年以下直至吊销《船员培训许可证》的处罚。

第四十七条 海事管理机构工作人员有下列情形之一的,依法给予行政处分:

(一)违反规定给予船员培训许可;

(二)不依法履行监督检查职责;

(三)不依法实施行政强制或者行政处罚;

(四)滥用职权、玩忽职守的其他行为。

第四十八条 违反本规则的规定,情节严重,构成犯罪的,依法追究刑事责任。

第七章　附　　则

第四十九条　具有开展全日制航海中专、专科及以上学历教育资格的院校，经中华人民共和国海事局同意后，招收的全日制航海专业学生完成学校规定的教程并取得毕业证书，等同完成本规则规定的三副、三管轮、电子电气员岗位适任培训。

中华人民共和国海事局应当定期公布前款所述的院校名单。

第五十条　持有经修正的《1978年海员培训、发证和值班标准国际公约》其他缔约国签发的船员培训合格证的中国籍船员，经中华人民共和国海事局确认符合《1978年海员培训、发证和值班标准国际公约》规定的有关最低适任标准后，可按规定申请换发相应的合格证明。

第五十一条　下列情形的船员培训项目可以由交通运输部直属海事管理机构或者省级地方海事管理机构，依照本规则制定培训管理规定并公布实施：

（一）在未满100总吨海船船舶上任职的船长和甲板部船员；或者在主推进动力装置未满220千瓦海船船舶上任职的轮机部船员；

（二）仅在船籍港和船籍港附近水域航行和作业的海船船舶上任职的船员；

（三）在未满100总吨内河船舶上任职的船员。

第五十二条　《船员培训许可证》由中华人民共和国海事局统一印制。

第五十三条　本规则自2009年10月1日起施行。1997年颁布的《中华人民共和国船员培训管理规则》（交通部1997年第十三号令）同时废止。

《外商投资民用航空业规定》的补充规定（六）

（2017年4月1日交通运输部、商务部、发展和改革委员会令2017年第6号公布　自2017年5月1日起施行　国法备字[2017000492]）

根据《内地与香港〈关于建立更紧密经贸关系的安排〉服务贸易协议》及《内地与澳门〈关于建立更紧密经贸关系的安排〉服务贸易协议》（简称《CEPA服贸协议》）、《国务院关于在内地对香港、澳门服务提供者暂时调整有关行政审批和准入特别管理措施的决定》（国发〔2016〕32号）以及《国务院关于在自由贸易试验区暂时调整有关行政法规、国务院文件和经国务院批准的部门规章规定的决定》(国发〔2016〕41号),现对《外商投资民用航空业规定》(民航总局、外经贸部、国家计委令第110号)作如下补充规定:

一、允许香港、澳门服务提供者独资投资飞机维修、航空食品、航空货运仓储、停车场和地面服务项目(不包括与安保有关的项目)。取消香港、澳门服务提供者设立合资计算机订座系统(CRS)企业的营业许可需进行经济需求测试的要求。

本规定中的香港、澳门服务提供者应分别符合《内地与香港〈关于建立更紧密经贸关系的安排〉服务贸易协议》及《内地与澳门〈关于建立更紧密经贸关系的安排〉服务贸易协议》中关于"服务提供者"定义及相关规定的要求。

二、在上海等自贸试验区范围内允许外商以独资形式投资设立航空运输销售代理企业;允许外商以独资形式投资设立航空货运仓储、地面服务、航空食品、停车场项目;放宽外商投资通用飞机维修由中方控股的限制,允许外商以合资合作形式投资通用飞机维修项目;取消外商投资飞机维修承揽国际维修市场业务的义务要求。

三、本决定自2017年5月1日起施行。

交通运输部关于修改《民用机场专用设备管理规定》的决定

(2017年4月1日交通运输部令2017年第12号公布　自2017年5月1日起施行　国法备字[2017000550])

交通运输部决定对《民用机场专用设备管理规定》(交通运输部令2016年第39号)作如下修改:

在附件"民用机场专用设备目录"中增加"6 特性材料拦阻系统(EMAS)"。

本决定自2017年5月1日起施行。

《民用机场专用设备管理规定》根据本决定作相应修正,重新发布。

民用机场专用设备管理规定

（2016年4月13日交通运输部令2016年第39号公布　根据2017年4月1日《交通运输部关于修改〈民用机场专用设备管理规定〉的决定》修正）

第一章　总　　则

第一条　为了规范和加强民用机场专用设备管理，保证民用机场专用设备的安全适用，保障航空安全，根据《中华人民共和国民用航空法》《中华人民共和国特种设备安全法》和《民用机场管理条例》，制定本规定。

第二条　本规定适用于中华人民共和国领域内民用机场专用设备的检验、使用和安全管理。

本规定所称民用机场专用设备（以下简称机场设备），是指在民用机场（含军民合用机场的民用部分）内使用，保障机场运行、航空器飞行和地面作业安全的航空器地面服务设备、目视助航及其相关设备和其他地面服务设备等。机场设备目录见本规定附录。

第三条　机场设备应当符合国家规定的标准和技术规范的要求，符合安全、适用、节能、环保的原则。

其他未列入机场设备目录，在民用机场内使用，保障机场运行、航空器飞行和地面作业安全的设备，应当符合国家规定的标准和技术规范要求。

第四条　经中国民用航空局（以下简称民航局）认定的机场设备检验机构检验合格的机场设备，由民航局以通告的形式公布。

未经民航局认定的机场设备检验机构检验合格的机场设备，不得在民用机场内使用。

本规定所称机场设备检验机构（以下简称检验机构），是指经民航局认定，按照国家规定的标准和技术规范的要求，依法从事机场设备检验的法人或者法人授权组织。

第五条　民航局对机场设备的检验、使用实施安全监督管理，制定有关标准和技术规范，认定检验机构，发布机场设备目录和合格的机场设备通告，建立机场设备信息系统。

民用航空地区管理局（以下简称民航地区管理局）对辖区内机场设备的

使用实施安全监督管理。

第六条 检验机构对机场设备进行检验，并对检验结论负责。

第七条 机场设备制造商、使用单位应当遵守有关法律、法规、规章，加强机场设备安全和节能管理，建立、健全机场设备安全和节能责任制度。

本规定所称机场设备制造商（以下简称制造商），是指在中华人民共和国境内注册，生产机场设备并以其名义颁发产品合格证的企业，以及将生产的机场设备出口销售到中华人民共和国境内的企业。

本规定所称机场设备使用单位（以下简称使用单位），是指不以转售为目的，依法享有机场设备所有权或者使用权的法人或其他组织。

第八条 民航管理部门（包括民航局、民航地区管理局）、检验机构及其工作人员不得生产、经营、推荐或者监制、监销机场设备，对履行职责过程中知悉的商业秘密负有保密义务。

第九条 任何单位和个人均可以向民航管理部门举报涉及机场设备管理的违法行为，接到举报的部门应当及时处理。

第二章 制造商

第十条 制造商应当保证机场设备生产符合相关标准和技术规范的要求，对生产的机场设备的安全性能负责，不得生产不符合安全性能要求和能效指标以及国家明令淘汰的机场设备。

第十一条 制造商应当按要求向检验机构提供机场设备的相关资料和必要的检测条件，并对资料的真实性负责。

第十二条 检验机构进行检验时，制造商应当予以积极配合，开放有关的生产设施、设备、档案材料等。

第十三条 因生产原因造成机场设备存在危及安全的同一性缺陷时，制造商应当立即停止生产，主动召回。

第十四条 机场设备交付使用单位时，制造商应当随附相关标准和技术规范要求的技术文件、产品质量合格证明、安装及使用维护保养说明等相关技术资料和文件。

相关标准和技术规范要求在机场设备显著位置设置产品铭牌、安全警示标志及其简要说明的，应当予以设置。

进口设备的有关技术资料、文件、铭牌、安全警示标志及其简要说明等应当为中文。

第十五条 机场设备投入使用后，制造商不得以任何方式影响机场设备的正常使用。

第十六条 发生民用航空器事故、民用航空器事故征候以及其他与民用航空器运行有关的不安全事件或其他运行事故，涉及机场设备设计、生产等原因时，制造商应当积极配合有关调查工作。

第三章 检验机构

第十七条 检验机构应当符合下列条件：

（一）产权清晰、独立运作，与制造商不存在资产、管理等方面的利益关系；

（二）获得国家级产品检测资质，具备与机场设备检测项目相适应的能力；

（三）技术能力能够覆盖相应机场设备80%以上检测项目和全部关键检测项目；

（四）具有与申请设备类似产品3年以上检测经历；

（五）民航局规定的其他条件。

第十八条 申请成为检验机构的法人或者法人授权组织，应向民航局提出书面申请，并提交符合本规定第十七条规定条件的证明文件。

民航局收到申请后对检验机构进行评估，符合条件的，予以认定，并以通告的形式公布；不符合条件的，书面通知申请人，并说明理由。

第十九条 鼓励检验机构加强机场设备检验方法的研究，不断提高检验能力和水平。

第二十条 检验机构可以就有关标准和技术规范向民航局提出意见或者建议。

第二十一条 检验机构及工作人员不得接受任何可能对检验结论产生影响的资助，不得在检验中弄虚作假。

第二十二条 检验机构检验能力下降以致不能胜任检验工作或相关资质被取消时，应当及时报告民航局。民航局取消认定，并以通告形式公布。

第四章 检 验

第一节 一般规定

第二十三条 机场设备的检验，包括对机场设备样品的检测和对制造商产品质量一致性保证条件的审核。

本规定所称制造商产品质量一致性保证条件（以下简称质量一致性），是指制造商保证生产出的机场设备与检测合格的机场设备样品质量一致所应具备的条件。

第二十四条 检验机构根据制造商的书面申请，依据有关标准和技术规范，对机场设备的合格性进行检验。

第二十五条 制造商的书面申请应当同时提交如下材料：

（一）机场设备结构原理、生产工艺、技术参数、关键部件清单及其性能指标、执行的有关标准和技术规范等技术资料；

（二）所申请机场设备的知识产权状况说明以及在生产与技术运用方面无违法行为的声明；

（三）按照相关标准和技术规范编制的自行检测规程及自行检测报告；

（四）设备使用及维护说明书；

（五）营业执照复印件，有关专业技术人员情况，设备、设施和工作场所情况，质量保证、安全管理和岗位责任等制度情况；

（六）民航局要求的其他材料。

第二十六条 检验机构应当依法提供检验服务，不得利用检验工作故意刁难相关单位。

制造商在检验过程中弄虚作假的，检验机构应当终止对申请事项的检验。已得出检验合格结论的，撤销其机场设备检验合格的结论，并报告民航局。

制造商在检验机构进行检验时，拒绝提供相关资料和必要检测条件或者拒绝开放其生产设施、设备、档案材料的，检验机构应当要求其予以开放，制造商坚持不予开放的，检验机构应当终止对申请事项的检验，并对有关申请事项做出检验不合格的结论。

第二十七条 检验机构应当根据相关标准和技术规范，制定包括机场设备样品检测方案、质量一致性审核方案在内的机场设备检验方案。

对于技术复杂的机场设备，检验机构应当对样品的检测方案进行评估。

第二十八条 已获通告的机场设备发生以下情况之一的，制造商应当申请进行重新检验：

（一）制造商质量一致性发生变更；

（二）制造商对设备主体结构、主要部件或操作系统进行调整或更换；

（三）因设计、生产或者功能缺陷等原因，导致机场设备存在安全隐患、出现严重故障或者造成运行事故，制造商分析原因，完善有关设计、改进生产工艺或流程，已经消除安全隐患；

（四）民航局依据有关标准或技术规范变更等情况，要求重新检验、或者补充检验。

第二十九条 作为检验依据的标准或技术规范发生变更时：

（一）检验机构应当依据新的标准或技术规范对机场设备进行检验；

（二）除民航局有限期整改要求的，在用的机场设备仍可以继续使用；

（三）除民航局要求重新检验或者补充检验的，已获通告的机场设备检验合格结论继续有效；

（四）按照民航局要求重新检验或者补充检验不合格，或者未按要求提交重新检验或者补充检验的，检验机构应当及时将有关情况报告民航局。

本规定所称补充检验，是指根据有关标准或技术规范的修改情况或者制造商对机场设备的改造情况，对机场设备样品部分结构、部件或者系统进行的局部检测，以及必要时进行的质量一致性审核。

第二节 样品的检测

第三十条 机场设备样品的检测结果应当符合下列条件之一：

（一）相关的标准和技术规范；

（二）民航局认可的其他行业或国际组织的标准；

（三）民航局提出的专门技术要求。

第三十一条 用于检测的机场设备样品应当由检验机构随机选取。不具备随机选取条件的，可以由制造商选送。

第三十二条 检验机构应当对机场设备样品检测情况做出详细记录，并编制检测报告。

第三十三条 机场设备样品未通过检测，检验机构应当于5个工作日内书面通知制造商。

第三十四条 机场设备样品未通过检测，制造商经过改进重新向检验机构提交机场设备样品检测时，检验机构应当对上次未通过检测的部分以及与其相关联的部分重新检测，必要时应当对重新提交的机场设备样品进行全面检测。

第三节 质量一致性审核

第三十五条 机场设备样品通过检测后，检验机构应当组织对制造商进行质量一致性审核。

提交机场设备检验申请时1年以内，制造商已经通过同类机场设备质量一致性审核的，可以豁免有关审核。

第三十六条 进行质量一致性审核时，检验机构应当现场复核有关申请材料内容，查验制造商是否具有与生产相适应的专业技术人员，查验制造商是否具有与生产以及出厂检验相适应的设备、设施和工作场所，评估有关质量保证、安全管理和岗位责任等制度体系是否健全。

第三十七条 检验机构在组织开展质量一致性审核时，不得提前通知制造商。

第三十八条 对于质量一致性审核中发现的问题，制造商采取措施解决以后，检验机构应当对其进行复核。

第三十九条 检验机构应当对质量一致性审核情况做出详细记录，编制质量一致性审核报告。

检验机构作出通过或者不通过审核的结论，应当于5个工作日内书面通知制造商。

第四十条 对已获通告的有关目视助航及其相关设备的制造商，检验机构应当每两年对其进行一次质量一致性审核；对已获通告的其他机场设备的制造商，检验机构应当每四年对其进行一次质量一致性审核；并可以在两次审核之间进行一次抽查。

检验机构应当对目视助航及其相关设备制造商生产的库存或在用机场设备随机抽样检测，可以对其他机场设备制造商生产的库存或者在用机场设备进行随机抽样检测。

第四十一条 制造商未通过质量一致性审核的，检验机构应当撤销对其机场设备检验合格的结论，并及时报告民航局。

第四十二条 质量一致性发生重大变化时，制造商应当将有关变化情况及时报告检验机构，检验机构应当重新对制造商进行质量一致性审核。

第五章 进口机场设备

第四十三条 进口机场设备的检验可以由与境内检验机构互认的境外检验机构进行，或由民航局认定的境内检验机构进行。

进口机场设备样品检测合格的，制造商应当将能够证明具备质量一致性的材料提交民航局认定的检验机构审核。

第四十四条 进口机场设备样品申请在境内检验机构进行检测的，制造商所提供的申请材料足以证明其具备质量一致性时，可以不对制造商的质量一致性进行实地审核。

第四十五条 对于进口数量较少、境外无互认检验机构的机场设备，可以由民航局认定的检验机构在境内对进口的机场设备进行逐一检验。

第四十六条 进口机场设备已经取得境外民航管理部门认证的，制造商向检验机构递交申请材料时可以随附相关认证材料。检验机构认为认证材料足以证明机场设备合格适用的，可以不再对该机场设备样品进行检验而直接给予检验合格的结论。

第四十七条 进口机场设备检验合格的，检验机构应当将检验合格结论及时报告民航局。

第四十八条 进口机场设备的检验，应当遵守有关进出口商品检验的法律、行政法规。

第六章 通 告

第四十九条 机场设备样品检测合格、制造商通过质量一致性审核的，检验机构应当编制检验合格报告报告民航局。

检验合格报告应当包含机场设备的名称、型号以及制造商名称、地址、邮编、联系方式和检测报告、质量一致性审核报告及其他有关情况说明。

第五十条 民航局收到检验机构有关机场设备检验合格的报告后，在5个工作日内以通告的形式对合格机场设备名称等信息予以公布。

第五十一条 制造商企业名称、法定代表人、地址、有关联系方式等变更时，应当在变更后30日内向原检验机构申请变更。机场设备停产时，制造商应当在停产后30日内向原检验机构报告。

检验机构收到制造商有关事项变更、停产的报告后，应当及时报告民航局。

第五十二条 民航局收到检验机构关于制造商有关事项变更、停产的报告后，在5个工作日内以通告的形式公布。

第五十三条 民航局收到检验机构撤销有关检验合格结论的报告后，对撤销的有关机场设备信息以通告的形式予以公布。

第五十四条 检验合格的进口机场设备，由民航局以通告的形式及时予以公布。

第七章 使用管理

第五十五条 机场设备使用单位应当使用经民航局通告合格的机场设备，禁止使用国家明令淘汰和已经报废的机场设备。

机场设备出现故障、老化或者发生异常情况导致性能下降时，使用单位应当对其进行全面检查，消除事故隐患，方可继续使用。

第五十六条 机场设备交付使用时，机场设备使用单位应当对照相关标准和技术规范等进行核实、验收,并进行记录。

第五十七条 使用单位应当根据机场设备随附的相关技术资料和文件编制相应的检查和维护规程,对机场设备进行检查和维护,并进行记录。

第五十八条 使用单位应当建立机场设备安全技术档案。安全技术档案应当包括以下内容:

(一)机场设备的产品质量合格证明、安装及使用维护保养说明等相关技术资料和文件;

(二)机场设备的维护保养记录;

(三)机场设备的日常使用状况及运行故障和事故记录。

第五十九条 机场管理机构应当对本机场及驻场单位的所有在用机场设备进行登记。使用单位应当在机场设备投入使用前,向机场管理机构办理登记,并及时向机场管理机构提供机场设备的安全技术档案信息。

机场管理机构应当及时将本机场及驻场单位所有在用机场设备的登记信息、安全技术档案信息录入民用机场专用设备信息系统。

第六十条 机场设备登记或安全技术档案信息发生变化时,使用单位应当及时报机场管理机构更新。

机场管理机构应当在收到有关登记或者更新信息后的5个工作日内,将有关登记或者更新的信息录入民用机场专用设备信息系统。

第六十一条 使用单位对设备主体结构、主要部件或操作系统进行改造升级的,应当获得原制造商的认可,或重新检验合格后方可继续投入使用。

第六十二条 使用中的机场设备出现下列情况之一的,使用单位应当及时报告机场管理机构和民航地区管理局:

(一)发现机场设备存在安全隐患或设计缺陷的;

(二)机场设备在运行过程中发生运行事故、出现严重故障、航空器地面事故征候或者其他与民用航空器运行有关的不安全事件的。

第八章 监督管理与法律责任

第六十三条 违反本规定,制造商生产、交付国家明令淘汰的机场设备的,由民航局或民航地区管理局责令其停止生产,没收违法生产、交付的机场设备;产品尚未交付的,并处3万元以上10万元以下罚款;产品已交付尚未造成危害后果的,并处10万元以上20万元以下罚款;产品已交付且造成危害后果的,并处20万元以上30万元以下罚款,民航局撤销其所有有关机场设备的通告;有违法所得的,没收违法所得。

第六十四条 违反本规定,制造商明知机场设备存在危及安全的同一性缺陷,未按照国家规定立即停止生产并召回的,由民航局或民航地区管理局责令限期改正;逾期未改正的,视情节轻重处5万元以上50万元以下罚款,民航局可以同时撤销该机场设备通告。

第六十五条 违反本规定,制造商未随附相关技术资料和文件的,由民航局或民航地区管理局责令限期改正;逾期未改正的,责令停止制造、销售;尚未造成危害后果的,处2万元以上10万元以下罚款;已经造成危害后果的,处10万元以上20万元以下罚款,并由民航局撤销该机场设备通告。有违法所得的,没收违法所得。

第六十六条 违反本规定,制造商故意影响在用机场设备使用或者不配合有关调查工作的,由民航局或民航地区管理局责令限期改正;逾期未改正的,处1万元以上3万元以下罚款;情节严重的,由民航局撤销该制造商所有有关机场设备的通告。

第六十七条 违反本规定,制造商未对已获通告的机场设备重新进行检验的,由民航局或民航地区管理局责令限期改正;逾期未改正的,由民航局撤销该机场设备通告。

第六十八条 违反本规定,检验机构及其检验、检测人员有下列行为之一的,由民航局责令改正,首次违法且主动采取补救措施的,对单位处5万元以上10万元以下罚款,对直接负责的主管人员和其他直接责任人员处5千元以上2万元以下罚款;两次以上违法,对单位处10万元以上20万元以下罚款,对直接责任人处2万元以上5万元以下罚款;情节严重的,由民航局同时撤销其从事机场设备合格检验的认定:

(一)未按照有关标准或技术规范的要求进行检验、检测的;

(二)出具虚假的检验、检测结果和鉴定结论或者检验、检测结果和鉴定结论严重失实的;

(三)泄露检验、检测过程中知悉的商业秘密的;

(四)从事有关机场设备的生产、经营活动的;

(五)推荐或者监制、监销机场设备的。

第六十九条 违反本规定,检验机构检验检测能力下降以致不能胜任有关检验检测工作或相关资质被取消时未及时报告民航局的,由民航局撤销检验机构从事有关机场设备合格检验的认定,并处1万元以上3万元以下罚款。

第七十条 违反本规定,检验机构有以下行为的由民航局给予警告,可以并处1万元以上3万元以下罚款;情节严重的,由民航局撤销检验机构从事机场设备合格检验的认定:

（一）在组织开展质量一致性审核时提前通知制造商的；

（二）利用检验工作故意刁难相关单位的。

第七十一条 违反本规定，被撤销认定的检验机构，自撤销之日起1年内，民航局对其新申请不予受理；被撤销通告的制造商，自撤销之日起1年内，检验机构对其新申请不予受理。

第七十二条 违反本规定，使用单位有下列行为之一的，由民航地区管理局责令停止使用有关机场设备，尚未造成危害后果的，处3万元以上10万元以下罚款；已造成一定危害后果的，处10万元以上20万元以下罚款；情节严重的，处20万元以上30万元以下罚款：

（一）使用未经民航局通告的、不符合国家规定标准和相关技术规范的机场设备，或者国家明令淘汰和已经报废的机场设备的；

（二）机场设备出现故障、老化或者发生异常情况导致性能下降，未对其进行全面检查、消除事故隐患而继续使用的。

机场管理机构作为使用单位，使用未经民航局通告的、不符合国家规定标准和相关技术规范的机场设备，由民航地区管理局责令停止使用有关机场设备，尚未造成危害后果的，处10万元以上20万元以下罚款；已造成一定危害后果的，处20万元以上30万元以下罚款；情节严重的，处30万元以上50万元以下罚款。

第七十三条 违反本规定，使用单位有下列行为之一的，由民航地区管理局责令限期改正；逾期未改正的，责令停止使用有关机场设备，并处1万元以上3万元以下罚款：

（一）未按照相关技术资料和文件编制相应的检查和维护规程的；

（二）在用机场设备未按照规定进行登记并及时向机场管理机构报告更新机场设备安全技术档案信息的。

第七十四条 违反本规定，使用单位有下列行为之一的，由民航地区管理局责令限期改正；逾期未改正的，责令停止使用有关机场设备，并处1万元以上5万元以下罚款；造成严重后果的，并处5万元以上10万元以下罚款：

（一）未按照有关要求对在用机场设备进行检查和维护，并作出记录的；

（二）未建立机场设备安全技术档案或者安全技术档案不符合要求的。

第七十五条 违反本规定，机场管理机构收到使用单位在用机场设备的登记或者更新的信息后，未在5个工作日内将信息录入民用机场专用设备信息系统的，由民航地区管理局责令限期改正；逾期未改正的，由民航局或民航地区管理局处1万元以上3万元以下罚款。

第七十六条 违反本规定，使用单位有下列行为之一的，由民航地区管理局责令限期改正；情节严重的，由民航地区管理局处 1 万元以上 3 万元以下罚款：

（一）机场设备交付使用时，未对照相关标准和技术规范等进行核实、验收并进行记录的；

（二）未及时向机场管理机构报告更新机场设备登记或者安全技术档案信息的；

（三）对设备主体结构、主要部件或操作系统进行改造升级，未获得原制造商的认可，或者未经重新检验合格即投入使用的；

（四）发现机场设备存在安全隐患或设计缺陷未及时报告机场管理机构和民航地区管理局的；

（五）机场设备在运行过程中发生运行事故、出现严重故障、航空器地面事故征候或者其他与民用航空器运行有关的不安全事件，未及时报告机场管理机构和民航地区管理局的。

第七十七条　违反本规定，制造商、检验机构或使用单位拒不接受民航管理部门依法实施的监督检查的，责令限期改正；逾期未改正的，责令停产停业整顿，处 2 万元以上 10 万元以下罚款，情节严重的，处 10 万元以上 20 万元以下罚款。

第七十八条　民航管理部门工作人员在受理申请人申请以及对在用机场设备的持续安全监督管理过程中违反法律、行政法规和本规定的，由有关部门依法给予行政处分；构成犯罪的，依法追究刑事责任。

第九章　附　　则

第七十九条　本规定自 2017 年 5 月 1 日起施行。2005 年 9 月 14 日施行的《民用机场专用设备使用管理规定》（民航总局令第 150 号，CCAR - 137CA - R2）同时废止。

附录：

民用机场专用设备目录

1　航空器地面服务设备

1.1 飞机地面电源机组

1.2 飞机静变电源机组

1.3 飞机地面气源机组

1.4 飞机地面空调机组

1.5 飞机牵引设备

1.6 飞机清水车

1.7 飞机污水车

1.8 航空食品车
1.9 航空垃圾接收车
1.10 飞机除冰设备
1.11 飞机充氧设备
1.12 管线加油设备
1.13 罐式加油设备
1.14 旅客登机梯
1.15 行动不便旅客登机设备
1.16 旅客登机桥
1.17 散装货物装载机
1.18 集装货物装载机

2 目视助航设备

2.1 航空灯标
2.2 进近灯
2.3 顺序闪光灯系统
2.4 精密进近航道指示器
2.5 跑道入口识别灯
2.6 跑道入口翼排灯
2.7 跑道入口灯
2.8 跑道末端灯
2.9 接地带灯
2.10 跑道中线灯
2.11 跑道边灯
2.12 滑行道中线灯
2.13 滑行道边灯
2.14 快速出口滑行道指示灯
2.15 中间等待位置灯
2.16 停止排灯
2.17 跑道警戒灯
2.18 航空障碍灯
2.19 风向标
2.20 滑行道边反光标志物
2.21 跑道和滑行道标记牌

3 目视助航相关设备

3.1 调光器
3.2 隔离变压器
3.3 助航灯光电缆
3.4 电缆连接器
3.5 隔离变压器箱
3.6 助航灯光监控系统

4 直升机场目视助航设备

4.1 直升机场灯标
4.2 进近恒光灯
4.3 进近闪光灯
4.4 瞄准点灯
4.5 接地和离地区灯
4.6 滑行道边灯
4.7 滑行道中线灯
4.8 目视进近坡度指示系统
4.9 目视对准定线引导系统
4.10 最终进近和起飞地区灯

5 其他地面服务设备

5.1 旅客行李处理系统
5.2 摩擦系数测试设备
5.3 机坪地井盖
5.4 机坪排水沟箅子
5.5 道路等待位置灯

6 特性材料拦阻系统(EMAS)

汽车销售管理办法

（2017 年 4 月 5 日商务部令 2017 年第 1 号公布　自 2017 年 7 月 1 日起施行　国法备字［2017000491］）

第一章　总　则

第一条　为促进汽车市场健康发展，维护公平公正的市场秩序，保护消费者合法权益，根据国家有关法律、行政法规，制定本办法。

第二条　在中华人民共和国境内从事汽车销售及其相关服务活动，适用本办法。

从事汽车销售及其相关服务活动应当遵循合法、自愿、公平、诚信的原则。

第三条　本办法所称汽车，是指《汽车和挂车类型的术语和定义》（GB/T 3730.1）定义的汽车，且在境内未办理注册登记的新车。

第四条　国家鼓励发展共享型、节约型、社会化的汽车销售和售后服务网络，加快城乡一体的汽车销售和售后服务网络建设，加强新能源汽车销售和售后服务网络建设，推动汽车流通模式创新。

第五条　在境内销售汽车的供应商、经销商，应当建立完善汽车销售和售后服务体系，保证相应的配件供应，提供及时、有效的售后服务，严格遵守家用汽车产品“三包”、召回等规定，确保消费者合法权益。

第六条　本办法所称供应商，是指为经销商提供汽车资源的境内生产企业或接受境内生产企业转让销售环节权益并进行分销的经营者以及从境外进口汽车的经营者。

本办法所称经销商，是指获得汽车资源并进行销售的经营者。

本办法所称售后服务商，是指汽车销售后提供汽车维护、修理等服务活动的经营者。

第七条　国务院商务主管部门负责制定全国汽车销售及其相关服务活动的政策规章，对地方商务主管部门的监督管理工作进行指导、协调和监督。

县级以上地方商务主管部门依据本办法对本行政区域内汽车销售及其相关服务活动进行监督管理。

第八条　汽车行业协会、商会应当制定行业规范，提供信息咨询、宣传培训等服务，开展行业监测和预警分析，加强行业自律。

第二章 销售行为规范

第九条 供应商、经销商销售汽车、配件及其他相关产品应当符合国家有关规定和标准,不得销售国家法律、法规禁止交易的产品。

第十条 经销商应当在经营场所以适当形式明示销售汽车、配件及其他相关产品的价格和各项服务收费标准,不得在标价之外加价销售或收取额外费用。

第十一条 经销商应当在经营场所明示所出售的汽车产品质量保证、保修服务及消费者需知悉的其他售后服务政策,出售家用汽车产品的经销商还应当在经营场所明示家用汽车产品的“三包”信息。

第十二条 经销商出售未经供应商授权销售的汽车,或者未经境外汽车生产企业授权销售的进口汽车,应当以书面形式向消费者作出提醒和说明,并书面告知向消费者承担相关责任的主体。

未经供应商授权或者授权终止的,经销商不得以供应商授权销售汽车的名义从事经营活动。

第十三条 售后服务商应当向消费者明示售后服务的技术、质量和服务规范。

第十四条 供应商、经销商不得限定消费者户籍所在地,不得对消费者限定汽车配件、用品、金融、保险、救援等产品的提供商和售后服务商,但家用汽车产品“三包”服务、召回等由供应商承担费用时使用的配件和服务除外。

经销商销售汽车时不得强制消费者购买保险或者强制为其提供代办车辆注册登记等服务。

第十五条 经销商向消费者销售汽车时,应当核实登记消费者的有效身份证明,签订销售合同,并如实开具销售发票。

第十六条 供应商、经销商应当在交付汽车的同时交付以下随车凭证和文件,并保证车辆配置表述与实物配置相一致:

(一)国产汽车的机动车整车出厂合格证;

(二)使用国产底盘改装汽车的机动车底盘出厂合格证;

(三)进口汽车的货物进口证明和进口机动车检验证明等材料;

(四)车辆一致性证书,或者进口汽车产品特殊认证模式检验报告;

(五)产品中文使用说明书;

(六)产品保修、维修保养手册;

(七)家用汽车产品“三包”凭证。

第十七条　经销商、售后服务商销售或者提供配件应当如实标明原厂配件、质量相当配件、再制造件、回用件等，明示生产商（进口产品为进口商）、生产日期、适配车型等信息，向消费者销售或者提供原厂配件以外的其他配件时，应当予以提醒和说明。

列入国家强制性产品认证目录的配件，应当取得国家强制性产品认证并加施认证标志后方可销售或者在售后服务经营活动中使用，依据国家有关规定允许办理免于国家强制性产品认证的除外。

本办法所称原厂配件，是指汽车生产商提供或认可的，使用汽车生产商品牌或其认可品牌，按照车辆组装零部件规格和产品标准制造的零部件。

本办法所称质量相当配件，是指未经汽车生产商认可的，由配件生产商生产的，且性能和质量达到原厂配件相关技术标准要求的零部件。

本办法所称再制造件，是指旧汽车零部件经过再制造技术、工艺生产后，性能和质量达到原型新品要求的零部件。

本办法所称回用件，是指从报废汽车上拆解或维修车辆上替换的能够继续使用的零部件。

第十八条　供应商、经销商应当建立健全消费者投诉制度，明确受理消费者投诉的具体部门和人员，并向消费者明示投诉渠道。投诉的受理、转交以及处理情况应当自收到投诉之日起 7 个工作日内通知投诉的消费者。

第三章　销售市场秩序

第十九条　供应商采取向经销商授权方式销售汽车的，授权期限（不含店铺建设期）一般每次不低于 3 年，首次授权期限一般不低于 5 年。双方协商一致的，可以提前解除授权合同。

第二十条　供应商应当向经销商提供相应的营销、宣传、售后服务、技术服务等业务培训及技术支持。

供应商、经销商应当在本企业网站或经营场所公示与其合作的售后服务商名单。

第二十一条　供应商不得限制配件生产商（进口产品为进口商）的销售对象，不得限制经销商、售后服务商转售配件，有关法律法规规章及其配套的规范性文件另有规定的除外。

供应商应当及时向社会公布停产或者停止销售的车型，并保证其后至少 10 年的配件供应以及相应的售后服务。

第二十二条　未违反合同约定被供应商解除授权的，经销商有权要求供应商按不低于双方认可的第三方评估机构的评估价格收购其销售、检测和维修等设施设备，并回购相关库存车辆和配件。

第二十三条 供应商发生变更时，应当妥善处理相关事宜，确保经销商和消费者的合法权益。

经销商不再经营供应商产品的，应当将客户、车辆资料和维修历史记录在授权合同终止后30日内移交给供应商，不得实施有损于供应商品牌形象的行为；家用汽车产品经销商不再经营供应商产品时，应当及时通知消费者，在供应商的配合下变更承担“三包”责任的经销商。供应商、承担“三包”责任的经销商应当保证为消费者继续提供相应的售后服务。

第二十四条 供应商可以要求经销商为本企业品牌汽车设立单独展区，满足经营需要和维护品牌形象的基本功能，但不得对经销商实施下列行为：

（一）要求同时具备销售、售后服务等功能；

（二）规定整车、配件库存品种或数量，或者规定汽车销售数量，但双方在签署授权合同或合同延期时就上述内容书面达成一致的除外；

（三）限制经营其他供应商商品；

（四）限制为其他供应商的汽车提供配件及其他售后服务；

（五）要求承担以汽车供应商名义实施的广告、车展等宣传推广费用，或者限定广告宣传方式和媒体；

（六）限定不合理的经营场地面积、建筑物结构以及有偿设计单位、建筑单位、建筑材料、通用设备以及办公设施的品牌或者供应商；

（七）搭售未订购的汽车、配件及其他商品；

（八）干涉经销商人力资源和财务管理以及其他属于经销商自主经营范围内的活动；

（九）限制本企业汽车产品经销商之间相互转售。

第二十五条 供应商制定或实施营销奖励等商务政策应当遵循公平、公正、透明的原则。

供应商应当向经销商明确商务政策的主要内容，对于临时性商务政策，应当提前以双方约定的方式告知；对于被解除授权的经销商，应当维护经销商在授权期间应有的权益，不得拒绝或延迟支付销售返利。

第二十六条 除双方合同另有约定外，供应商在经销商获得授权销售区域内不得向消费者直接销售汽车。

第四章 监督管理

第二十七条 供应商、经销商应当自取得营业执照之日起90日内通过国务院商务主管部门全国汽车流通信息管理系统备案基本信息。供应商、经销商备案的基本信息发生变更的，应当自信息变更之日起30日内完成信息更新。

本办法实施以前已设立的供应商、经销商应当自本办法实施之日起90日内按前款规定备案基本信息。

供应商、经销商应当按照国务院商务主管部门的要求，及时通过全国汽车流通信息管理系统报送汽车销售数量、种类等信息。

第二十八条 经销商应当建立销售汽车、用户等信息档案，准确、及时地反映本区域销售动态、用户要求和其他相关信息。汽车销售、用户等信息档案保存期不得少于10年。

第二十九条 县级以上地方商务主管部门应当依据职责，采取“双随机”办法对汽车销售及其相关服务活动实施日常监督检查。

监督检查可以采取下列措施：

（一）进入供应商、经销商从事经营活动的场所进行现场检查；

（二）询问与监督检查事项有关的单位和个人，要求其说明情况；

（三）查阅、复制有关文件、资料，检查相关数据信息系统及复制相关信息数据；

（四）依据国家有关规定采取的其他措施。

第三十条 县级以上地方商务主管部门应当会同有关部门建立企业信用记录，纳入全国统一的信用信息共享交换平台。对供应商、经销商有关违法违规行为依法作出处理决定的，应当录入信用档案，并及时向社会公布。

第三十一条 供应商、经销商应当配合政府有关部门开展走私、盗抢、非法拼装等嫌疑车辆调查，提供车辆相关信息。

第五章 法律责任

第三十二条 违反本办法第十条、第十二条、第十四条、第十七条第一款、第二十一条、第二十三条第二款、第二十四条、第二十五条、第二十六条有关规定的，由县级以上地方商务主管部门责令改正，并可给予警告或3万元以下罚款。

第三十三条 违反本办法第十一条、第十五条、第十八条、第二十条第二款、第二十七条、第二十八条有关规定的，由县级以上地方商务主管部门责令改正，并可给予警告或1万元以下罚款。

第三十四条 县级以上商务主管部门的工作人员在汽车销售及其相关服

务活动监督管理工作中滥用职权、玩忽职守、徇私舞弊的,依法给予处分;构成犯罪的,依法追究刑事责任。

第六章　附　　则

第三十五条　省级商务主管部门可结合本地区实际情况制定本办法的实施细则,并报国务院商务主管部门备案。

第三十六条　供应商通过平行进口方式进口汽车按照平行进口相关规定办理。

第三十七条　本办法自2017年7月1日起施行。

国家旅游局、公安部、国务院台湾事务办公室关于修改《大陆居民赴台湾地区旅游管理办法》的决定

(2017年4月13日国家旅游局、公安部、国务院台湾事务办公室令第43号公布　自公布之日起施行　国法备字[2017000471])

为贯彻落实新修改颁布的《旅游法》和《旅行社条例》取消"领队证"许可的有关要求,落实国家旅游局和公安部多项赴台旅游的便民措施,推进简政放权、放管结合、优化服务有关工作,根据《国务院办公厅关于做好行政法规部门规章和文件清理工作有关事项的通知》(国办函〔2016〕12号)的要求,国家旅游局、公安部、国务院台湾事务办公室决定对《大陆居民赴台湾地区旅游管理办法》部分条款进行修改。

一、将第三条修改为:"组团社由国家旅游局会同有关部门,从取得出境旅游业务经营许可并提出经营赴台旅游业务申请的旅行社范围内指定,但国家另有规定的除外。组团社名单由海峡两岸旅游交流协会公布。

除被指定的组团社外,任何单位和个人不得经营大陆居民赴台旅游业务。"

二、第六条增加一款,作为第二款:"大陆居民赴台旅游团队出发前,组团社应当向国家旅游局旅游团队管理和服务信息平台提供符合规定的赴台旅游团队信息。旅游团队信息实行一团一登记。"

三、第七条修改为:“组团社应当为每个团队委派领队,并要求地接社派导游全程陪同。

赴台旅游领队应当具备法律、法规规定的领队条件,经省级旅游主管部门培训,由国家旅游局指定。”

四、第十一条修改为:“大陆居民赴台旅游应当按照有关规定向公安机关出入境管理部门申请办理《大陆居民往来台湾通行证》及相应签注。”

五、第十六条修改为:“违反本办法规定,未被指定经营大陆居民赴台旅游业务,或者旅行社及从业人员有违反本办法规定行为的,由旅游主管部门根据《旅游法》和《旅行社条例》等规定予以处罚。有关单位和个人违反其他法律、法规规定的,由有关部门依法予以处理。”

此外,将《旅游法》作为《办法》的制定和处罚依据;根据《旅游法》规定,将“旅游行政主管部门”修改为“旅游主管部门”,“接待社”修改为“地接社”,同时,对个别条文的文字作了修改。

本决定自公布之日起施行。

《大陆居民赴台湾地区旅游管理办法》根据本决定作相应修改,重新公布。

大陆居民赴台湾地区旅游管理办法

(2006年4月16日国家旅游局、公安部、国务院台湾事务办公室令第26号公布　根据2011年6月20日《国家旅游局、公安部、国务院台湾事务办公室关于修改〈大陆居民赴台湾地区旅游管理办法〉的决定》第一次修改　根据2017年4月13日《国家旅游局、公安部、国务院台湾事务办公室关于修改〈大陆居民赴台湾地区旅游管理办法〉的决定》第二次修改)

第一条　为规范大陆居民赴台湾地区旅游,根据《旅游法》、《旅行社条例》和《中国公民往来台湾地区管理办法》,制定本办法。

第二条　大陆居民赴台湾地区旅游(以下简称赴台旅游),可采取团队旅游或者个人旅游两种形式。

大陆居民赴台团队旅游应当由指定经营大陆居民赴台旅游业务的旅行社(以下简称组团社)组织,以团队形式整团往返。旅游团成员在台湾期间应当集体活动。

大陆居民赴台个人旅游可自行前往台湾地区,在台湾期间可自行活动。

第三条 组团社由国家旅游局会同有关部门,从取得出境旅游业务经营许可并提出经营赴台旅游业务申请的旅行社范围内指定,但国家另有规定的除外。组团社名单由海峡两岸旅游交流协会公布。

除被指定的组团社外,任何单位和个人不得经营大陆居民赴台旅游业务。

第四条 台湾地区接待大陆居民赴台旅游的旅行社(以下简称地接社),经大陆有关部门会同国家旅游局确认后,由海峡两岸旅游交流协会公布。

第五条 大陆居民赴台团队旅游实行配额管理。配额由国家旅游局会同有关部门确认后下达给组团社。

第六条 组团社在开展组织大陆居民赴台旅游业务前,应当与地接社签订合同、建立合作关系。

大陆居民赴台旅游团队出发前,组团社应当向国家旅游局旅游团队管理和服务信息平台提供符合规定的赴台旅游团队信息。旅游团队信息实行一团一登记。

第七条 组团社应当为每个团队委派领队,并要求地接社派导游全程陪同。

赴台旅游领队应当具备法律、法规规定的领队条件,经省级旅游主管部门培训,由国家旅游局指定。

第八条 大陆居民赴台旅游期间,不得从事或者参与涉及赌博、色情、毒品等内容及有损两岸关系的活动。

组团社不得组织旅游团成员参与前款活动,并应当要求地接社不得引导或者组织旅游团成员参与前款活动。

第九条 组团社应当要求地接社严格按照合同规定的团队日程安排活动;未经双方旅行社及旅游团成员同意,不得变更日程。

第十条 大陆居民赴台旅游应当持有效的《大陆居民往来台湾通行证》,并根据其采取的旅游形式,办理团队旅游签注或者个人旅游签注。

第十一条 大陆居民赴台旅游应当按照有关规定向公安机关出入境管理部门申请办理《大陆居民往来台湾通行证》及相应签注。

第十二条 赴台旅游团队应当凭《大陆居民赴台湾地区旅游团队名单表》,从大陆对外开放口岸整团出入境。

第十三条 旅游团出境前已确定分团入境大陆的,组团社应当事先向有关出入境边防检查总站或者省级公安边防部门备案。

旅游团成员因紧急情况不能随团入境大陆或者不能按期返回大陆的,组团社应当及时向有关出入境边防检查总站或者省级公安边防部门报告。

第十四条 赴台旅游的大陆居民应当按期返回,不得非法滞留。当发生旅游团成员非法滞留时,组团社应当及时向公安机关及旅游主管部门报告,并协助做好有关滞留者的遣返和审查工作。

第十五条 对在台湾地区非法滞留情节严重者,公安机关出入境管理部门自其被遣返回大陆之日起,六个月至三年以内不批准其再次出境。

第十六条 违反本办法规定,未被指定经营大陆居民赴台旅游业务,或者旅行社及从业人员有违反本办法规定行为的,由旅游主管部门根据《旅游法》和《旅行社条例》等规定予以处罚。有关单位和个人违反其他法律、法规规定的,由有关部门依法予以处理。

第十七条 本办法由国家旅游局、公安部、国务院台湾事务办公室负责解释。

第十八条 本办法自发布之日起施行。

司法解释

最高人民法院关于国家赔偿监督程序若干问题的规定

（2017年2月27日最高人民法院审判委员会第1711次会议审议通过　2017年4月20日最高人民法院公告公布　自2017年5月1日起施行　法释〔2017〕9号）

为了保障赔偿请求人和赔偿义务机关的申诉权，规范国家赔偿监督程序，根据《中华人民共和国国家赔偿法》及有关法律规定，结合国家赔偿工作实际，制定本规定。

第一条　依照国家赔偿法第三十条的规定，有下列情形之一的，适用本规定予以处理：

（一）赔偿请求人或者赔偿义务机关认为赔偿委员会生效决定确有错误，向上一级人民法院赔偿委员会提出申诉的；

（二）赔偿委员会生效决定违反国家赔偿法规定，经本院院长决定或者上级人民法院指令重新审理，以及上级人民法院决定直接审理的；

（三）最高人民检察院对各级人民法院赔偿委员会生效决定，上级人民检察院对下级人民法院赔偿委员会生效决定，发现违反国家赔偿法规定，向同级人民法院赔偿委员会提出重新审查意见的。

行政赔偿案件的审判监督依照行政诉讼法的相关规定执行。

第二条　赔偿请求人或者赔偿义务机关对赔偿委员会生效决定，认为确有错误的，可以向上一级人民法院赔偿委员会提出申诉。申诉审查期间，不停止生效决定的执行。

第三条　赔偿委员会决定生效后，赔偿请求人死亡或者其主体资格终止的，其权利义务承继者可以依法提出申诉。

赔偿请求人死亡，依法享有继承权的同一顺序继承人有数人时，其中一人或者部分人申诉的，申诉效力及于全体；但是申请撤回申诉或者放弃赔偿请求的，效力不及于未明确表示撤回申诉或者放弃赔偿请求的其他继承人。

赔偿义务机关被撤销或者职权变更的，继续行使其职权的机关可以依法提出申诉。

第四条 赔偿请求人、法定代理人可以委托一至二人作为代理人代为申诉。申诉代理人的范围包括：

（一）律师、基层法律服务工作者；

（二）赔偿请求人的近亲属或者工作人员；

（三）赔偿请求人所在社区、单位以及有关社会团体推荐的公民。

赔偿义务机关可以委托本机关工作人员、法律顾问、律师一至二人代为申诉。

第五条 赔偿请求人或者赔偿义务机关申诉，应当提交以下材料：

（一）申诉状。申诉状应当写明申诉人和被申诉人的基本信息，申诉的法定事由，以及具体的请求、事实和理由；书写申诉状确有困难的，可以口头申诉，由人民法院记入笔录。

（二）身份证明及授权文书。赔偿请求人申诉的，自然人应当提交身份证明，法人或者其他组织应当提交营业执照、组织机构代码证书、法定代表人或者主要负责人身份证明；赔偿义务机关申诉的，应当提交法定代表人或者主要负责人身份证明；委托他人申诉的，应当提交授权委托书和代理人身份证明。

（三）法律文书。即赔偿义务机关、复议机关及赔偿委员会作出的决定书等法律文书。

（四）其他相关材料。以有新的证据证明原决定认定的事实确有错误为由提出申诉的，应当同时提交相关证据材料。

申诉材料不符合前款规定的，人民法院应当一次性告知申诉人需要补正的全部内容及补正期限。补正期限一般为十五日，最长不超过一个月。申诉人对必要材料拒绝补正或者未能在规定期限内补正的，不予审查。收到申诉材料的时间自人民法院收到补正后的材料之日起计算。

第六条 申诉符合下列条件的，人民法院应当在收到申诉材料之日起七日内予以立案：

（一）申诉人具备本规定的主体资格；

（二）受理申诉的人民法院是作出生效决定的人民法院的上一级人民法院；

（三）提交的材料符合本规定第五条的要求。

申诉不符合上述规定的，人民法院不予受理并应当及时告知申诉人。

第七条 赔偿请求人或者赔偿义务机关申诉，有下列情形之一的，人民法院不予受理：

（一）赔偿委员会驳回申诉后，申诉人再次提出申诉的；

（二）赔偿请求人对作为赔偿义务机关的人民法院作出的决定不服，未在法定期限内向其上一级人民法院赔偿委员会申请作出赔偿决定，在赔偿义务机关的决定发生法律效力后直接向人民法院赔偿委员会提出申诉的；

（三）赔偿请求人、赔偿义务机关对最高人民法院赔偿委员会作出的决定不服提出申诉的；

（四）赔偿请求人对行使侦查、检察职权的机关以及看守所主管机关、监狱管理机关作出的决定，未在法定期限内向其上一级机关申请复议，或者申请复议后复议机关逾期未作出决定或者复议机关已作出复议决定，但赔偿请求人未在法定期限内向复议机关所在地的同级人民法院赔偿委员会申请作出赔偿决定，在赔偿义务机关、复议机关的相关决定生效后直接向人民法院赔偿委员会申诉的。

第八条 赔偿委员会对于立案受理的申诉案件，应当着重围绕申诉人的申诉事由进行审查。必要时，应当对原决定认定的事实、证据和适用法律进行全面审查。

第九条 赔偿委员会审查申诉案件采取书面审查的方式，根据需要可以听取申诉人和被申诉人的陈述和申辩。

第十条 赔偿委员会审查申诉案件，一般应当在三个月内作出处理，至迟不得超过六个月。有特殊情况需要延长的，由本院院长批准。

第十一条 有下列情形之一的，应当决定重新审理：

（一）有新的证据，足以推翻原决定的；

（二）原决定认定的基本事实缺乏证据证明的；

（三）原决定认定事实的主要证据是伪造的；

（四）原决定适用法律确有错误的；

（五）原决定遗漏赔偿请求，且确实违反国家赔偿法规定的；

（六）据以作出原决定的法律文书被撤销或者变更的；

（七）审判人员在审理该案时有贪污受贿、徇私舞弊、枉法裁判行为的；

（八）原审理程序违反法律规定，可能影响公正审理的。

第十二条 申诉人在申诉阶段提供新的证据，应当说明逾期提供的理由。

申诉人提供的新的证据，能够证明原决定认定的基本事实或者处理结果错误的，应当认定为本规定第十一条第一项规定的情形。

第十三条 赔偿委员会经审查，对申诉人的申诉按照下列情形分别处理：

（一）申诉人主张的重新审理事由成立，且符合国家赔偿法和本规定的申诉条件的，决定重新审理。重新审理包括上级人民法院赔偿委员会直接审理或者指令原审人民法院赔偿委员会重新审理。

(二)申诉人主张的重新审理事由不成立,或者不符合国家赔偿法和本规定的申诉条件的,书面驳回申诉。

(三)原决定不予受理或者驳回赔偿申请错误的,撤销原决定,指令原审人民法院赔偿委员会依法审理。

第十四条 人民法院院长发现本院赔偿委员会生效决定违反国家赔偿法规定,认为需要重新审理的,应当提交审判委员会讨论决定。

最高人民法院对各级人民法院赔偿委员会生效决定,上级人民法院对下级人民法院赔偿委员会生效决定,发现违反国家赔偿法规定的,有权决定直接审理或者指令下级人民法院赔偿委员会重新审理。

第十五条 最高人民检察院对各级人民法院赔偿委员会生效决定,上级人民检察院对下级人民法院赔偿委员会生效决定,向同级人民法院赔偿委员会提出重新审查意见的,同级人民法院赔偿委员会应当决定直接审理,并将决定书送达提出意见的人民检察院。

第十六条 赔偿委员会重新审理案件,适用国家赔偿法和相关司法解释关于赔偿委员会审理程序的规定;本规定依据国家赔偿法和相关法律对重新审理程序有特别规定的,适用本规定。

原审人民法院赔偿委员会重新审理案件,应当另行指定审判人员。

第十七条 决定重新审理的案件,可以根据案件情形中止原决定的执行。

第十八条 赔偿委员会重新审理案件,采取书面审理的方式,必要时可以向有关单位和人员调查情况、收集证据,听取申诉人、被申诉人或者赔偿请求人、赔偿义务机关的陈述和申辩。有本规定第十一条第一项、第三项情形,或者赔偿委员会认为确有必要的,可以组织申诉人、被申诉人或者赔偿请求人、赔偿义务机关公开质证。

对于人民检察院提出意见的案件,赔偿委员会组织质证时应当通知提出意见的人民检察院派员出席。

第十九条 赔偿委员会重新审理案件,应当对原决定认定的事实、证据和适用法律进行全面审理。

第二十条 赔偿委员会重新审理的案件,应当在两个月内依法作出决定。

第二十一条 案件经重新审理后,应当根据下列情形分别处理:

(一)原决定认定事实清楚、适用法律正确的,应当维持原决定;

(二)原决定认定事实、适用法律虽有瑕疵,但决定结果正确的,应当在决定中纠正瑕疵后予以维持;

(三)原决定认定事实、适用法律错误,导致决定结果错误的,应当撤销、变更、重新作出决定；

（四）原决定违反国家赔偿法规定，对不符合案件受理条件的赔偿申请进行实体处理的，应当撤销原决定，驳回赔偿申请；

（五）申诉人、被申诉人或者赔偿请求人、赔偿义务机关经协商达成协议的，赔偿委员会依法审查并确认后，应当撤销原决定，根据协议作出新决定。

第二十二条 赔偿委员会重新审理后作出的决定，应当及时送达申诉人、被申诉人或者赔偿请求人、赔偿义务机关和提出意见的人民检察院。

第二十三条 在申诉审查或者重新审理期间，有下列情形之一的，赔偿委员会应当决定中止审查或者审理：

（一）申诉人、被申诉人或者原赔偿请求人、原赔偿义务机关死亡或者终止，尚未确定权利义务承继者的；

（二）申诉人、被申诉人或者赔偿请求人丧失行为能力，尚未确定法定代理人的；

（三）宣告无罪的案件，人民法院决定再审或者人民检察院按照审判监督程序提出抗诉的；

（四）申诉人、被申诉人或者赔偿请求人、赔偿义务机关因不可抗拒的事由，在法定审限内不能参加案件处理的；

（五）其他应当中止的情形。

中止的原因消除后，赔偿委员会应当及时恢复审查或者审理，并通知申诉人、被申诉人或者赔偿请求人、赔偿义务机关和提出意见的人民检察院。

第二十四条 在申诉审查期间，有下列情形之一的，赔偿委员会应当决定终结审查：

（一）申诉人死亡或者终止，无权利义务承继者或者权利义务承继者声明放弃申诉的；

（二）据以申请赔偿的撤销案件决定、不起诉决定或者无罪判决被撤销的；

（三）其他应当终结的情形。

在重新审理期间，有上述情形或者人民检察院撤回意见的，赔偿委员会应当决定终结审理。

第二十五条 申诉人在申诉审查或者重新审理期间申请撤回申诉的，赔偿委员会应当依法审查并作出是否准许的决定。

赔偿委员会准许撤回申诉后，申诉人又重复申诉的，不予受理，但有本规定第十一条第一项、第三项、第六项、第七项规定情形，自知道或者应当知道该情形之日起六个月内提出的除外。

第二十六条 赔偿请求人在重新审理期间申请撤回赔偿申请的,赔偿委员会应当依法审查并作出是否准许的决定。准许撤回赔偿申请的,应当一并撤销原决定。

赔偿委员会准许撤回赔偿申请的决定送达后,赔偿请求人又重复申请国家赔偿的,不予受理。

第二十七条 本规定自2017年5月1日起施行。最高人民法院以前发布的司法解释和规范性文件,与本规定不一致的,以本规定为准。

最高人民法院关于加强各级人民法院院庭长办理案件工作的意见(试行)

(2017年4月10日 法发〔2017〕10号)

为全面贯彻落实司法责任制,优化审判资源配置,充分发挥各级人民法院院庭长对审判工作的示范、引领和指导作用,根据《中央政法委关于严格执行法官、检察官遴选标准和程序的通知》《最高人民法院关于完善人民法院司法责任制的若干意见》等有关规定,结合审判工作实际,就加强院庭长办理案件工作提出如下意见:

一、各级人民法院院庭长入额后应当办理案件,包括独任审理案件、参加合议庭作为承办法官审理案件、参加合议庭担任审判长或作为合议庭成员参与审理案件,禁止入额后不办案、委托办案、挂名办案,不得以听取汇报、书面审查、审批案件等方式代替办案。

二、各级人民法院院庭长应当根据分管的审判工作,结合专业背景和个人专长办理案件,重点审理重大、疑难、复杂、新类型和在法律适用方面具有普遍指导意义的案件。

三、各级人民法院院庭长应当作为承办法官办理一定数量的案件。主持或参加专业法官会议、审判委员会、协调督办重大敏感案件、接待来访、指挥执行等事务应当计入工作量,纳入岗位绩效考核,但不能以此充抵办案数量。

四、基层、中级人民法院的庭长每年办案量应当达到本部门法官平均办案量的50% - 70%。

基层人民法院院长办案量应当达到本院法官平均办案量的5% - 10%,其他入额院领导应当达到本院法官平均办案量的30% - 40%。

中级人民法院院长办案量应当达到本院法官平均办案量的5%,其他入额院领导应当达到本院法官平均办案量的20% -30%。

基层、中级人民法院可以根据本院的收结案情况，结合完成审判工作任务的需要，在本意见规定的最低标准基础上，适当提高本院院庭长独立承办和参与审理的案件数量。

高级人民法院和最高人民法院院庭长办案数量的最低标准，分别由高级人民法院和最高人民法院规定。

各级人民法院应当综合考虑法院审级、领导职务、分管领域、所承担的审判管理监督事务和行政事务工作量等因素，综合运用案件权重系数等方法测算平均办案量，合理确定院庭长每年独立承办和参与审理案件的数量要求，并在办公办案系统公开。办案数量的最低标准应当根据审判工作任务、法官员额编制、辅助人员配置变化情况及时调整。

五、各级人民法院应当建立保障院庭长办案的工作机制。实行审判团队改革的基层人民法院，庭长、副庭长应当直接编入审判团队，承担相关案件的审判和监督职责；探索将院长、副院长和其他入额院领导编入相应的审判团队审理案件。

各级人民法院应当结合实际，为院庭长配备必要的法官助理和书记员，让院庭长能够集中精力投入开庭审理、评议案件、撰写文书等办案核心事务。

各级人民法院应当严格执行《关于保护司法人员依法履行法定职责规定》及其实施办法，积极争取地方党委政府支持，进一步精简会议文件，压缩管理流程，确保院庭长有更多时间和精力投入办案工作。

六、院庭长分案应当以指定分案为主。各级人民法院应当健全立案环节的甄别分流机制，推动将重大、疑难、复杂、新类型和在法律适用方面具有普遍意义的案件优先分配给院庭长审理。对于特别重大、疑难、复杂的案件，可以依法由院长、副院长、审判委员会委员组成合议庭审理。

七、各级人民法院院庭长办理案件，应当起到示范、引领和指导作用。鼓励院庭长开示范庭，加大院庭长办案的庭审直播工作力度。院庭长办理案件应当同时注意总结审判工作经验，统一裁判尺度，规范指导审判工作。

八、各级人民法院院庭长办案任务完成情况应当公开接受监督。各高级人民法院审判管理部门负责每年度辖区各法院院庭长办案量的测算核定，逐月通报辖区各级人民法院院长、副院长、审判委员会专职委员、其他入额院领导的办案任务完成情况，包括办案数量、案件类型、审判程序、参与方式、开庭数量、审判质量等。各院审判管理部门负责本院庭长、副庭长办案量的测算核定和定期通报。

上级人民法院应当定期对下级人民法院院庭长办案情况开展督察，对办案不达标的要进行通报，存在委托办案、挂名办案等问题的，一经发现，严肃问责。

九、各级人民法院院庭长办案绩效应当纳入对其工作的考评和监督范围。院庭长年度办案绩效达不到考核标准的，应当退出员额。院庭长因承担重要专项工作、协调督办重大敏感案件等原因，需要酌情核减年度办案任务的，应当报上一级人民法院审批备案。

十、本意见所称院庭长，除特别列明的以外，包括进入法官员额的院长、副院长、审判委员会专职委员、其他入额的院领导、庭长、副庭长和其他有审判职称的审判（执行）业务部门负责人。

十一、本意见由最高人民法院负责解释。

十二、本意见自2017年5月1日起试行。最高人民法院此前发布的规范性文件与本意见不一致的，不再适用。

最高人民法院关于落实司法责任制完善审判监督管理机制的意见（试行）

（2017年4月12日　法发〔2017〕11号）

为全面落实司法责任制改革，正确处理充分放权与有效监管的关系，规范人民法院院庭长审判监督管理职责，切实解决不愿放权、不敢监督、不善管理等问题，根据《最高人民法院关于完善人民法院司法责任制的若干意见》等规定，就完善人民法院审判监督管理机制提出如下意见：

一、各级人民法院在法官员额制改革完成后，必须严格落实司法责任制改革要求，确保“让审理者裁判，由裁判者负责”。除审判委员会讨论决定的案件外，院庭长对其未直接参加审理案件的裁判文书不再进行审核签发，也不得以口头指示、旁听合议、文书送阅等方式变相审批案件。

二、各级人民法院应当逐步完善院庭长审判监督管理权力清单。院庭长审判监督管理职责主要体现为对程序事项的审核批准、对审判工作的综合指导、对裁判标准的督促统一、对审判质效的全程监管和排除案外因素对审判活动的干扰等方面。

院庭长可以根据职责权限，对审判流程运行情况进行查看、操作和监控，分析审判运行态势，提示纠正不当行为，督促案件审理进度，统筹安排整改措施。院庭长行使审判监督管理职责的时间、内容、节点、处理结果等，应当在办公办案平台上全程留痕、永久保存。

三、各级人民法院应当健全随机分案为主、指定分案为辅的案件分配机制。根据审判领域类别和繁简分流安排，随机确定案件承办法官。已组建专业化合议庭或者专业审判团队的，在合议庭或者审判团队内部随机分案。承办法官一经确定，不得擅自变更。因存在回避情形或者工作调动、身体健康、廉政风险等事由确需调整承办法官的，应当由院庭长按权限审批决定，调整理由及结果应当及时通知当事人并在办公办案平台公示。

有下列情形之一的，可以指定分案：(1)重大、疑难、复杂或者新类型案件，有必要由院庭长承办的；(2)原告或者被告相同、案由相同、同一批次受理的2件以上的批量案件或者关联案件；(3)本院提审的案件；(4)院庭长根据个案监督工作需要，提出分案建议的；(5)其他不适宜随机分案的案件。指定分案情况，应当在办公办案平台上全程留痕。

四、依法由合议庭审理的案件，合议庭原则上应当随机产生。因专业化审判需要组建的相对固定的审判团队和合议庭，人员应当定期交流调整，期限一般不应超过两年。

各级人民法院可以根据本院员额法官和案件数量情况，由院庭长按权限指定合议庭中资历较深、庭审驾驭能力较强的法官担任审判长，或者探索实行由承办法官担任审判长。院庭长参加合议庭审判案件的时候，自己担任审判长。

五、对于符合《最高人民法院关于完善人民法院司法责任制的若干意见》第24条规定情形之一的案件，院庭长有权要求独任法官或者合议庭报告案件进展和评议结果。院庭长对相关案件审理过程或者评议结果有异议的，不得直接改变合议庭的意见，可以决定将案件提请专业法官会议、审判委员会进行讨论。

独任法官或者合议庭在案件审理过程中，发现符合上述个案监督情形的，应当主动按程序向院庭长报告，并在办公办案平台全程留痕。符合特定类型个案监督情形的案件，原则上应当适用普通程序审理。

六、各级人民法院应当充分发挥专业法官会议、审判委员会总结审判经验、统一裁判标准的作用，在完善类案参考、裁判指引等工作机制基础上，建立类案及关联案件强制检索机制，确保类案裁判标准统一、法律适用统一。

院庭长应当通过特定类型个案监督、参加专业法官会议或者审判委员会、查看案件评查结果、分析改判发回案件、听取辖区法院意见、处理各类信访投诉等方式，及时发现并处理裁判标准、法律适用等方面不统一的问题。

七、各级人民法院应当强化信息平台应用，切实推进电子卷宗同步录入、同步生成、同步归档，并与办公办案平台深度融合，实现对已完成事项的记录跟踪、待完成事项的提示催办、即将到期事项的定时预警、禁止操作事项的及时冻结等自动化监管功能。

八、各级人民法院应当认真落实党风廉政建设主体责任和监督责任，自觉接受权力机关法律监督、人民政协民主监督、检察监督、舆论监督和社会监督，不断提高公正裁判水平。组织人事、纪检监察、审判管理部门与审判业务部门应当加强协调配合，形成内部监督合力，坚持失责必问、问责必严。

九、院庭长收到涉及审判人员的投诉举报或者情况反映的，应当按照规定调查核实。对不实举报应当及时了结澄清，对不如实说明情况或者查证属实的依纪依法处理。所涉案件尚未审结执结的，院庭长可以依法督办，并按程序规定调整承办法官、合议庭组成人员或者审判辅助人员；案件已经审结的，按照诉讼法的相关规定处理。

十、本意见自2017年5月1日起试行。

附：

2017年4月份报国务院备案并予以登记的地方性法规、自治条例、单行条例和地方政府规章目录

地方性法规

法规名称	公布日期	备案登记编号
天津市人大常委会关于修改《天津市实施〈中华人民共和国台湾同胞投资保护法〉办法》的决定	2017年3月22日	国法备字［2017000510］
河北省节约能源条例（修订）	2017年3月30日	国法备字［2017000533］
石家庄市轨道交通管理条例	2017年4月6日	国法备字［2017000534］
秦皇岛市停车场管理条例	2017年4月1日	国法备字［2017000535］
山西省人民代表大会常务委员会关于山西转型综合改革示范区行政管理事项的决定	2017年3月30日	国法备字［2017000527］
太原市物业管理条例	2017年4月6日	国法备字［2017000528］
太原市餐厨废弃物管理条例	2017年4月6日	国法备字［2017000529］
上海市实施《中华人民共和国村民委员会组织法》办法（修订）	2017年2月22日	国法备字［2017000452］
江苏省消费者权益保护条例	2017年3月30日	国法备字［2017000502］
江苏省医疗纠纷预防与处理条例	2017年3月30日	国法备字［2017000503］

续表

法规名称	公布日期	备案登记编号
南京市院前医疗急救条例	2017 年 4 月 11 日	国法备字［2017000504］
苏州市制定地方性法规条例（修订）	2017 年 4 月 7 日	国法备字［2017000505］
无锡市制定地方性法规条例（修订）	2017 年 3 月 30 日	国法备字［2017000506］
宿迁市制定地方性法规条例	2017 年 4 月 7 日	国法备字［2017000507］
南通市城市建筑垃圾管理条例	2017 年 4 月 10 日	国法备字［2017000508］
江苏省预防未成年人犯罪条例	2017 年 3 月 30 日	国法备字［2017000511］
浙江省促进科技成果转化条例（修订）	2017 年 3 月 31 日	国法备字［2017000530］
浙江省实施《中华人民共和国消费者权益保护法》办法（修订）	2017 年 3 月 31 日	国法备字［2017000531］
浙江省气象灾害防御条例	2017 年 3 月 31 日	国法备字［2017000532］
福建省历史文化名城名镇名村和传统村落保护条例	2017 年 4 月 1 日	国法备字［2017000545］
福建省教育督导条例	2017 年 4 月 1 日	国法备字［2017000546］
江西省交通建设工程质量与安全生产监督管理条例	2017 年 3 月 21 日	国法备字［2017000495］
江西省农业生态环境保护条例	2017 年 3 月 21 日	国法备字［2017000496］
江西省人大常委会关于修改《江西省征兵工作条例》的决定	2017 年 3 月 21 日	国法备字［2017000497］
抚州市立法条例	2017 年 3 月 31 日	国法备字［2017000498］
赣州市立法条例	2017 年 4 月 6 日	国法备字［2017000499］

续表

法规名称	公布日期	备案登记编号
新余市立法条例	2017 年 3 月 28 日	国法备字［2017000500］
吉安市立法条例	2017 年 3 月 29 日	国法备字［2017000501］
湖北省社会信用信息管理条例	2017 年 3 月 30 日	国法备字［2017000556］
广东省供用电条例	2017 年 3 月 29 日	国法备字［2017000509］
深圳市人大常委会关于废止《深圳经济特区人口与计划生育条例》的决定	2017 年 3 月 21 日	国法备字［2017000536］
汕尾市制定地方性法规条例	2017 年 4 月 7 日	国法备字［2017000537］
佛山市治理货物运输车辆超限超载条例	2017 年 4 月 1 日	国法备字［2017000538］
海南省人民代表大会常务委员会关于在海南经济特区暂停实施部分行政许可事项的决定	2017 年 3 月 29 日	国法备字［2017000541］
海口市制定地方性法规条例	2017 年 4 月 5 日	国法备字［2017000557］
重庆市大气污染防治条例	2017 年 3 月 29 日	国法备字［2017000558］
重庆市大足石刻保护条例	2017 年 3 月 29 日	国法备字［2017000559］
重庆市环境保护条例（修订）	2017 年 3 月 29 日	国法备字［2017000560］
贵州省统计管理条例	2017 年 3 月 30 日	国法备字［2017000543］
贵州省预算审查监督条例	2017 年 3 月 30 日	国法备字［2017000544］
云南省违法建筑处置规定	2017 年 4 月 7 日	国法备字［2017000513］
云南省人大常委会关于修改《云南省农村扶贫开发条例》的决定	2017 年 3 月 31 日	国法备字［2017000514］

续表

法规名称	公布日期	备案登记编号
陕西省地方各级人民代表大会常务委员会规范性文件备案审查规定	2017 年 3 月 30 日	国法备字[2017000553]
陕西省地方政府规章设定罚款限额规定	2017 年 3 月 30 日	国法备字[2017000554]
渭南市湿地保护条例	2017 年 2 月 28 日	国法备字[2017000555]
青海省人大常委会关于修改《青海省乡、民族乡、镇人民代表大会工作条例》的决定	2017 年 3 月 31 日	国法备字[2017000512]
宁夏回族自治区人大常委会关于修改《宁夏回族自治区人民代表大会及其常务委员会立法程序规定》的决定	2017 年 3 月 30 日	国法备字[2017000515]
宁夏回族自治区人大常委会关于修改《宁夏回族自治区统计管理条例》的决定	2017 年 3 月 30 日	国法备字[2017000516]
宁夏回族自治区人大常委会关于修改《宁夏回族自治区岩画保护条例》的决定	2017 年 3 月 30 日	国法备字[2017000517]
宁夏回族自治区人大常委会关于废止《宁夏回族自治区户外广告管理条例》的决定	2017 年 3 月 30 日	国法备字[2017000518]
宁夏回族自治区人大常委会关于废止《宁夏回族自治区个体工商户条例》的决定	2017 年 3 月 30 日	国法备字[2017000519]
中卫市人民代表大会及其常务委员会立法程序规定	2017 年 4 月 5 日	国法备字[2017000520]
吴忠市人民代表大会及其常务委员会立法程序规定	2017 年 3 月 31 日	国法备字[2017000521]
固原市人民代表大会及其常务委员会立法程序规定	2017 年 4 月 1 日	国法备字[2017000522]
石嘴山市市容和环境卫生管理条例	2017 年 4 月 1 日	国法备字[2017000523]

自治州、自治县的单行条例

条例名称	公布日期	备案登记编号
恩施土家族苗族自治州人民代表大会关于废止《恩施土家族苗族自治州人口与计划生育条例》的决定	2017 年 4 月 6 日	国法备字［2017000552］
陵水黎族自治县城乡容貌和环境卫生管理条例	2017 年 4 月 5 日	国法备字［2017000542］

地方政府规章

规章名称	公布日期	备案登记编号
呼和浩特市人民政府关于修改《呼和浩特市经济适用住房管理办法》的决定	2017 年 3 月 24 日	国法备字［2017000524］
辽宁省森林资源流转办法	2017 年 3 月 22 日	国法备字［2017000476］
沈阳市严重失信企业联合惩戒办法	2017 年 3 月 10 日	国法备字［2017000477］
抚顺市人民政府关于废止和修改部分市政府规章的决定	2017 年 4 月 5 日	国法备字［2017000494］
长春市城市公共交通基础设施管理办法	2017 年 4 月 5 日	国法备字［2017000525］
黑龙江省人民政府关于再取消 69 项行政权力事项的决定	2017 年 4 月 6 日	国法备字［2017000474］
黑龙江省人民政府关于将省商务厅实施的哈尔滨市行政区域内成品油零售经营资格审批权委托哈尔滨市商务部门实施的决定	2017 年 4 月 1 日	国法备字［2017000475］
无锡市特种设备安全管理办法	2017 年 3 月 28 日	国法备字［2017000478］

续表

规章名称	公布日期	备案登记编号
浙江省取水许可和水资源费征收管理办法	2017年3月2日	国法备字［2017000456］
浙江省企业工资支付管理办法	2017年3月2日	国法备字［2017000457］
浙江省公共数据和电子政务管理办法	2017年3月16日	国法备字［2017000458］
宁波市城市房屋建筑幕墙安全管理办法	2017年3月15日	国法备字［2017000459］
宁波市人民防空工程管理办法	2017年3月22日	国法备字［2017000460］
温州市区国有土地上房屋征收与补偿办法	2017年3月17日	国法备字［2017000461］
合肥市建筑垃圾管理办法	2017年3月21日	国法备字［2017000479］
合肥市机动车停车场管理办法	2017年3月23日	国法备字［2017000480］
宿州市城乡规划管理办法	2017年3月20日	国法备字［2017000481］
枣庄市城市地下管线管理办法	2017年3月10日	国法备字［2017000462］
武汉市公共资源交易监督管理办法	2017年3月21日	国法备字［2017000526］
宜昌市市容环境卫生责任区管理办法	2017年3月22日	国法备字［2017000463］
湖南省行政执法人员和行政执法辅助人员管理办法	2017年2月28日	国法备字［2017000464］
湖南省地理空间数据管理办法	2017年2月28日	国法备字［2017000465］
广东省森林和陆生野生动物类型自然保护区管理办法	2017年3月6日	国法备字［2017000466］
广东省劳动人事争议处理办法	2017年3月16日	国法备字［2017000484］

续表

规章名称	公布日期	备案登记编号
广州市门楼号牌管理规定(修订)	2017年3月27日	国法备字［2017000482］
中山市群众自发性聚集活动安全管理规定	2017年3月20日	国法备字［2017000483］
中山市排水管理办法	2017年3月30日	国法备字［2017000547］
江门市消防水源管理办法	2017年3月2日	国法备字［2017000467］
南宁市人民防空管理办法	2017年3月29日	国法备字［2017000551］
贵州省石油天然气管道建设和保护办法	2017年3月21日	国法备字［2017000469］
西藏自治区行政执法人员资格认证和行政执法证管理办法	2017年3月20日	国法备字［2017000485］
日喀则市"门前三包"责任制管理办法	2017年3月15日	国法备字［2017000468］
陕西省人民政府关于中国(陕西)自由贸易试验区实施部分省级管理事项的决定	2017年3月30日	国法备字［2017000486］
西安市人民政府关于中国(陕西)自由贸易试验区西安各片区管委会实施部分市级行政管理事项的决定	2017年3月30日	国法备字［2017000487］
定西市采砂管理办法	2017年3月16日	国法备字［2017000488］

图书在版编目(CIP)数据

中华人民共和国新法规汇编. 2017年. 第5辑:总第243辑/国务院法制办公室编. —北京:中国法制出版社,2017.5

ISBN 978-7-5093-8517-3

Ⅰ.①中… Ⅱ.①国… Ⅲ.①法规-汇编-中国-2017 Ⅳ.①D920.9

中国版本图书馆CIP数据核字(2017)第092081号

中华人民共和国新法规汇编

ZHONGHUA RENMIN GONGHEGUO XIN FAGUI HUIBIAN

(2017年第5辑)

编者/国务院法制办公室

经销/新华书店

印刷/三河市紫恒印装有限公司

开本/850毫米×1168毫米 32开 印张/9.875 字数/286千

版次/2017年6月第1版 2017年6月第1次印刷

中国法制出版社出版

书号 ISBN 978-7-5093-8517-3 定价:18.00元

北京西单横二条2号 值班电话:66026508

邮政编码 100031 传真:66031119

网址:http://www.zgfzs.com **编辑部电话:66066621**

市场营销部电话:66033393 **邮购部电话:66033288**

(如有印装质量问题,请与本社编务印务管理部联系调换。电话:010-66032926)